共创共有共富共享

风雨人生

徐文荣口述

人民出版社

策划、责任编辑：侯俊智
特约编辑：徐忠良　梅　锐
封面设计：王春铮
版式设计：庞亚如
责任校对：吴容华

图书在版编目（CIP）数据

风雨人生 / 徐文荣口述；孙是炎整理．—北京：人民出版社，2020.11
ISBN 978－7－01－022517－3

I. ①风…　II. ①徐…②孙…　III. ①徐文荣－回忆录　IV. ① K825.38

中国版本图书馆 CIP 数据核字（2020）第 187288 号

风雨人生

FENGYU RENSHENG

徐文荣口述　孙是炎整理

人民出版社 出版发行
（100706　北京市东城区隆福寺街 99 号）

天津翔远印刷有限公司印刷　新华书店经销

2020 年 11 月第 1 版　2020 年 11 月第 1 次印刷
开本：787 毫米 ×1092 毫米 1/16　印张：22.5
字数：314 千字

ISBN 978－7－01－022517－3　定价：78.00 元

邮购地址 100706　北京市东城区隆福寺街 99 号
人民东方图书销售中心　电话（010）65250042　65289539

横店集团创始人——徐文荣

目录

风雨人生

FENGYU RENSHENG

总 叙

人的一生，其实可以归结为两件事：做人和做事。

苦难不解决，人生一世，活着没什么意义。

总　叙

我出生于1935年3月14日（农历乙亥年二月初十），按南方人出生就算一岁的算法，今年（2020年）86岁，就是按周岁来说，也是已满85岁进入86岁了。这个岁数，按照古时候的说法就是耄耋之年了，尽管现在有“四十五十正当年，六十七十满街转，八十九十不稀罕”的说法，但毕竟也是进入老年队伍，早就该离开工作岗位颐养天年了，而像我这样仍然天天忙忙碌碌地在工作的，恐怕已不多见。这是为什么？许多人不理解，这是何苦呢！

以我走过的八十多年人生经历来看，人这一辈子就是由一个个梦连接起来的，所以，也有人说“人生如梦”。我说的梦，就是梦想、理想。一个梦想实现了，又会有一个新的梦想；有了新的梦想，就会有新的追求，又会为实现新的梦想而奋斗；新的梦想总是在前面引领着你。正是因为我心中的梦想还没有完全实现，所以，我还必须天天努力地去工作。

人的一生总要经历幼年、童年、青年、中年、老年等一个一个阶段。我曾多次向新闻界的朋友总结过自己的一生，这就是：苦难童年、风雨青年、奋斗中年、成功老年、伤感暮年、梦圆晚年。我知道，我这一生，注定要奋斗，注定是要劳碌终年的。

我觉得，一个人来到世上，活一辈子，总要给后人留下点东西。留下点什么呢？一是物质的，二是精神的。

在物质财富方面，我这辈子做的事，就是想要改变横店，让横店的老百姓都富起来，都能过上和城里人一样的生活。几十年下来，横店的变化有目共睹，不用我多说，物质财富已经固化在横店这块土地和老百姓的日常生活里了。但是，这些还不够，我想要实现的理想还没有实现，所以，必须继续努力。

在精神财富方面，我希望通过回顾、总结自己一生经历的酸甜苦辣，把自己的所思所想、所感所悟、心得体会，也就是人生的经验教训，整理出来，告诉后一辈人，贡献给大家。

一、人的一生，其实可以归结为两件事：做人和做事

人的一生可能会遇到种种不同的环境，也会经历各种各样的事情，可是，我认为，人的一生，其实可以归结为两件事：做人和做事。这两者不可分割，相互渗透，互为支持。人活着必须做事，只有做好人，才能做好事。一直以来，我认为，做人是第一位的。所以，几十年来，我一直提倡“先做人，后做事，做好事”。我不但以此来教育自己的子女，而且还把它作为办好企业的核心理念。

做人，就要做一个对他人有帮助、对社会有贡献的人；做事，就要做好事而不能做坏事，而且要一辈子为老百姓做好事。这个道理说起来容易做起来不易。有些人就走了邪路，做了坏事，危害社会，毁掉了自己的一生。因此，“人生的道路应该怎么走？是平稳地走，还是曲折地走？是走向大道，还是走向悬崖？是走向希望，还是走向绝望？是让人生重于泰山，还是轻于鸿毛？”这些问题，的确是值得每一个人认真思考，并且需要自己作出明确的回答。

我认为，人活着，就要光明磊落，坦坦荡荡；干事业，就要辉辉煌煌，轰轰烈烈。要脚踏实地，放眼未来，老老实实做人，踏踏实实做事。

人生在世，要多为人民办好事，少为个人谋私利。不是不要私利，只是要“少谋”私利，而且必须是正当合法地取得，要更多地为老百姓办好事。

二、苦难不解决，人生一世，活着没什么意义

自古人生多磨难，如梦的人生，并不像文人们说的那样浪漫、轻巧。人生得面对现实，而现实是残酷的，所以俗话说“人生弯弯曲曲水，世事重重叠叠山”。我说呢，人生如同餐馆里的抹桌布——酸甜苦辣咸，什么样的味儿都有。

我从小穷苦出身，解放以后，“文化大革命”以前，都是很苦的。苦有两种：一种苦是生活上的苦，一种苦是精神上的苦。对绝大部分老百姓来说，最直接、最现实的苦，还是生活上的苦。苦难不解决，人生一世，活着没什么意义。对于这个问题，我从小到现在一直都在思考。那时候老是在想，为什么那么苦？为什么那么穷？为什么地主和有钱人家那么富？怎样才能富起来？解放以后，我当了农村干部了，就总是在想，怎样解决老百姓的苦难，能不能通过自己的奋斗，再经过大家的共同努力，改变横店面貌，使大家都富起来。

可是，在改革开放以前，任凭我们怎样努力、怎样奋斗，总是好梦难圆，理想难以变为现实。但是，我始终没有放弃，不管在什么艰难困苦的条件下，仍在努力地奋斗着。

三、个人的命运，总是同国家的命运紧紧联系在一起的

造成苦难的根源也有两种：一种是旧社会的制度造成的，一种是政府政治方向错误造成的。比如说，解放以前，国民党的压迫，资产阶级和地主阶级的剥削，使老百姓陷入苦难。共产党领导中国人民推翻了国民党政权，打倒了资产阶级和地主阶级，夺回土地，分给农民，农民高兴了，每个人都有地种，能吃饱饭了。可是后来，政治运动一个接着一个，特别是十年“文化大革命”，造成了整个中国的苦难。

邓小平挽救了中国。因为邓小平在“文化大革命”中被打倒，下放在最基层，他彻底了解到农村和老百姓的苦难，对怎么解决中国的苦难，他考虑得非常周到，只有改革开放才能救中国，才能改变人民的苦难生活。

对我徐文荣来说，也是邓小平解放了我们。所以，我认为，解决苦难，个人的奋斗是重要的，就一个地区、一个单位来说，也是这样。当然，除了个人的努力，也要靠大家的共同努力，要靠政府的支持。然而，改革开放以后，政府的政策是一样的，都在同一片蓝天下，为什么有的地方富起来了，有的地方富不起来呢？这取决于一个地区、一个单位的领头人的思想。领头的人必须充分地去领会党的政策，只有领头的人大公无私，有为一方人民造福的思想基础，才能解决一方老百姓的苦难。但是，如果没有政府的支持，没有群众的支持和拥护，个人有再大的本事也没用。

可以说从记事起，我就一直在思考如何摆脱苦难的问题。可是，在很长的时间里，我的梦想为什么难以成真？现在回想起来，不是我自己不努力，也不是我没付出代价，而是那时的社会条件不允许你实现梦想。

我 40 岁开始创办真正的企业，那些年，我办过好几百家工厂，虽然许多工厂关掉了、垮掉了，或者并转了，但是，留下来的，都发展壮大了，我的一个个梦想开始变为现实。这不是因为我突然有了本事，也不是说我不需要什么努力，不再有困难和挫折，不是的。当然，我也同样要付出艰辛的努力，甚至要付出我的心血。因为，改革开放让人可以有梦想，让人可以异想天开，让人通过自己的不懈努力和奋斗，可以梦想成真。这不光是生活在这个时代的人的幸事，更是国家的大幸。

所以，我认为个人的命运总是同国家的命运紧紧联系在一起的。

要想成功，除了仍然需要个人的不懈努力和奋斗之外，更重要的是社会变了，是时势造就了英雄；当然，同时也是英雄推动了时势。

四、必须共同富裕，社会才能太平

不同的人会有不同的追求，一种人是追求个人致富，一种人是追求共同致富。过去的地主资本家，他们有钱，很富，他们为穷人脱贫起到什么作用了吗？没有。他们一心只追求个人的财富。在这个问题上，我一直以来，就是想要通过自己的努力和奋斗，引导大家共同努力，使大家都能共同致富，这就是我的追求，并且从小就在我心里烙下很深的烙印。我认为，只有大家都富起来，才是真正的富。

为什么这么说呢？因为只有共同富裕，社会才能太平。比如，过去旧社会，上有国民党的压迫，下有地主资本家的剥削，“洒向人间都是怨”啊，穷人穷得连日子都没法过下去，甚至连怨气都没地方出，于是呢，中国共产党号召人民起来革命，热情很高。所以说，人民群众共同富裕的愿望一定要实现它，社会才能太平。

尽管现在改革开放，社会在进步，但是，现在还有一些地方是不公平的。比如说企业家，中国优秀的企业家很多，但是，很多企业家只是个人富，还有许多是暴发户，他们比过去的地主还要富。还有的搞官商勾结，权钱交易，出现了新的官僚资本家，造成了社会分配不公，贫富差距越来越大。难道这样下去永远是正确的吗？我只能以我个人的一点力量，来说明做人应该怎么做，可能对其他富的企业家有所启发。当然，希望后辈年轻一代，从我的经历当中得到经验和教训；更希望政府采取措施，鼓励企业家发展，肯定企业家的人生价值，引导企业家当好社会企业家，支持企业组织基金会，自愿为社会公益服务，建立一个普遍公平、公正的社会。

五、人生最大的苦痛，是不被人理解

人这一辈子总会碰到一些艰难困苦的事，只是形式不同、程度不同而已。生活条件艰苦带来的可能只是心理上或肉体上的痛苦，事业上或是工作中的困难，带来的只是一种压力，困难克服了，压力也就化解了。

生活上的苦，改革开放这么多年后，应该说在全国基本解决了，虽然贫富差别还很大。作为富的地方，要继续往前走，要不断努力，比如说，尽管我们已经富起来了，但同西方国家比，距离还是很远的；离老百姓的愿望要求，距离还是很大的。作为企业领导人，总想把企业搞好，总想为社会多作些贡献，所以必须去奋斗，但在奋斗中你就会受到很多的制约。

邓小平提出，发展经济要“摸着石头过河”，就是鼓励我们去探索创新。改革就是意味着对原有框框的突破，如果一切因循守旧，墨守成规，那还叫什么改革，也就不可能创造出奇迹。但是，当我们大胆地从实际出发，如开发利用“四荒地”（荒山、荒沟、荒丘、荒滩），可能要突破一些政策规定，就要受到很多非难和指责，有些领导就说“徐文荣乱来”，这个部门来查，那个部门来查，压得你喘不过气来。

所以我觉得，人生最大的苦痛是不被人理解，甚至被误解、被曲解。这是心灵所受到的伤害，是纯正善良之心受到委屈的精神痛苦。面对这种情况，怎么办？是前进，还是退缩？为了实现心中的理想，只能忍住苦痛，负重前行。

六、老百姓说你好，才算成功

每个人都渴望成功，怎样才算成功呢？成功可能有大小，自己想做的事基本做成了，可以说成功了一件事。你的目标越是远大，目标实现以后的成就感就越大。但是，真正的大成功总是与老百姓的愿望连在一起的，只有老百姓说你好，才算是真正的成功。

有些所谓企业家，是赚了不少钱，但只顾自己花天酒地，挥霍无度，有的在赌场上可以一掷千金，就是不愿意为老百姓做一点好事，老百姓根本感觉不到给他们带来了什么好处，当然，老百姓也就不会说他好。这样的人，你说他成功吗？我说，至少他做人是不成功的。

我从办企业开始，就抱定一个宗旨：多办企业多赚钱，多为老百姓办好事。首先是千方百计多创造就业机会，让更多的农民“洗脚上田”，走出土地，走进工厂。随着工业企业科技含量越来越高，特别是发展高科技产业之后，就有不少人被挡在了工厂门外，我就大力发展影视文化产业和以服务业为主的第三产业，这样，就能使每个人都有赚钱的机会，都有致富的可能。

如果说我们的企业做得很好，做到100亿、200亿、500亿、1000亿，但对老百姓没贡献，或者说，贡献是有的，但不过是安置了部分劳动力，那就不算是成功的企业家。企业，一定要承担社会责任，特别是带动农村共同富裕。如果没有我们的企业带头，横店不可能建设得这么美丽。要富大家富，要好大家好，这才是一个企业家成功的标志。

老百姓生活富裕了，对环境、卫生、教育、文化等等，就会有更高的需求，对城市化的愿望就更加迫切。于是，我们就投入大量资金，修路、造桥、治山治水、办学校、建医院、造公园、建影剧院、造体育馆，建污水处理厂等等。本来这些公共设施应由政府来投入，但政府财力还顾不到农村，怎么办？只有我们自己来“造城”！有些经济学家到横店来考察，对我们的做法不理解，我说，不但要当好企业的企业家，更要当好一个社会的企业家。我们横店社团经济的宗旨就是共创共有共富共享。

农民过上了和城里人一样的生活，但是，有不少老年人领不到退休工资（农民是没有退休金的），没有社会养老保险，我们就每年给他们发生活补贴。同时，我们还给所有 60 岁（女 55 岁）以上的老年人办理了免费游览证，他们可以凭证长期免费游览横店的所有旅游景点。

所有这些举措，得到了横店老百姓的拥护和赞扬，他们把横店集团和横店共创共有共富共享工作委员会比喻成“菩萨庙宇”。能得到老百姓的称赞，我觉得就是最大的成功。我们的工作要随老百姓的心转，满足和实现他们的愿望和要求，就能获得成功。

从我现在已经做成的事业来说，我是有幸的。但是，我想要达到的目标还没有达到，从这个角度说，还是在有幸和不幸之间挣扎。我想要做到的目标是什么？就是要让横店人都能享受到像香港市民那样的生活水平和福利待遇。如果这点做到了，我也就死而无憾了。

七、财富只有贡献给社会才有价值

每个人都想追求财富，但是对财富却有不同的看法。我曾经说过，一个人双手空空而来，双手空空而去，最终总是要见马克思，所以任何事要想得通，不能无止境地追求私欲。谁都想生活得好一些，这无可厚非，但是毫无节制，贪得无厌，那就不正常了；如果为了个人私欲，不择手段，损人利己，甚至违法犯罪，那就是自我毁灭。

其实，人一辈子对财富的消费是有限的。当然，不同的人，对财富的追求和消费是不同的，其满足感也是不同的。我认为，对个人来说，有比较舒适的住房，有一个安定、清洁的生活环境，一般的享受能做得到，穿衣服能跟上时代，一日三餐能够适应自己的要求，行动有自己的小车，费用能承受得起，随着时代发展有适应自己的文化消费，看病能付得起医药费，能够有钱培养后一代，如觉得自己知识不够，到国外去取经学习，一般的消费能开支得起，我想，这就足够了。

这样说，是不是就不需要挣更多的钱了呢？不是的。不是有一句话说“挣钱多少是一个人能力大小的表现”吗？所以，英国人胡润搞了个“福布斯”中国富豪排行榜。2000 年，他把我排进了中国 50 位富豪第八位。后来他到横店来了，我对他说，不知道你的数据是从哪里来的，如果说横店集团，那远远不止你公布的这点资产，而我个人的资产又没你说的那么多。我们是民营社团所有制企业，企业资产是员工共同所有，而不是我个人的。所以，从那以后，胡润的中国富豪排行榜就再也没有出现我的名字。

从一定角度上讲，挣钱多少也许可以用来衡量一个人的能力大小。但是，我认为，能挣大钱固然是一个人的本事，怎么花钱，却更是衡量一个人的素质品位和精神境界高低的“试金石”。

企业改制时，几十个亿的资产要改给我，我认为不必要，人总是要死的，生不带来，死不带去，再多的财富留给个人没用，应该化为社会所有。任何人创造的财富都是社会的，除了满足个人一般消费之外，个人的财富只有贡献给社会，才能真正体现出它的价值。因此，近几年来，我以更多的精力来投入慈善事业，还专门成立了浙江横店文荣慈善基金会。我也多次向新闻界的朋友表示过，要把我的遗产捐给横店的慈善事业。

在中国搞了多年各种排行榜的胡润，又搞出一个新的中国慈善榜，第一次把我弄进去了，我不知道。第二次又来了，被我拒绝了。做好事要公布、要留名吗？需要全国人民、全世界人民都知道吗？好事能按照自己的能力去做，能做多少就做多少，不是为了去争荣誉，这是一种善心的表现。

八、荣誉能帮助推进工作，但荣誉也会变成负担

几十年来，我得到过许多荣誉，有县里的、市里的、省里的、部里的、国家的，如全国劳动模范、全国优秀企业家、中国经营大师、全球华商领袖、省市优秀共产党员等等。但是，我从来没有去主动追求过个人的荣誉。这些荣誉都是人

民和党给的，是党、政府和社会对我努力工作的肯定和鼓励。

我们在起步的时候，或者在大发展的时候，党和人民给一个荣誉，对推进工作、发展事业，是会起到很大作用的，能使人增强信心，鼓舞斗志，同时能扩大影响，得到更多人的支持。但是，到后来这些年，可能也是因为年纪大了，对荣誉，我不但不会去追求，而且还不愿意去接受。为什么？因为有时候荣誉也会变成负担。我要全身心投入工作，而得到荣誉，免不了要去这里开会，到那里去介绍。你没有这个精力和时间，荣誉就变成了负担，所以还是不要的好。比如，2010 年两会后，中央更加重视“三农”，中央电视台和有关媒体要评出八个在全国最有影响的“三农”人物，中央电视台邀请我去当评审专家，这是多光荣的事啊，但我以年老多病，行动不便为由，婉言谢绝了。

九、事业的成功离不开家庭的支持

家庭对一个人事业的影响非常大，家庭和睦，得到理解支持，你工作起来就没后顾之忧，劲头就足；相反，如果家庭不和，老是“内战”，怎么可能还有心思搞好工作。

如果说，我这一辈子做成功了几件事，这与我有一个温暖的家庭是分不开的。有人问我这一辈子有没有福气，我说，有。最大的福气，一是亲眼看到横店老百姓都富起来了。二是拥有一个幸福的家庭，妻子与我几十年患难与共，同甘共苦，全身心支持我。儿女们没有做坏事，都非常争气，他们也在为老百姓奋斗。

有家庭就有亲属，对他们我是坦诚相待。要求工作的，如果有才能、有能力就用，没有才能的坚决不用；他们家庭生活有困难的，按照自己的能力，尽量去帮助；他们当中如有违法的事坚决不支持；对亲属下一辈年轻人的前途和工作，尽量关心帮助，能帮助解决的尽量帮助解决，要求做点生意赚点钱的事我不管，要求安排一个工作，如果在允许范围之内的，尽量帮助安排，给他一个机会。

我对儿女们的要求是非常严格的，要求他们必须做一个遵纪守法的老实人，要自力更生地去创造自己的生活，改变自己的生活。对儿女们的工作，我不参与，不干预，有困难，要帮助。他们工作得非常好，我很欣慰。

我认为，家庭中的每一个成员都是平等的。对儿女、孙子一辈也都是平等的。对孙子一辈，我只是爱护，谈不上教育，没有资格去教育，因为我们不懂科学，不懂电脑，不懂英语，你怎么去教育他们，由他们的父母自己去教育。

日本 NHK 电视台曾两次到横店来，拍摄我的电视专题片。为什么？日本过去也很穷的。通过第二次世界大战，掠夺别国的资源，后来的富也是靠全体国民共同努力争取来的。富了以后，第二代、第三代只知道享受，不知道创业。日本人很担心，他们的第二代和第三代走什么路。我们横店也是由穷变富的。富起来以后怎么办？他们认为横店的经验可以供他们借鉴。所以，他们两次到横店拍摄。片子在日本播放后，观众很受启发教育，他们又要来拍摄第三次。

十、我是一个平常的人，但我崇拜英雄

在我奋斗的几十年中，支持和帮助过我的人很多很多，可以说，上至中央、京城，下至省城和地方各界。我的朋友很多，所以，每个阶段都有贵人相助，没有他们的帮助和支持，我不可能成功。对支持和帮助过我的人，我的内心总是充满着感激之情，但是，真正的朋友是不需要言谢的。

在我奋斗的几十年中，对我不理解的人也很多，因为，我对事总是从大多数老百姓的利益出发，处事比较公平公道，做事比较大公无私，所以反对的人也不少，特别是在“文化大革命”中，更是遭到了一些人的打击和迫害。对那些反对和打击过我的人，我从来不去计较个人的得失恩怨，也从来不去报复他们，而是让他们在实践当中去认识我徐文荣到底是个什么样的人。但是，对真正的坏人，我是疾恶如仇的，不管是否是亲戚朋友，只要是社会上的坏人，我都绝不客气，坚决站出

来斗争。

在官场上，我最讨厌、最厌恶的人，就是那些拍马屁，追求升官；升官以后，追求生活享受，贪得无厌；平日里，讲空话、说假话、不为老百姓办实事、做好事的人。在各种工作关系和经济交往中，我最反对的是那些不守信用的人。

对企业领导团队，我一贯希望和要求大家讲实话，办实事，做好事，要埋头干工作，对这样的人我就喜欢。如果有人不按这个要求去做，我通常是从团结的愿望出发，提出善意的批评，等待他提高觉悟。如果太过分了，或者危害到集体利益，我就绝不客气，不管是谁，就地免职。

我崇拜邓小平，这是因为“文化大革命”，把整个中国搞乱了，邓小平用改革开放来拨乱反正，治理国家，使老百姓富起来，使国家强盛起来。这一点我非常崇拜，崇拜就崇拜在这里。他讲让一部分人先富起来，走共同富裕的道路。可惜，现在的确是有很小部分人富起来了，甚至很富了，但社会的贫富差距却越拉越大，要实现邓小平同志共同富裕的愿望，还离得很远，需要付出更加艰巨的努力。

我对自己的评价是，我是一个平常人，是一个平民百姓，但是，我是一个想到就要去做，要做就要做成的人。所以，我认为自己是一个实干家。虽然，我是一个平常人，但我从小就崇拜英雄。所以，要是问我，除了邓小平还崇拜谁？我会说，除了邓小平，我最崇拜的是为人民作贡献，甚至牺牲自己生命的那些英雄。

也许，就是这个英雄情结，从小激励着我去奋斗，直到暮年，仍然像曹操的诗句所说：“老骥伏枥，志在千里。烈士暮年，壮心不已。”我仍然要为实现我心中的理想去不懈地奋斗。

下面，就从我的童年说起——

第一章
苦难童年

也许是一种历史的机缘，让我成了横店人。

横店的土地养育了我。

我这一辈子打拼的事业在横店，但严格说来，我却不是横店人，因为我不是出生在横店，而是出生在东阳北乡一个叫新东村的小村庄。

东阳地处浙江省中部，因所处位置在“金华山之阳，瀔水（即婺江）之东”，所以得名东阳。东阳历史悠久，东汉兴平二年（195 年）置县，1988 年，撤县改为东阳市（县级市）。

大盘山脉、会稽山脉在东阳东北交接后，分成三条干脉，由东向西伸展，形成“三山夹两盆，两盆涵两江”的地貌，中间的屏岩山像一道大屏风，把东阳隔成了北乡南乡。横店就坐落在南乡八面山下的南江之畔。我出生的新东村属于东阳北乡，虽然与横店相距只有 20 来公里，但语言习俗还是有一些差异。

也许是一种历史的机缘，让我成了横店人。横店的土地养育了我，横店的土地成就了我的事业。

一、生于患难之时，长于患难之家

北乡的新东村虽然村庄不大，但古时候是官道大路经过的地方，地处新昌、嵊州等邻县和巍山等北乡大镇通往东阳县城的必经之地，因此，来往客人很多，既是一个商人歇脚之处，也是一个商品集散之地。那时村里就有亦农亦商的人家。据说，我爷爷那一辈就是这样的人家。

听说我爷爷五兄弟，家有房产几十间、田产几十亩，开过杂货店、酒坊，曾经是富有殷实的大户人家。但是，天有不测风云，1922年，东阳发生了一场特大的洪灾，爷爷家的住房、店铺、酒坊、田地全部被冲毁，家道从此衰落下去。

经过十几年艰苦打拼，辛勤劳作，元气才稍有恢复，1934年，我父亲两兄弟分家时，他还分得11亩田地和3间房。如果说后期不衰落，我们家到“土改”时可能就是富农了，但是，后来田地、房产已经被我父亲卖光了，所以，“土改”时，我家的成分是贫农。我的叔叔一直种田，但家境一直不好，他为人厚道，没做恶事，所以，他被评为上中农，没有被划为富农成分。

当时，天灾人祸，接踵而至。那时，东阳连续几年发生牲畜瘟病，我们家3年死了4头耕牛，那个时候，一头耕牛抵过三五个正劳力，因此，经济损失很大。父亲徐双福虽然只读过几年私塾，但人非常聪明，悟性很高，跟着大人，无论什么东西一学就会，算盘打得好，特别会算账，也很会做生意。同时，他这个人很会结交朋友，非常讲义气，但是他染上了赌博的恶习，家道从此败落，生意越做越小，最后成了走村串户，到处赶市的小贩。家境也一天不如一天。

1935年3月，我出生时，家境已愈渐艰难。一是人口多，在我前面最大的是大姐姐，再是哥哥，后面还有两个姐姐，我是老五，算上父母亲，全家共有七个人；二是负担重，一大家子人的生活全靠父亲做点小生意来维持。兵荒马乱的年月，没有稳定的经济收入，家里常常是吃了上顿愁下顿，真是愁煞了我的妈妈。

二、背井离乡，举家南迁

我父亲大部分时间在外做生意，家里全靠我妈妈一个人操持。我妈妈从没上过学，虽然不识字，但很忠厚老实，非常善良，她性格内向，为人宽厚礼让，任劳任怨，邻里关系非常好，大家都愿意帮衬她。但是，我的婶婶很厉害，为人尖酸刻薄，隔壁邻居都怕她，妈妈也经常受她的欺侮。所以，那时我妈妈过得非常苦。大人受欺侮，小孩更要受人欺侮。

那时，我父亲常到横店做生意，他有两个好朋友也是做生意的，已经在横店租下房子安了家。他们知道我妈妈在家里经常受我婶婶的气，便劝我父亲："惹不起难道还躲不起！"老是撺掇我父亲也把家搬到横店来。父亲回家同妈妈说，妈妈总是说忍一忍就过去了。

横店地处东阳、永康通往磐安、天台的要冲，从明清时期起，就是东阳南乡的一个重要集市，有米市、茶市、柴市、竹市、猪市、牛行、树行等专业市场，老市基四周和街道两旁，开着各种各样的固定店铺，摆有各种货摊。横店集镇上住的也都是从四面八方汇集来的生意人或是生意人的后代，所以是杂姓聚居，没有大宗族观念，对外来人也不欺生。对于以做生意为主要职业的父亲来说，横店

横店老市基

的确是个理想的去处。

但是，“安土重迁，不轻去他乡”，这是过去中国农村传统的文化心理。就是说，一个家是老祖宗留下来的，也是自己一家人辛辛苦苦，一点一点攒起来的，不到万不得已，绝不会抛家舍业，离乡背井，举家迁徙的。

1938 年，我 3 岁生日后，一直在说的要不要搬家到横店的事，终于提上了日程。促使我父母最后下这个大决心的原因，除了为躲避我婶婶的欺侮之外，还有就是，听说南乡的横店，生活条件要比新东村好得多。另外，还有一个更重要的原因，是因为传闻日本人已经打到了上海，如果再往下来，处在大路边上的新东村，恐怕就要大难临头了。无力抵抗灾祸的中国老百姓，唯一的办法就只有逃难避祸。

一天，父亲在横店的朋友对他说，正好有一家租户搬走，房子空出来了，他已经同东家说好了，赶紧搬过来吧。父亲特意去看了房子，讲好了租金，回家就给妈妈说，都准备停当了，就搬吧。

我妈妈还是不放心，很想自己亲自到横店看看究竟如何，但那么多小孩需要她照顾，她又离不开。于是，她没跟我父亲说，悄悄派比我大 9 岁的哥哥文浩先到横店去看看到底怎样。妈妈对哥哥说，你去看看在横店住的人是不是家家都吃白米饭。因为在新东村，一年到头，只能吃到两次白米饭，一次是在过年时，另一次是秋收开镰割稻那一天，但小孩只能吃半碗白米饭。除此之外，一日三餐只能吃菜饭、菜粥和杂粮。如果在平常日子都能吃到白米饭，那一定是不错的了。

十几岁的哥哥心里想着，真有天天都能吃到白米饭的好地方？如果是真的，搬过去以后，可以天天吃到白米饭，那就太好了。第二天一大早，哥哥就一个人上路了。从新东村到横店将近有 40 里路，中间还要翻过几条山岭，因为哥哥一路上心里想的净是吃白米饭的好事，也就没怎么觉着累，不到中午饭的时间，他就到了横店。

父亲在横店的朋友开着一间打铁铺，哥哥原来就认得这位打铁的伯伯，他很快找到了他们家。铁匠伯伯家用白米饭招待我哥哥。哥哥三下两下吃完了饭，就一个人跑到横店街上，他要去看看横店街上的人家是不是真的都有白米饭吃。这时正是午饭时间，只见街上有的端着饭碗在店门口吃，有的在柜台后吃，有的全家老少围成一桌在里间屋吃，果然，他们吃的都是白米饭。哥哥回到家里向妈妈报告了他的亲眼所见，妈妈终于同意全家都搬走。

那是一个天气晴好的日子，爸爸妈妈带着我们五兄妹，在舅舅、舅妈等众多亲戚、朋友的帮助下，用独轮车推，用肩挑，用背扛，拖家带口，缓缓地向南乡横店迁移。

在当时的交通条件下，全靠两只脚走，难以想象，两个大人拖着五个小孩，是如何把一个家搬到40里外的横店的，其中不知有多少艰辛。虽说我当时不记事，但事后也没少听哥哥姐姐和大人们说起，3岁的我是被妈妈、舅妈和哥哥姐姐们，抱一阵，背一阵，最后被货郎担挑进横店的。

三、因为穷，抬不起头，不愿意上街

那时的横店，以老市基为中心，分为上街头、下街头。老市基和上街头店铺多，作坊多，热闹，有钱人多；住在下街头的，大部分是做手艺的、种田地的，或是做点小买卖的，所以，住在下街头的穷人多。我们全家到横店之前，父亲在打铁铺朋友的帮助下，已经在下街头租下了三间半房子。前面一间临街可以开一个小店铺，后面两间半，可以住人，堆放杂物。我们家就在打铁铺旁边，大概是父亲朋友想到的，这样也好互相有个照应。

我父亲非常聪明，做什么像什么；头脑活络，做这样不行，又转做别样。我们到横店以后，父亲为了要养活全家，总是变来变去，但还是穷。做生意亏了本，赌博又欠了债，最终把在北乡老家的田地、房产也一点一点卖光了。

在我的记忆中，那时，我们家做过馒头、卖过糖饧，还开过馄饨店，我大姐姐出嫁以后，还把阁楼清理出来，安了十几张临时床铺，开过宿店客栈，摆了两三张方桌，开过赌场搞抽头。

记得我们家做馒头时，父亲请了一个北乡的老朋友做师傅，哥哥、三个姐姐和全家人都帮忙一起做。我还小做不了馒头，但也要干活。做馒头要用小麦粉，小麦粉要用小麦磨出来。有时候用牛来磨，用布蒙着牛的眼睛，拉着大磨盘，一圈一圈地转。牛不磨的时候，我就去放牛。我也不知道这牛是自己家里养的还是租来的。不用牛磨的时候，就用人磨，我也要一起帮着推磨。双手抓着大木棍放在胸前，使尽力气往前推，那个大磨盘是很重很重的。

家里做糖饧的时候，父亲挑着糖饧担走村串户，我拿一杆秤一个口袋跟在后边。一斤稻谷换半斤糖饧，就由我来称，换来的稻谷我来背。后来，我大一点了，父亲就让我一个人挑着糖饧担出去。我挑着担，喊着“换糖饧嘞！换糖饧嘞！”走遍了横店、屏岩大大小小的所有村庄。

那个时候，我就听到过民间流传的这一说法：“做小生意的是眼目钱，做手艺的是小铜钱，种田地的万万年。”意思是说，做小生意的只是赚些眼前小钱，是不稳定、不长久的。

的确如此，我们家做着小生意，没有田地，柴米油盐菜蔬，全都要到市场上买。买来的米都是最便宜的糙米，三分之一是米糠。有时候生意好了，赚了钱了，我们就有米饭吃，大部分时间没有米饭吃，只能吃粥、吃大麦和杂粮。做馒头时，还跟着有馒头吃；做馄饨时，还能吃到煮馄饨皮。生意不做了，就连饭也没得吃。

除了吃不饱外，家里根本没有油吃。我妈妈为人善良，走到哪里，人缘关系都很好。我们搬到横店后，妈妈同后门的邻居关系特别好，那一家是开树行的，也做火腿卖，家境比较富裕，妈妈同这一家女主人的关系很好，也常带我到这一家去玩。有一次，妈妈又带我去，正好是火腿腌晒季节，院子里一排排的火腿在大太阳底下晒着，有的晒得一滴一滴往下滴油。两个大人在说着话。妈妈就叫我拿碗把滴下来的油接起来，好拿回家去吃。

我听妈妈的吩咐，顶着大太阳，拿着碗，在火腿架子下钻过来穿过去。那时，我虽然还小，还没上学，但心里感到非常伤心。我流泪了，泪水和额头上的汗水混在一起，弄得我两眼模糊，满脸水珠，就像刚从水里钻出来似的。那时我就在想，为什么人家那么富？为什么我家那么穷？什么道理我也弄不清。总感到自己很可气、很自卑，好像在人前抬不起头来。自卑到什么程度？后来，我连街上都不愿意去。妈妈让我去买豆腐，我不愿意去，因为买豆腐要经过老市基到上街头去买，我不愿见到人，觉得自己很倒霉，很没面子。

但是，如果人家欺侮我，我很勇敢，谁也不怕。那时，横店有一家大染坊，这一家有一个儿子，比我大一岁，人也长得比我高许多。他很看不起我，老是嘲笑我，还想着法子欺侮我。但是，要打架，他绝对打不过我。有一次，妈妈又叫我去买豆腐，家里一定要叫我去，没办法，只得去。当我走到一半，路过这家门口时，只见这家小孩的父亲站在路中央挡住了我，我走右边，他挡右边，我走左边，他挡左边，就是不让我过。他把他儿子喊出来了，让他儿子来打我。他以为有大人在，我就不敢还手。没想到，他儿子过来后，我上去三下两下，就把他打倒在地，然后，转身就跑。我钻进了附近的弄堂，绕了好大一个弯，才买到豆腐回到家。

四、艰难求学，贫病失学

因为家里穷，我自卑得连上街买豆腐都不愿意去，说老实话，对上学读书的事，连想都不敢想。但是在家里，我跟着父亲学算盘、学记账却非常用心。

我父亲没读过几年书，全靠他自己的悟性和苦练，他的字写得很漂亮，逢年过节，或是远近人家有婚丧嫁娶的，都找他写对联。后来，我父亲还专门开过裱画店，经营书画、对联等等。我很小就跟着父亲学写字，所以在上学前，就已经会写好些字了，加减乘除的数学知识也都知道了一些。几十年后，我写的毛笔字还能看得过去，人家说很有笔锋，根本不像是小学没毕业的人写的，其实，这还是小时候的功底。

我父亲自己没读多少书，可能也是因为他小时候的条件不允许，但是，他还是希望自己的子女能多读点书，至少对儿子是寄予这个希望的。我的三个姐姐都没上过一天学，没读过一天书，只有我的小妹，在解放后读了几年书。可能是因为那时家里穷，根本负担不起；也许是认为女儿迟早要“卖”出去成为别人家的人。不过我想，家里穷、经济条件限制，肯定才是主要的原因。不然的话，我的哥哥也不会只读到小学毕业就失学了。

我的哥哥名叫文浩，我叫文荣，我们家搬到横店以后，我又有了一个小弟，爸爸给他取名叫文银。文银比我小 4 岁，可惜 6 岁的时候得病死掉了（此事同我有关，我一直内疚自责）。我们兄弟三人名字中都有一个“文”字，后来就有人写文章说我父亲如何崇尚文化，重视教育，以文为荣、以文兴家等等。其实，我也不知道有没有这回事。我们兄弟三人名字中带一个“文”字，也许是按辈分取的名字，正好遇到“文”字辈而已。

当时，横店有一间村塾，就在村南边凤凰山上，取名叫凤麓小学，实际就是一个初级小学。哥哥文浩比我大 9 岁，当他送我去凤麓小学见老师时，他已经从小学毕业好几年，不再读书了。所以，当时，我能背着书包到学堂去读书，心里当然高兴，但是，一想到哥哥，因为交不起学费而不得不放弃继续读书，只得跟着父亲做小生意，说实话，我对上学读书好像也就没有了太大的向往。

我进了学堂以后，不管国文还是算术，一直都是班上的第一名，除了有一定基础外，我也是很努力很用功的。当时，学制四年，每年读两学期，一共八学期。从第一学期到第七学期，我都是第一名。我脑子灵，读书很好的。我有个小伙伴叫陆慕高，我们两个同年的，他和我同坐一张桌子，我总是第一名，他总是最后一名，老师要打手板，总是打他，我从来没挨过打。

读完第七学期以后，因为弟弟文银的意外死亡，我也大病了一场，就没有再去读第八学期。休学在家半年后，第二年，我就跳级考进了禹阳小学读高小。禹阳小学离横店大约5里路，高小两年制，读四学期。第一学期我没读几天，又生病了，身体还是不好，只得回家。等到要读第二学期的时候，我的身体还没有完全恢复，我有一个同学年纪比我大，他劝我说，你智力很好，脑子灵光，你去读，学习可以赶上去的。后来我去读了，也真下苦功去读了，结果我不仅赶上去了，而且第二学期我考了第六名，第三学期考了第三名。也许是我太用功，太拼命了，读完第三学期以后，我又生病了，当时家里经济条件也不好，需要我帮助家里干些活，就没去读第四学期。

到了第二年，家里情况有些好转，我身体也好些了，又回到学校补习了半年。补习班里的学生，年龄比其他班学生都要大。在班里，我有两个横店的同学，一个家里是开药店的，一个家里是开拉面店的，我们三个人上学放学经常走在一起，玩得很好。他们俩人的家境比我好，常从家里偷拿点钱出来，我只能从家里偷拿点红糖。有钱了，我们就到夏厉墅街上去买橘子糖和麻酥饼吃，后面总是跟着一群比我们小的学生，我们就你一粒他一块地分，最后分得我们自己都没得吃了。

有一件事，我印象特别深，有一天，有人在学校到横店半路上的凉亭里发现了一幅画，还写了字："老鼠偷油，老师偷女人。"老师追查谁干的，没人承认，有人就说是我们三个人干的。老师把我们一个一个单独叫去，第一个叫去用教鞭抽，打得血淋淋的，他就是不承认，也不哭。他当时大概13岁，有一个比他大5岁的老婆，是从小父母给找的，他老婆听说了，追到学校，把她的丈夫救走了。第二个又叫去了，也是不承认，还是用教鞭抽，但没打几下他就哭了，哭得厉害，老师就没敢再打了。第三个把我叫去了，我是很鬼的，老师责问，你画过没有？我说没有。再问，还是没有。这时老师拿起了教鞭，眼见就要打过来了，我一手蒙头，转身就跑，并大声喊"救命"，叫得很响，让所有的老师都听到，都跑过来看，这样，老师就不敢再打了。其实，这件事真不是我们三个人干的，到底是谁干的，我们也不清楚。

补习半年后，经过考试，由于我成绩很好，学校还是算我毕业了，还给我家里送了“捷报”，家里出钱，学校给做了一套校服，我很高兴，穿上以后再也不肯脱下，一直到破得不能再穿为止。不过，我的求学生涯也就到此为止了。

五、“野猫精”附体

前面提到，小我4岁的小弟文银不幸夭折。原先，他的身体是很好的，老是一身脱光，喜欢玩水。他6岁那年，先是出水痘，后来慢慢好了。一天，我带他一起到夏厉墅一个水塘去钓鱼。鱼很多，但都很小，不大钓得起来。我让他坐在鱼篓子上，不要到处乱跑。那天，看上去他很老实，很听我的话，光着身子坐在鱼篓子上，就在太阳底下晒着，一声也不吭。过了好一阵，我不见鱼上钩，就收起鱼竿，说：“没有了，走！回家！”他不吭声。我一把把他拖起来走，他还是一声不响，走了二十几步路，我说：“你自己走。”我手一松开，只见他摇摇晃晃的，“啪”一下子摔到了沟坎下，我顾不上多深的沟，急忙跳下去，把他抱起来就往家里跑。当跑到离家200米左右的耶稣教堂时，只觉得他身子软绵绵的，微闭着眼睛，脸色煞白，我叫着他的名字，“啪！啪”打了他两三个耳光，没有用，他的眼睛还是闭着。我害怕了，抱着他飞快地往家跑，还没到家门口，我就“哇！哇！”地大声叫妈妈。

妈妈赶紧把小弟抱到床上，大人们说，这孩子作痧了，按现在的说法就是中暑了。于是，有的给他扇风，有的为他擦脸。妈妈叫我快去张山坞请郎中来。横店到张山坞大概有七八里路，我以最快的速度，跑到张山坞请来了郎中。郎中看了后，也说是作痧了。于是，他来挑痧。经过处理，又吃了药丸，我弟弟醒过来了，但后来，老是晕过去，醒过来，又晕过去。

我父亲这个人是很相信迷信的，他回来看到我弟弟这个样子，就说他一定是被“野猫精”附体了，说他肚子里有“野猫精”，只有把“野猫精”驱走，病才会好。他就请来了“踩官神”的“半仙”来为弟弟驱鬼。这“半仙”在我家里又烧香，又念咒，又作法，又烧符，可我弟弟还是没有好起来，最终还是死掉了。我非常伤心，总以为是自己害死了弟弟。

我父亲说，这“野猫精”还留在家里，必须彻底驱赶出去才行。不然，还要祸害家里其他人。这天晚上，他又请来了道士法师，在家里设坛作法，驱赶鬼神。这个道士法师手持宝剑、图符，半翻着白眼，一会儿念咒语，一会儿烧咒符，一会儿用牛角号“呜！呜！”地吹，一会儿用马鞭在屋子里四面甩得“啪！啪！”地响，还叫我父亲在家门口放炮仗，说是这样才能彻底把“野猫精”从家里面赶走。我躲在后门的角落里，怕得要死，浑身发抖。

也许是连日的劳累、紧张、伤心、惊恐，身体虚，心里也虚，就在道士作法后，说现在“野猫精”被驱赶走了，家里清理干净了，这时，我也病了。母亲把我弄到床上，我还是浑身抖个不停。这回可把我父亲也吓坏了，他认为，肯定是“野猫精”转附到我身上了。

父亲不知从哪儿听来，说金华山上有一个小庙，里面供的神是专门驱“野猫精”的。第二天一大早，他让我坐在独轮车上，亲自推着车往金华去。到天黑，我们到了傅村，住到一个祠堂里，这个祠堂门口有一对石狮子，爸爸说“野猫精”是怕狮子的，在这里不敢近我的身。

第二天，天还没有亮，父亲就把我叫醒，说要趁黑赶紧上路。我们终于走到了金华山，找到了那个小庙，这个庙小得连小孩都得低着头才能进去。父亲把我送到里面，对我说，半夜三更必须出来，不能发出声响，任何人都不许说话，我的两只鞋要留在那里，等于这个人还睡在那里，而人偷偷摸摸地出来。

这一夜，四周漆黑，山风呼啸，我迷迷糊糊地躺在那稻草铺上，心里害怕，又不敢说话，只盼着父亲快点把我背走。不知道过了多久，父亲来背我了，我记着父亲的话，一点都不敢出声，也不穿鞋子，光着双脚，紧紧趴在父亲的背上。趁着天黑，父亲把我背下了山。

天亮以后，我和父亲来到了孝顺。父亲告诉我，我们坐火车回去，说火车很快，“野猫精”追不上的；火车是铁的，开起来“哗啦！哗啦！”地响，“野猫精”怕了，就不敢再来追了。我半信半疑，不过，这是我头一次坐火车，坐上去以后，非常高兴，一切都觉得很神奇，火车开起来，真的“哗啦！哗啦！”地响，窗外的树木田野在眼前一闪而过，快得跟飞一样，我相信了父亲说的话。不知不觉，我的病也开始好起来了。

可是，到了东阳，我又想到家里驱鬼神时那阴森恐怖的一幕，心里还是发虚，我就不愿意回家。父亲就把我送到离北乡老家新东村不远的西坞村，那是我外婆家，虽然外婆不在了，但是，我大舅和大舅妈对我很好的。在大舅家一直住了半个多月，我才慢慢好起来，最后没事了。就是这个“野猫精”夺去了我小弟的生命，又害我生了一场大病，使我前前后后加在一起休学了一年多时间，所以，我印象特别深刻。

六、小时候感到最幸福的几件事

尽管我的童年是在苦难中度过的，因为大多数时间都是很苦的，叫我具体说出怎么苦却也说不出来，就像现在的孩子们整天生活在“蜜罐”里，却说不出来究竟怎么个甜法。其实，这只是对生活感受的心理对比和记忆选择。苦难太多了，麻木了，反而记不得了；仅有的，在今天看来微不足道，但在小时候感到非常幸福、非常快乐的几件小事，却始终深藏在记忆深处，每当想起童年时光，它就会自己跳出来，你不想它都不行。

在我的记忆当中，我感到最幸福的一件事，就是在三四岁的时候扮“刘海拜观音”，觉得从小只有那次最幸福。

“刘海拜观音”俗称“叠罗汉”，是过去横店八月十三老“会场”（庙会）一项最重要的活动。那天各村的罗汉班都要到横店来表演，方圆几十里的老百姓和客商，也都在这一天赶到横店来看热闹、做生意。

“叠罗汉”先是罗汉班走阵，有龙门阵、长蛇阵、圆阵、蝴蝶阵等；接着是罗汉班武术表演，有洪拳、猴拳、太极拳、行意拳、大刀花、盘龙棍、三节棍、扁担花、流星锤等。再接下去，就是真正的重头戏：叠罗汉。这是属于难度较大的一种造型艺术，一般都得七八个至十几个人，人上叠人，叠成亭阁、牌坊等造型，可叠三到五层。底层都是腰圆膀粗的壮汉，最上面是由长得标致乖巧的孩童化装成的刘海、观音、韦驮等形象。

也许我小时候长得眉清目秀，标致可爱，讨人喜欢，就在我们家搬到横店不久的八月十三庙会上，我被村里的罗汉班挑选上了。现在，我已记不得是扮观音，还是扮刘海，只记得那天我穿得很漂亮，衣服是绸的花的，鞋子也是花的新的。我站到大人的肩上，大人用手把我扶住，我用手在那里拜，可能就是“刘海拜观音”吧。周围是人山人海，大人们总给我塞来好吃的东西。走到村里去，父亲的朋友也都送鸡蛋给我吃，那时候我感到很高兴、很幸福。我小时候，只有这一次最幸福。

第二件事，是6岁那年穿新鞋。那一年，妈妈给我做了一双新鞋，我穿在脚上非常高兴，都舍不得脱下来。不久，我外婆去世了。外婆对我们很好的。我虽然还小，但我一定也要和爸爸妈妈一起去为外婆送葬。外婆家就在我们北乡老家新东村不远的西坞村，离横店有40多里路。爸爸要我换一双旧鞋，好走远路，我不干，一定要穿着新鞋走，结果，路走多了，脚也肿了，虽然感觉鞋子越来越紧，但还是不肯脱，也不让大人背，一定要自己走。后来，天下雨了，鞋也打湿了，路很滑，我一下滑到了路边的稻田里，就是这样，我也不愿把鞋子脱下来。终于到了外婆家，我的脚肿得很厉害，鞋子里外都是泥水，肿得更紧了，脚上的鞋子居然脱不下来了，妈妈只得找来一把剪子，要把鞋子剪开一个口子。我喜欢这双新鞋，心痛新鞋，就不让剪，但不剪，脚就脱不出来，最后只得剪，我伤心地哭了。

还有一件事，大概在我10岁左右，那时候，哥哥文浩经人帮助已在外地工作了。有一次，他给我买了一双回力牌的力士鞋，也就是胶鞋。我从来没穿过这么好的鞋，不管晴天雨天都可以穿，里面软软的，走起路来有弹力，实在是太好了。不久，我二姐姐出嫁到中信堂，我们这里有个风俗，嫁女儿，男方要请大舅子陪的。那时，哥哥文浩在外地不能回来，于是，就让我顶替我哥哥，充当大舅子。我穿着哥哥买的力士鞋，送二姐姐去中信堂，心里别提有多高兴了，也感到很幸福。

再有一件事，就是前面已经提到的，虽然我高小最后一学期没有读，后来学校还是算我毕业，不但给我家里送来了毕业"捷报"，家里还出钱让学校为我做了只有毕业班才有的校服。我穿上以后，就不肯脱下，一直穿到破为止。因为穿上这一套衣服，心里非常高兴，觉得再不会在人前抬不起头来了。

现在看起来，这些事实在不值一提，但是，在我小的时候，这些都是最让我高兴，最使我感到幸福的事。因此，也是最不能忘记的美好的事；在七八十年以后的今天，仍然是最值得回忆的事。

七、年少不知愁滋味

小时候，虽然家里穷，生活苦，但是真正愁苦操心的是爸爸妈妈，他们为生活操心，为养活全家发愁，我们小孩哪里懂得生活的艰难和困苦啊！嬉闹一天，或是帮着大人做点事，一到晚上，还不是倒头便睡，哪里知道忧愁的滋味呵！

最苦的还是我妈妈。父亲是全家的顶梁柱，全家的收入都要靠他，他人虽然很聪明，也很能干，但他相信迷信，喜欢赌博，脾气也不好，有时候吃不好，就对我妈妈发脾气、吵架。有一年，我们家在村子西南面的朝水殿山脚下租了两分半地种大麦。妈妈辛辛苦苦，从种下去到收起来，最后收拾干净，大概有 30 多斤大麦，父亲却让我挑着跟他到南马"押花会"（一种赌博），结果输得精光回家。那么辛苦种出来的，一下子就没有了，妈妈非常心疼，多说了几句，父亲就发脾气，又是吵架。妈妈只能忍气吞声。我们搬到横店后，妈妈就得了气急病，就是哮喘，天气有点变化，或是稍微一生气，她就咳嗽。家里7个孩子（到横店后又生了一个小弟一个小妹）全靠她一手抚养大，全家的忧愁总是压着她，真是苦了我妈妈。她是中国农村中最传统最善良的贤妻良母。

我们兄弟姊妹都很懂事，知道家里穷，不能同有钱人家的孩子比吃比穿；也知道父母辛苦，也都想着要多做一些活，尽量帮助家里减轻负担。但男孩子天性好动、爱玩、顽皮，年少不懂事，还是常常做出一些让妈妈担心、生气的事来。

我小的时候，横店上街头住的有钱人多，上街头的孩子常常欺侮下街头的小孩，经常打架，下街头的小孩打不过了，就来找我。因为我甩石头子甩得特别准。我从小就练有这套本事，不用弹弓，随手捡起石子就甩，指哪打哪，很准的，我用石头子打麻雀，甩十次，总能打到七八只麻雀。他们找我了，我就领着他们来到溪滩上，两边分开，划出距离，分出阵线，互相甩石头子来攻击对方，每次总有几个被我打中，他们怕了，就退了。但是，过不了多久，大人就领着被打中的小孩，上我们家告状来了。妈妈又气又恼，我免不了要遭一顿骂、挨几下打。妈妈总是赔着笑脸，给人家赔礼道歉，送上几个鸡蛋，算是补偿。家里本来都舍不得吃，攒下来换油盐的鸡蛋，就这样被我无端地消耗掉了不少。后来，我长大了些，想想就觉得很对不起妈妈。

流经横店村东面的东溪和横店村北面的南江，也是我小时候经常去玩的地方。到东溪里摸泥鳅抓小鱼，到南江去玩水、钓鱼，都是觉得很快乐的事情。虽然妈妈经常说“水火无情噢!”她不许我到南江去玩水，因为南江是条大河，水深河宽，怕我出事，我还是经常与小伙伴一起，偷偷跑到南江去玩水。玩了几次以后，不知不觉，我游泳的技术就变得很有本事了。所以，家里也慢慢放松了对我的管制。

这样，我的胆子也越来越大。每到夏天，我总是约一帮与我年龄差不多的小

老横店村的村貌

孩到南江去玩水。我们光着屁股，比“水底钻”，看谁在水底下屏气的时间长；比跳水，看谁的胆子大，谁能从更高的地方往下跳；比快、比远，看谁在水里游得快，比谁游得距离远。一个夏天下来，我的身上总是被晒得黝黑黝黑的。

有一年夏天，南江上漂来很多木排，这是上游磐安山区砍伐下来的木头，经过简单的连接组合，利用南江水流往下运，南江流经横店，正好是一个大拐弯，所以木排就在横店的江面上滞留下来。我们很多小孩就到江里去剥树皮，弄回家好当柴火烧。这一天，我们又去了，大家干得很欢快，突然，“啊呀”一声，一个女孩的镰刀掉到水里去了，她急得坐在那里“呜哇呜哇”地大哭起来。我就急忙跑过去安慰她，叫她不要哭，答应下去帮她把镰刀找回来。她告诉我，镰刀就在这里掉下去的。我用双手推开木头，一个猛子就扎了下去。我在水下到处摸，摸来摸去，好长时间都没有摸到，气屏不住了，想上去吸口气，但是，这时口子找不到了。怎么办呢？当时我想，今天肯定要淹死了。

这种木排很宽的，10多个木排连在一起就更宽，但它漂在水里是浮动的。我镇定下来，脑子一想，一边是大溪，是外边，一边是靠岸的，光线黑的这边肯定是靠岸的。于是，我向黑的这边猛钻过去，用手一摸，摸到岸了，我转过头，用脚使劲一蹬，像箭一样“嗖”的往上冲，看到亮的地方，我“哗”的一下，头钻出了水面，一下子扑在木头上，“呼哧，呼哧”地大口吸着气。好了，心想这下没事了。虽然小女孩的镰刀，最终没有帮她捞回来，但是，我想经历这样一次生死考验也是值得的。

八、跟着表叔学手艺

我13岁以后，家里就把我作为一个劳动力来使用了，父亲做什么，我就跟着做什么。时间一长，父母也在为我的前途着想。东阳历来有个传统，如果读书做官不可能的话，那么拜师学手艺就是最好的一条谋生之路了，做小生意是比不上做手艺的。所以，在我15岁那年，妈妈就对我说，家里也没田地，你也种不好田地，总要学点手艺才好。我答应了。

爸爸妈妈就把我托付给了一个表叔，让我跟着他学木匠。正好表叔接到诸暨一个木匠活，就答应带着我去诸暨跟他学木匠，当时我高兴坏了，因为终于可以走出去到外面开开眼界了。为了走出门，妈妈还专门为我做了一件长衫，是用旧衣服改的。第二天，我穿着妈妈为我改做的长衫，带着干粮，心里很高兴，跟着表叔走路到东阳。这时天色已晚，我们就在县城南门附近，找到一家小客栈住下来。

第二天天没亮，我们就上路了。经过罗店，都是走山路，到诸暨枫桥。表叔说，很快我们可以坐船了。我听说能坐船，心里高兴坏了，因为没有坐过船。结果，走，走，走，都走到诸暨城边上了，还是没能坐上船，我心里就泄了气。这时，我突然看到一个女的披着一身绿的披风，骑着一辆脚踏车，好像从我前面一下子飘过去一样，啊呀！我羡慕得不得了啊！这是我第一次看到人骑自行车。

我就问表叔还要走多远才能坐船，表叔说快了快了。这回没有走多长时间，真的坐上船了。我坐到船上去，感到像神仙一样，从来没坐过船，看到水浪“哗哗”的从船头过来，向两边打去，感觉很新鲜。一路上，我看到船家在船上搞清洁、涮马桶用的是河水，洗衣服也是用的河水，淘米、洗菜也是用的同一条河的水，我就觉得很奇怪，也是疑惑不解。就这样一直坐船到了东家。

第二天的早饭是在东家吃的第一餐饭，我印象太深了，记得是年糕、白米稀饭，切成一颗颗的年糕掺到里面，稠稠的，糯糯的，啊呀！好吃极了，觉得这是人生吃得最好的一餐饭了。

我记得跟着师傅是为东家修水车等农具。我刚开始跟师傅，也不会做什么，师傅也不会叫我做重要的活，我只帮着做水车龙骨挡水板的木栓子。到中午了，午饭是白米饭，米很白，很好吃，我很想多吃一点。但是，那时有个规定，师傅如果放筷子了，徒弟是不能再吃的，不管你吃饱没吃饱，也不管你碗里有没有吃光，师傅放筷子了，徒弟就必须放筷子，不能再吃了。我表叔照顾我，他把筷子拿在手上，小声催我，“快吃！快吃！”我吃不快，但总想多吃，可吃不快，我也没办法。好了，时间到了，要干活了，我只有放下筷子，跟着师傅干活去。吃了第一碗，第二碗剩的半碗只能放在那里了。那时，我真难过啊，痛苦得不得了。

就这样做了半个多月，在这半个多月中，总想吃一顿饱饭，但是总吃不饱。东家有一个小姑娘，是读书的，比我大，可能大一岁，长得眉清目秀的，家里条件好，她老是穿着学生服，很好看的。她知道我吃不饱，很可怜我，有时候就偷偷摸摸地捏一个饭团或拿一块锅巴，站在远处向我招手，让我过去，悄悄地把吃的塞到我手里。我心里很感激，但她叫什么名字我都不知道。

后来听到风声，说共产党游击队同国民党兵打起来了。果然，几天后，我们听到了枪炮声和洋号声。我们的活也正好干得差不多了，于是，我们赶快收拾工具，日夜兼程，逃回东阳，回到横店。我的学徒生涯就此中断，我的木匠手艺也没学成。

第二章
风雨青年

不知不觉中，我从童年、少年，变成了青年。

伴随着新中国成立后的风云变幻，我走过了风风雨雨的青年时代。

1949年5月8日，东阳解放了。那时的我，说起来是15岁，但实足年龄还不到15岁，说实话，当时对政治、社会这些概念，懵懵懂懂，一无所知；对共产党、解放军也不了解。

后来，开大会、扭秧歌、庆解放；建农会、搞土改，我们家也分到了土地和房屋。我看到横店的大人们，也包括我的父母，他们脸上的笑容多起来了。我觉得，今后的日子会好过起来。

不知不觉中，我从童年、少年，变成了青年。伴随着新中国成立后的风云变幻，我走过了风风雨雨的青年时代。

一、对于解放的最初印象

我跟表叔学木匠在诸暨做活时，就远远看到过解放军，他们穿着蓝灰布军装，挎着枪在操练。不知道他们是从哪里来的部队，有的说是从四明山下来的，有的说他们是浙东游击纵队的部队，有的说是金萧支队的部队。我也搞不清楚。其实，那时东阳、磐安一带也有共产党领导的游击队在活动，后来，我听说他们叫东磐支队。

记得我从诸暨回来后不久，一天傍晚，我跟父亲到后岩山（屏岩洞府）一个庙里去求神，快到门口时，突然听到一声“不要动！”有两支枪对着我们：“你们是干什么的？”父亲说：“我们是来求神‘押花会’的。我们是父子俩。”他们问：“横店为什么有枪声？”我们说：“不知道。我们没听见过。”他们就不响了。其实，那时我们就听说解放军要过来了，共产党游击队在打土匪。横店在打，“哒哒哒”打得很激烈，山上这两个人就是土匪，他们害怕了。后来，等我们从庙里出来时，这两个土匪也不见了。

解放东阳的是正规的解放军部队，那时，老百姓称他们为“大军”，也有叫“解放”的，说“解放”来了。很多年以后，我看到解放东阳的资料，才知道这支部队是中国人民解放军第二野战军第3兵团第12军第35师，师长是李德生。他们从安徽渡过长江后，进入了浙江，解放了淳安、建德、兰溪、金华，5月8日同一天解放了义乌、东阳、永康。东阳解放后，除了县城外，横店、夏厉墅一带都曾驻有“大军”部队。后来，我听说，当年解放军还在横店设过指挥部，当然，当时是秘密的，我们都不知道。1995年11月，李德生将军应邀参加横店集团成立五周年大庆时，他还跟我谈起过当年解放东阳、驻扎横店的事。

过了不长的时间，“大军”部队调动，突然开走了，当时是秘密的，谁也不知道他们到哪里去，后来听说是进军大西南。这时，随着解放大军南下的山东南下干部大队和中共东磐办事处人员已接管了东阳县，各区人民政府也相继成立。但是，南下干部人数较少，一个区只有几个干部几条枪，由于解放时间较短，乡一级政权还没来得及建立。

“大军”一走，社会上就谣言四起，说“共产党退出东阳了”“山东佬要回山东了”“国民党就要打回来了”，等等。国民党东阳县长王恺澄当过浙江省保安副司令，他纠集了残余的国民党反动武装和土匪，上山负隅顽抗。解放大军一走，他们的活动就非常猖獗，千祥、防军、马宅的土匪也常流窜到横店一带活动。社会很不安宁，老百姓心里还是担惊受怕的。

后来，听说上级调来了一个团的解放军，进驻东阳清剿土匪，在县里和各个

1949 年率大军解放东阳横店的李德生将军，1995 年应徐文荣邀请参加横店集团成立五周年庆典活动。图为徐文荣（右一）与李德生将军（右二）在横店度假村合影。

区的地方武装密切配合下，大约到 1949 年底 1950 年春，各股土匪被剿灭肃清，整个社会才逐渐平稳下来。

二、土改时我们家分到了土地房屋

横店村成立了农会。当时横店乡归湖溪区政府管辖。不久，土改工作队也来到了横店。经过开大会宣传土改政策，丈量土地造册，调查登记房产农具，评定各户成分等阶段，最后是将土地和房产分配到各户。

工作队进村后，召开各种大大小小的会，晚上也经常开会，主要是宣传《土地改革法》和政策。土改方针路线是：依靠贫雇农，团结中农，孤立富农，打倒地主。口号是：贫雇农是一家，团结起来力量大。

宣传发动之后，对土地进行逐丘逐块丈量，水田亩折亩，耕地二折一，然后登记造册。再根据各户土地和参加劳动状况、经济来源、生活水平，对照《土地改革法》和政策，干部群众公开评议，划出地主、富农。中农、下中农、贫农、雇农，则是自报公议，大会通过确定。

土改，就是按一定标准，没收地主多余的土地，征收富农及其他成分的出租土地，分给缺田少地的贫雇农，实行"耕者有其田"的政策。同时，没收地主、富农的耕牛、家具和多余房屋，分给贫困户。

那时，在北乡老家，我们家原有的土地，已被我父亲一点一点卖了，只剩大约一亩。我妈妈就回北乡老家参加那边土改。我们家在横店既无田地也无房产，所以，土改时，我们家被评定为贫农成分，分到了一亩多地。我们家分到的田地是很好的，离家很近，后门走出去就是。土地分到手了，大家都高兴极了。同时，我们家还分到了一间半房屋。那时，哥哥文浩已结婚成家，单独立户，所以他也分到了一间房屋。

我们分到的房子，本来就是我们租住的房子，房主家被划为富农成分，这一间半屋就是政府分给我们家的，另有一间租用的街面屋仍归富农家所有，我们继续租用。

富农家对于房屋田产被分掉，当然是不甘心的，心怀不满也不奇怪，但是，迫于当时形势，也就不敢怎样。后来，他们说我们家分得的一间半屋，其中那半间屋是他们家的，为这件事，两家争讼多年。湖溪法庭庭长还到过我们家，进行实地调查，一看，如果这半间屋归他们，我们家连出入都没地方了。这场官司，最后还是我们赢了。他们输了以后，就一直耿耿于怀。所以，以后一有什么政治运动，如"小四清""大四清""文化大革命"，他们总是躲在幕后策划、指使、组织一帮人来搞我、斗争我。当然，这是后话。

三、志愿军当不成，当了夜校教员

土改以后，刚在土改中分到土地和房屋的劳动群众，非常拥护共产党，感激共产党。那时，共产党和人民政府在群众中的威望非常高，上面一有号召，下面都热烈响应。

1950 年 6 月，朝鲜战争爆发。不久，美国就将战火烧到了鸭绿江边，派飞机袭侵我东北领空，同时，美国还派海军第七舰队入侵台湾海峡，妄图武力阻挠我国解放台湾。10 月，中国宣布出兵朝鲜。紧接着，在全国开展了轰轰烈烈的“抗美援朝、保家卫国”运动。

1950 年底到 1951 年春，抗美援朝宣传教育活动在东阳全县各个区乡普遍开展。湖溪区把横店在内的各个乡订立的“爱国公约”，在游行和示威大会上公布。各村各户也都订立“爱国公约”，主要内容是，遵守人民政府法令，管制地主，响应祖国号召，积极生产，踊跃报名参军，拥军优属，支援前线等。

那时，我们的思想都很好，东阳第一批动员报名参军时，我们几个平时玩得好的伙伴都想去参加志愿军。我父母也支持我去报名参军。虽然，当时我已经虚岁 17 岁，但实足年龄还不满 16 周岁，为了达到参军的年龄要求，我就虚报了 18 岁的年龄。

那一天，我们几个伙伴一起，高高兴兴地从横店走到湖溪区政府报了名。我们在湖溪参加了体检，我除了身高不够，其他都合格了，在我一再要求下，总算通过，并且把我编到了预备连。但是，后来一个解放军军官来点验时，大概他一眼就看到了我这个在队伍中个子最矮的人，我被叫出了列。他说，小同志，你还太小，过两年再来参军吧！我表示一定要去，绝不回家。他就叫人拿来一支步枪叫我背在肩上。我把枪带挂在肩上，结果枪托还拖在地上。这时，他走过来，摸了摸我的头，笑着说，你看看，人都没枪高，这样子怎么能行军打仗呢，你还是回去吧，等长大了，我一定收你。我一看这情形，再怎么磨嘴皮也没有用了。我心里很难过，只好回家去了。

我的一个很要好的伙伴就正式参加了志愿军，开欢送大会那一天，我看着他们穿着新军装，戴着大红花，在锣鼓声和鞭炮声中，唱着“雄赳赳，气昂昂，跨过鸭绿江”的志愿军军歌，接受人们的欢送，我心里真的很羡慕。回来后，想想自己不能去，又觉得很灰心、很难过。

回村以后，我参加了许多大会小会，他们说留在农村照样是革命。那时候，我们思想单纯，一做工作就通，我就积极投入了“爱国增产捐献”活动。那时，一个动员接一个动员，订增产计划，加强积肥，精耕细作，发展副业，增加生产，捐献爱国稻谷、爱国鸡、拥军鞋，认捐买飞机大炮的捐款等等，搞得真是热火朝天。我除了帮助父亲干活之外，还要到地里去干活，同时，还要抽出时间，参加乡里和村里组织的各种活动。

后来村里办起了夜校，主要是教横店本村不识字的成年人识字和简单的算数、打算盘。那时，有文化的人很少，我虽然是高小没有读完，但也算是高小毕业，从小又学会了打算盘，算是有学问的人了。村里的农会会长找到我，说我读过书，字写得也好，又会打算盘、算数，要我去当教员。我说自己小学都没有读完，又荒废了多年，怎么能去给人当老师呢。会长说：“你想想那些不识字‘睁眼瞎’的苦，你会认字，会写字，字又写得好，你为什么就不能教教大家呢。”见会长这么说，我就爽快地答应了下来。

我抓紧时间复习原来的功课，说实话，离开禹阳小学已经多年，原来学的那点东西也丢得差不多了，我只有一点点回忆复习。同时，我还想尽一切办法，找来报纸和一些学习资料，努力使自己多学一些，然后好再教给大家。

参加夜校学习的大约有二三十人，都是横店本村不识字的成年人，有男的有女的，妇女多一些，年龄有大有小，他们白天都要劳动，有的晚上还要照顾家庭，能来学文化也是很不容易的。但是，他们的学习积极性都很高。当时，夜校有两个教员，另一个年龄比我大，比我成熟。不过，他们对我这个小教员也是很尊重的。

夜校没有教材，我们是边上课边编教材。我努力回忆我读过的书，结合当时经常用到的实际情况，先易后难，逐步深入。比如，先教“上下左右”“大小方圆”“高低远近”“斤两个数”，再教“稻谷大米”“大麦小麦”“青菜萝卜”“金瓜茄子”等等。除了教识字写字，我还教他们学打算盘。

我白天劳动，晚上当夜校教员，而且当夜校教员是没有报酬的，人虽然辛苦，但心情是很舒畅的，特别是看到参加夜校学习的乡亲们学习进步，或是听到他们叫我徐老师的时候，心里还觉得蛮有成就感的。我不但教会了他们识字、写字、打算盘，我自己也学到了很多，等到教夜校结束，我已经学会并能通用1500多个字，基本上够用了。就这样，我一直干到18岁。

后来我想，在以后的工作，或创业中，无论是小会讨论发言讲话，还是开大会作报告，我都能很有条理地把自己想要表达的意思说出来，有比较强的口头语言表达能力，也许就与我这一段当夜校教员时所得到的锻炼有关。

四、有了一份正式工作

到18岁下半年，夜校快要不办了，我总想找个正式一点的工作。分到土地、房屋以后，家里尽管比过去好了一点，但毕竟还是穷。对我个人来说，负担似乎比过去还要大，过去只是在家里劳动，做手工业，做手艺，田分到了以后，我在家里要劳动，外面田地里也要劳动，两份劳动增加了我的压力。说实话，我对种田地一直不感兴趣，总想找个别的工作来做。

当时，我也在选，找什么工作呢？有两样工作，一个是去教书，去学校当个正式的老师；还有一个是去刚组建不久的供销合作社。这两个地方正在招人。实际上，这两样我都不怎么喜欢，只不过是想谋求好一点的生活，谋求一点前途而已。那时，我看到乡政府、区政府的干部下来，是很羡慕的。横店有乡政府、粮管所、税务所，供销社是后来成立的。那时，区乡干部都是南下干部，他们下来都是带枪的，我很羡慕他们。

区委书记是个山东人，他经常到横店来，他知道我积极报名参军，因为年龄小，个子矮，没有去成，在村里当夜校教员当得好。他认为我思想好，人又很灵光，所以他到横店来，找到我，要我给他去当通信员。我很愿意，我父亲开始也是同意的。可是，就在我准备要到区政府去报到的时候，横店正好成立了供销合作社，横店农会的会长叫楼德水，他是横店本村人，他被选去当横店供销社的主任。楼主任跑来跟我父亲说，他看中了我，说我有文化，当过夜校的教员，算盘打得好，又能讲话。一定要我到供销社去工作。我父亲认为我有做生意的基础，算盘也打得好，离家又近，加上供销社主任三番五次到我家，一定要我去供销社工作。所以，父亲认为我还是到供销社工作更合适，他就答应了供销社主任，并且一定要我去供销社。于是，就在区委书记再次到横店来找我的时候，我已经被供销社主任挖走了。

就这样，我去了横店供销社。这是我第一份正式工作。我去了以后，被分配到南杂货门市部，卖红糖、红枣、桂圆、荔枝等等。因为我从小跟父亲学算盘、学做生意，对供销社工作帮助非常大，人家新进供销社，总要先学习几个月，我一进供销社就干得很熟练，业务熟，账目也非常清楚。所以，领导对我很满意。但是，我在南杂货门市部只干了四个多月。

那时，县社的人经常下来调查整顿，组织开会学习，检查有没有贪污啊，有没有经济问题啊，实际上，他们是在选拔干部。我的工作表现很好，在学习过程中的表现也很好。他们认为我能力强，表现好，把我挑出来，让我到金宅村去搞一个分店，叫我负责。说是负责，实际就我一个人。那是在横店乡以外开的第一个分店。

金宅村离横店大约 10 里路，供销分店开设在金宅村的一座大宅院里。这个大宅院，有 24 间屋，俗称“廿四间头”，是东阳农村民宅中最大的。这座房子的原主人是一个兼做火腿生意的地主，土改时，这座刚建起来不久的房子，就被没收充公了。

土改后，这所房子，除了部分用作集体的仓库之外，就是一个公共活动场所，平时村里开会啊，搞什么活动啊，都在这里。显然，在这里开店非常方便村民，是很合适的。

但是，这么大的一座房子，到了晚上就我一个人，真是很害怕的。有人对我说，这里有鬼，晚上要小心。还有人说，那里有白老鼠，一到晚上就出来。这所房子新造好不久，油漆都没有干透，本来一到晚上，就老听到“噼噼啪啪”地响，听到他们这么一说以后，我心里就更加害怕，特别是遇到天气不好，刮风下雨的晚上，就更是害怕得不得了，晚上总是把被子蒙在头上睡觉，毕竟那时还年轻。后来，村里的干部知道了，就派来一个与我同龄的年轻人，晚上同我一起住。有人给我做伴，我很高兴，就再也不感到害怕了。

金宅的分店主要也是以经销南杂货为主，为了方便老百姓，也卖一些副食和日用小百货。那时，横店农历逢四、九是市日，因为横店是东阳南乡集市贸易中心，生意特别忙，所以，每碰到四、九横店市日，我都必须要走 10 里路，赶到横店供销社里去帮忙。

大概是我在金宅工作了一年左右的时候，发生了一件令人意想不到的事。一次横店市日，我照常到横店供销社里帮忙。在忙了一天以后，我拖着疲惫的身体回到金宅，突然发现店里被盗走了不少东西，连我的短裤等换洗衣服都被偷走了。我立即找来了村干部，并及时向社里领导作了汇报。社里领导也没做什么调查，个别领导居然怀疑我“监守自盗”。我知道后，真是气愤极了。虽然没做最后结论，也没给我什么处分，但是，我想工作再怎么辛苦，都没关系，我都能忍耐，可是，这是涉及一个人的品德和声誉的问题，我不能含糊。于是，我提出来，我不干了，回家种地去。

我回家以后，很多人都反映我这个人很好，特别是金宅村的老百姓都说我好，我走掉了，他们觉得很可惜。还是楼主任跑来找我，他说，事情总有一天会弄清楚的，你还是回去。那时，社里已经派了另外的人到金宅。我说，金宅我是不去了，要回也回横店社里。这样，楼主任就叫我留在横店供销社里管肥料部。

那时，肥料部正在组织推广在大田里施石灰粉，过去石灰窑用柴烧，后来用煤来烧，用煤烧出来的石灰又叫煤灰粉，说这种石灰粉既可以当农药杀虫，又可以当肥料用。我们白天在社里工作，晚上都下到各个村去，进行宣传、推广、推销、订购。我是北边走到维凤、米塘、里塘，南边走到绕溪、王宅殿、后山（即现在的八一、七一村那一带），那时到处都是山沟沟，走的都是山路、小路，又都是在夜里，特别是过大溪滩到维凤，过山岭到里府，心里真的有几分害怕。当时，我人矮小，每到村子里开会，总是要站在凳子上讲话。但是，我很会讲话，很有鼓动性。村里的人都说，“这个小伙子不错！”所以，我的任务完成得很好，领导老是表扬我。

在肥料部干了一段时间以后，领导认为我这个人是可用之材，于是，派我到后岭山供销分社，那是真正的供销分社，很大的。在后岭山供销分社，把我作为骨干使用，我也觉察到，领导在培养我。我样样工作干在前，任务总是比人家完成得好，表现得很好。后来，县供销社来选拔干部，领导召开座谈会，考察了解，群众都反映我很好，又很有能力。所以，就挑我上来当助理会计。

我当了一段助理会计以后，又叫我当统计，后来，又叫我当商改员。商改，就是对资本主义工商业的社会主义改造。这是新中国成立初期，三大改造运动（即对农业、手工业和资本主义工商业的社会主义改造）之一。对资本主义工商业的社会主义改造，即对资本主义工商业，采取利用、限制、改造的政策；对资本家采取“和平赎买”政策，实行公私合营。我当商改员，就是具体参与宣传党的政策、召开各种座谈会、调查摸底、统计有关数据等等工作。

由于我当商改员时工作出色，我的工作能力和对工作认真负责的态度，引起了上级领导的关注。商改工作结束后，经县供销社的考察考核，由县社下文公布，我被提拔为南马供销社的商店经理。过去，我只是横店供销社的一名职工，从这时起，我就成了干部，而且算是正式的国家干部，因为是县社下文公布的。不过，我的商店经理还没等具体落实，更没来得及上任，我就被调到东阳县肃反办公室去了。

五、参加“肃反”工作

“肃反”运动，是指 1955 年至 1957 年底，在全国范围内开展的肃清暗藏的反革命分子的运动。与 1951 年的“镇反”不同，“镇反”是针对国民党党政军人员、特务、土匪、恶霸等反革命分子，“肃反”则是肃清暗藏在革命队伍内部的特务间谍、反动党团骨干、反动会道门头子、汉奸及其他反革命分子。根据中央的统一要求，各地都成立了“肃反委员会”或“肃反领导小组”（叫作“五人小组”），领导本单位的“肃反”运动。东阳县也成立了“五人小组”，这个小组权力很大，可以对“肃反”对象作出定案处理。

东阳的“肃反”工作是从 1956 年 5 月开始的，比起全国来，时间延后了一年。我调到县“肃反”办公室，主要是参与审干工作。我被分配在财贸口当调查员。财贸口包括财政和商业流通领域，如财税、银行、国营商店、供销社，还有粮食局、副食品公司、农资公司、糖烟酒公司等单位。调查员的工作，主要是根据领导的安排，负责某个具体案子的调查，再向领导汇报。

那时，我还不是共产党员，按道理，我是没资格去搞这个工作的。虽然，我早就写过申请，要求加入共产党，为什么不能入呢？说是因为我的社会关系太“复杂”。怎么“复杂”？那是因为，解放前，我们在北乡老家时的一个邻居曾当过浙江高等法院的院长，我妈妈同他的大老婆关系好，为了混口饭吃，我们家有好几个人通过他的关系，到建德等地方的法院去当过短时间的法警，也就是送送传票之类，这就算是旧职人员。另外，还有我的姨夫成分是富农，我的小舅舅当过国民党的军官。有这些“复杂”关系，我就入不了党，即使能入，也许就要比别人接受更长时间的考验。

我知道，我能调到县“肃反”办工作，是因为我思想好，工作积极，表现出色，工作能力强。所以领导喜欢我，也想培养我，给我一个机会，也是为了进一步考察我。

因此，我到了“肃反”办公室后，工作非常积极，非常认真负责。领导要求，查案要做到公正无私，实事求是，绝不搞冤假错案；调查资料，要先易后难，先近后远。我是老老实实在东阳本地调查，都是走路、爬山，在山区里搞调查。有些人呢，却争着往外边跑，有的借外调之机，跑大城市，游山玩水。记得有一个人，跑了半个中国，在山东德州还买了两只烧鸡带回来给老婆，而调查材料却没有搞好，于是，他成了受批评的典型。我经手的案子，领导分配一个，我完成一个，而且时间花得短，开支花得少，效率却很高。更重要的是，我调查得细，绝不敷衍了事，证据可靠，整理材料，实事求是。当时，我的基本想法就是，一个材料，直接关系到一个人的政治生命，关系到一个人的前途和命运，绝对不能马虎，绝对不能冤枉人。所以，我经手每个案子，总是非常认真、非常仔细。因而，我就成了领导经常表扬的典型。

由于我肯吃苦，不争利，同事关系好，工作能力强，工作表现出色，所以，在“肃反”办公室工作期间，我被批准加入了中国共产党。多年的愿望实现了，我成为一名光荣的共产党员，当时的心里当然是非常高兴的，也感到非常自豪。

到“肃反”审干后期，毛主席提出，百家争鸣，百花齐放，发动各民主党派和人民群众，写大字报，大鸣大放，向共产党提意见。可是，不久就开始“反右”了。当时，说是一拳打出去，一拳收回来。先是“引蛇出洞”，再来“迎头痛击”。我们搞“肃反”审干的，不直接去“反右”，但我们也要去看大字报，主要是盯着当过国民党连长以上官职的军警宪特人员，如果这些人有反党、反社会主义的反动言论，就可以当场以反革命定案，抓起来坐牢。

我在“肃反”办公室工作了三年，最后，大部分人都回原先的单位去了，只剩下我们少数几个人做扫尾工作，处理一些遗留问题，等待分配新的工作。

六、从城里又回到农村

“肃反”工作结束，我面临着新的工作去向。当时，东阳县公安局局长要挑我去公安局当一股的股长，一股的主要任务是反特，当时的主要工作是侦破国民党潜伏组织梅花党。当然，我很愿意去。但是，法院也选我，要我到上卢法庭去当庭长。他们两家在争我。但是，最终是要由县委组织部说了算的，由他们决定，我到底去哪里。

组织部的人找到我说，公安局、法院你都不要去了，根据你的工作能力和表现，组织上决定，让你去磐安，当安文公社的党委办公室副主任，主持工作。说实话，从我内心讲，还是想到公安局去。我崇拜英雄，当公安，搞侦察，抓特务，这对我吸引力更大。所以，我说，让我去公安局吧，我喜欢这个工作，肯定能干好。组织部的人说，磐安正需要干部，派你去，是提拔你，个人意愿可以有，但是，作为共产党员还是要服从组织需要，服从组织安排。当时，我还只是预备党员，听他这样说，我就没有话说了。

原来，我在“肃反”办公室这三年，农村发生了翻天覆地的变化，特别是1958年，“总路线”“大跃进”“人民公社”三面红旗在全国搞得热火朝天。当时，磐安县正好被撤销，全境并给东阳县管辖。磐安被划为两个人民公社，一个安文人民公社，一个盘峰人民公社。安文人民公社下辖八个管理区（即原来的八个乡镇），是很大的。当时，安文人民公社已经是全国先进人民公社了，可能是因为它规模大，是全国人民公社中的一面旗帜。

我说："农村工作我是不懂的。"我心里还是希望能够留在城里工作。组织部的人说："不懂可以学嘛！'肃反'审干，难道你懂吗？三年里你不是边学边干，干得很好嘛！"我说："安文公社太大了，八个管理区，差不多大半个磐安县，我怕搞不好。"他们说："你不用怕，你上面有领导，下面有秘书，有统计员和其他工作人员，你只要做好上通下达就好了。上面领导布置什么，你再布置下去，把下面的情况汇总起来报上去就是了。"他们又说，党委办公室是党的重要领导机构和办事机构，你的工作是很重要的，这个工作比在公安局、法院工作更重要。这是组织上重用你，你只要努力干就是了。

的确，当时人民公社实行政社合一，党委领导一切，党委办公室作为党委的直接执行机构，权力是很大的。当时，我只是一个预备党员，直接就任命我当党委办公室副主任，而且主持工作，这是破格提拔，是很不容易的，既是组织上对自己能力的看重，也是组织上对自己的信任。这样一想，我就高高兴兴去了安文。

七、浮夸成风，谎话成篇

安文是个四面环山的小镇，是过去磐安县政府的所在地。我到了安文人民公社接手工作以后，才知道公社党委办公室管的事真不少，权力真的很大。那时，党政合一，政社合一，党委除了设组织委员、宣传委员以外，最大的机构就是办公室，其他机构就是妇联、共青团和人民武装部。因为没有行政办公室，所以，党政一切具体事务都是归党委办公室管。我的第一件事，就是把安文所有的办公地点的钥匙都接管了，领导和各个部门的办公用房，都由我负责安排。连民政工作也是由党委办公室管，开结婚证和离婚证，都是从我这里办的。当然，更主要的工作，还是上传下达，综合管理。上面开会精神下来，要通知八个管理区，传达下去；要跑下去，检查贯彻落实情况；下面汇报上来，要综合汇总，送领导审阅，向东阳对口部门汇报。

那是个热火朝天的年代，“骑马要骑千里马，戴花要戴大红花”“一天等于二十年”“十五年赶美超英”“人民公社是金桥，共产主义是天堂”“跑步进入共产主义”等等口号满天飞。有些领导人认为，共产主义的理想好是好，可是目标太遥远了，干起来太慢了，所以为了坚定人们的信念，鼓舞大家的斗志，就是要多喊口号，就是要把想到的当作做到的。也许他们认为，假话说多了就会变成真理。

那个时候，社会上“刮五风”（共产风、浮夸风、命令风、干部特殊化风、对生产瞎指挥风），特别是“浮夸风”盛行，报纸上天天可以看到全国各地在“放卫星”。在这样一种政治空气下，在“肃反”审干时，一直被领导教育要实事求是的我，真是很不适应。

一天下午，我接到县委办公室的电话，要统计上报群众上山砍柴烧焦泥灰的资料。那时，做什么事都要“大办”，都要“全党动员，全民动手”。在“大办农业”中，“庄稼一枝花，全靠肥当家”，所以，就要“全民动手，大力积肥”，要大家上山砍柴草，烧成焦泥灰当肥料。我非常认真地给一个一个管理区打电话，那时是“摇把子”电话，有时候要摇很长时间，才能打通一次。我一个晚上没睡觉，把每个管理区多少人上山，男女多少，老少多少，共砍了多少斤柴草，烧了多少斤焦泥灰，有哪些典型事例，好不容易在天亮以前，都统计汇总好。第二天，一大早就向县委办公室汇报。

没想到，县委办公室方主任还没等我汇报完便发起了脾气：“你怎么搞的！你这个先进公社，怎么就只这么一点数字？”我说：“这是下面一个区一个区报上来的，我是实事求是的，我一个晚上没睡觉才汇总出来的啊。”他说：“你这个官僚主义！”意思是说我坐在办公室不下去。我说：“你昨天下午才给我通知，我马上一个一个管理区打电话，下面也是一个晚上没睡觉，今天早晨就要报给你，怎么能下去调查，这是不可能的事！”他说：“我不管，你这个数字就是不行！”我

“啪”的一声，把电话摔了：“我不干了！你们都在乱来！”

办公室的秘书看到我发了火，就急忙走过来：“徐主任，你不要发火，不要发火，我来汇报。”我说：“你怎么汇报啊？”这个秘书原来是磐安县委农村部出来的，文化高，人也聪明，他没有回答我，只见他拿起拨通的电话：“方主任啊！你不要生气，徐主任一夜没睡，身体有些不舒服，有些资料他还不知道，我知道，我来汇报。”接着，他汇报了两个典型事例：

某管理区一对七十多岁的夫妻，响应号召，上山砍柴草，一个来回要走40里路，一天上山四个来回，砍了500多斤柴草。还有某个管理区某个生产大队，男女老少，全体总动员，一天烧了一万斤焦泥灰。县委办公室方主任对秘书汇报的两个典型事例非常满意。

我问秘书：“这些事，这些数字，你都是从哪里来的？”他说：“你不要管他，随便报就是了，他也不会来查。”我说：“怎么能这么瞎编呢？”没想到秘书说：“呀！都是这样编的啊！”我说：“好，好，好！以后都由你来汇报。你来坐办公室，我到下面去跑。”从那以后，我就经常到下面各管理区去跑，连办公室都很少回。

下去一看才知道，老百姓真苦啊！那时，大办公共食堂，不准家里烧饭，有的山区住得分散，社员吃饭要走几里路。开始办时，吃饭不用钱，大家放开肚子吃。这个生产大队吃没了，就跑到别的大队去拿。不长时间，粮食吃没了，只能吃杂粮，杂粮吃完了，只有吃米糠、玉米芯、番薯藤之类的所谓“代食品”。老百姓一个个都是面黄肌瘦，营养严重不良，有些老年人本来有病，加上饥饿，病饿而死。我心里充满了疑虑和忧虑：共产党难道是这样子的？这样下去怎么得了啊！

尽管这样，“卫星”还是不断地放。什么事都大搞群众运动，说蒋介石要反攻大陆，就大办武装，全民皆兵，安文办起了民兵师，我还当了副师长。说“以粮为纲”，就要“全党动手，大办农业”，连解放军也要来关心。有一天，接到通知，说省军区的领导要来安文公社考察农业，本来应是党委书记出面接待，但是，他知道了以后，却躲到一边去了，电话打给我，要我接待。当时，东阳一位县委副书记正好在安文，我就去找他，他说，你有什么资格找我？为什么不找你自己的领导？没办法，我只得硬着头皮来接待。我赶紧通知下去，让下面做准备。好了，第二天，他们把一丘一丘田的稻子割下来，全部并到一丘田里去。领导到了，他们开始打稻子，打完了一称一估算，亩产6000斤。我很吃惊，能这么干吗？真是乱来了。

我找到公社书记说，我思想跟不上，我不干了，回家种地去。书记不同意，他说，你工作是很积极的，马上要办理你的预备党员转正的事，转正了，你也就别回去了，目前正在调整机构，正需要干部。

八、就为了五分钱的红糖

那时，正好安文大公社撤销（缩小公社规模），成立安文区，仍然下辖八个管理区，下面再设人民公社。不久，我就被任命为安文区的团委副书记，没有书记，仍由我这个副书记主持工作。后来，我还被选为共青团东阳县委委员。

相比当党办主任，这团委书记就要轻松得多。那时，我、人武部长，还有妇联主任，我们仨人就经常一起往下面各个管理区和公社跑。但是好景不长。区里组织了4个工作组，下去改造落后队。我负责一个组，到离安文50里路的窈川管理区，再走10里路下到泗泽村。我们把钱和粮票拿出来，要和社员同吃、同住、同劳动。我们这个工作组共三个人，一个是窈川的主任，他不常来；一个是安文法庭的庭长，他岁数比我大，胃又不好，一日三餐老是吃玉米糊糊，稀汤寡水，一点油水也没有，他的胃受不了了。有一天，我看到他胃疼得不行，用搭柱（南方挑担时用来支撑扁担以便歇脚的工具）一头顶在腹部，另一头抵在门槛下，豆大的汗珠在额头上滚。我说，你不要命啦！他不响。后来，我说，这样吧，我去安文想办法弄点火腿皮（加工火腿时留下的碎屑片），你去搞点梅干菜，我们改善一下。我到安文想办法弄了点火腿皮回来，他也弄来了梅干菜。我们偷偷摸摸跑到另一个村子里去烧。拿回来却不敢拿出来吃，怕被人家看见了。结果都长了白毛了，丢了又可惜，我找来一个空罐头壳，想再烧烧吃，结果找不到火来烧，还是不能吃。我就跟他说，你身体不好，就回安文吧，这里由我担着，你不用管。他就回去了。

这以后，我就常常是一个人翻山越岭，到各个生产队去检查生产情况。那时，根本吃不饱，我有时到供销社开后门，买一角钱的古巴糖，黑黑的，揣在口袋里，走在山路上，吃一把古巴糖，喝一口山坑水，就当一顿饭了。好在我那时年轻，身体还扛得住。

一次，我到窈川开会，坐在我边上的是区妇联主任，只见她捂着肚子，脸色发白，在轻轻地哼着喊疼。我问，哪里疼，怎么不舒服？她说，你不懂。她边上的人说，她来月经了，到供销社买五分钱红糖，供销社都不肯卖给她。我一听，还有这个事！我说，我去给你买来。我气得跑到供销社，那人说没有红糖。我说是真的没有，还是假的没有？我就进去搜，并厉声质问说，你有红糖为什么不卖？他说要控制。我说，你知道不，买红糖的是区妇联主任，她丈夫是县委书记，你连这点都不照顾。我都看到了，你自己躲在屋子里，火腿豆腐炖炖，吃白米饭，我们当干部的向你买五分钱的红糖你都不肯，你这个混蛋！我“啪”的一下，把他炖着火腿豆腐的罐子摔在地上，“快把红糖拿出来！再不拿，我不客气了！”他把红糖拿出来了，我把钱甩给他。回到窈川，我就给区委书记打电话，说了这件事。当时，书记正在开会，供销社主任正好也在会上。他们当场就决定，把这个营业员调得远远的。

九、我干的最坏的一件事

一天下午 3 点钟，来了紧急通知，要到安文参加一个紧急会议。那时，参加会议的，我们管理区连我 2 个人，走到墨林增加了 2 个人，经过岗头又增加了 2 个人，这样我们这个队伍就有 6 个人。开会结束，要从安文连夜返回，一路上，6 个人变 4 个，到了墨林 4 个人变 2 个，走到窈川以后，就只剩我一个人，我还要走 10 里路回到村里。这时，已经是下半夜三四点钟了。周围漆黑一片，大山里时不时地传来“嗷嗷”的野兽叫声，在深山谷里回响，真是叫人汗毛都竖起来了。幸好那时我们都带着枪，我把子弹推上膛，“啪！啪！啪！”一连三枪，好了，一阵轰响以后，大山沉寂下来了，我也加快了脚步。等我走到村里，已经过了四点半，天都快要亮了。我把大队干部叫起来，然后，干部挨家挨户把社员都叫起来，开大会。

原来，这次紧急会议，是要贯彻上级一个重要会议的精神，就是“上午一片黄，下午一片青”，上午一片黄的稻子要割净，下午要全部种上玉米秧变成一片青。说是上面要下来检查，必须完成。

开过动员大会，立即行动。各个生产队，男女老少齐上阵，我也跟着社员一起去割稻子。大部分稻子成熟了，到了收割期，抢收也是对的。但是，因为是山区，还有一些田块背阳一些，稻子看上去虽然是黄了，但还没有完全成熟。这时，就有生产队长跑来问我，那一块田的稻子割不割？我就问：“黄不黄？”他说：“是黄的。”我没多想，就说：“是黄的，就全部割净！”他转身走了。啊呀！生产队长走后，我心里突然一惊，“那丘田的稻子也许没有熟透，这样下去，老百姓吃什么啊！”但是，任务又必须完成。紧接着，就有一丝犯罪感涌上心头，“这样搞下去，自己真的要变成罪人啊！”我的心感到很不安。

“上午一片黄，下午一片青”的工作任务虽然完成了，但是，很长一段时间，这件事就像是一团阴影，在我心头挥之不去。我知道，这是我干的最坏的一件事。多少年后，一想起这件事，我心里就会充满深深的愧疚感。

十、越干越心慌，真不想干了

工作组撤了，我也回到了安文，但是，我的心久久不能平静。这样说空话，讲大话，“吹上天的卫星”一旦破了怎么办？可是，这股浮夸风越刮越厉害，好像一点都没有停下来的意思。

一次，我作为共青团的代表，到画水公社参加一个东阳县组织召开的大力种植玉米的现场经验交流会。会上，首先是宣传玉米全身都是宝，说玉米粒是宝，可以做出几十种食物，玉米秆是喂牛的好饲料，玉米芯子可以磨成粉来代食品，连玉米衣玉米须也可以加工成很好的食品。怎么做？把玉米衣剥下来，泡在石灰水里，让它腐烂后沉淀，沉淀物用纱布过滤，晒干，就可以掺到玉米粉里，用来做饼子吃。接着，就动员要“用十分干劲，十二分措施”，大种玉米。怎么种？首先是深耕，耕越深，果越大。第一个发言，说是要深耕五寸，第二个发言，说是要深耕一尺，第三个发言，说是要深耕一丈！叫我发言，我说，我不懂，发不来言。后来，我问前面发言的，你们说一尺一丈的，怎么耕啊？他们说，把水塘水井填了种，不就有那么深了嘛！我恍然大悟，原来你们就是这样“深耕”的呀！

可是，谁都知道，纸上画马不能骑，墙上画饼难充饥，空话、大话填不饱肚子。没过多长时间，吃饭不用钱的公社大食堂也办不下去了，只好不了了之。老百姓的生活是愈来愈艰难了，能吃的东西也没有了。好不容易从上级那里讨得一批救济粮，也可以说是救命粮。但是，“粥少僧多”，这点粮食，怎么分？区里只好组织工作队，分片下去做工作。我被抽到工作队，我和队里的几个人住到大皿村，住了一个星期，分不下去，住了半个月，还是分不下去。到各个村去调查，家家户户都是揭不开锅，男男女女都是面露菜色，特别是有的老人更是因为饥饿而气息奄奄。看到这些，我心里真的很难过。

就在这样一种情况下，上面还要组织“反瞒产”。任务下来，我们过年都不准回家，都要下去调查摸底，去抓瞒产的典型。大年三十除夕夜，我到冷水一个村子去，离开管理区，要走 10 多里山路。晚上下雪了，雪越下越大，都积得半尺多深了，我还在山上一脚高一脚低地爬。突然，脚下一滑，我摔倒了。下面是几十丈深的深潭，要是掉下去，必死无疑。我是老天保佑，运气还好，滑到了一个坑沟里，一屁股正好坐在那里，被卡牢了，没再滑下去。我挣扎着爬起来，还是要向村子里走。

这一路上，我想了很多，我弄不明白，上级为什么要这么搞，这样搞岂不是离老百姓的心愿越来越远。我们这些干部，吃苦受累，到底是为什么，跟着上级这么干，岂不是也要成为罪人，老百姓要是起来造反，被打倒的首先是我们这些人。想想真是心寒啊。

我想到一个多月以前，也就是 1961 年底，我妈妈因为饥饿，加上长年患有严重的哮喘病，在受了一生世的苦难以后，最后在贫病中离开了人世。我妈妈勤苦一生，相夫教子，任劳任怨，从不多话，无论走到哪里，邻里关系都非常好，大家都说她是好人。可是，她却没享过一天福。我为她可怜，为她心痛、难过。

妈妈走了，丢下了年迈多病的父亲。家里早在好多年前，就不能做馒头卖了。因为，土地早就收归集体。粮食是国家统购统销、严格控制的重要物资，都得凭票供应，没有粮票，你有再多钱也买不来粮食。私下买卖粮食，那是投机倒把，是严重的犯罪，一旦被发现，就要判刑坐牢。幸好父亲有些小聪明，他就为人写对联、裱字画。后来，又自己做胡琴、笛子等乐器来卖。那时，哥哥文浩去了新疆工作，姐妹们都已先后嫁人，妈妈一走，就只剩下父亲一个人，孤苦伶仃，艰难度日。

想到这些，我的心里更是苦痛，难道人的一生注定就是苦难吗？我这个人生性耿直，工作不怕困难，更不怕吃苦受累，但不愿意讲空话、说大话，更不愿意做那种被老百姓骂的“风马牛”干部，就是“见风使舵、拍马屁、吹牛皮”的干部。痛心之下，我想还不如回横店当农民，心里更踏实些。

所以，我从村里一回到安文，就去找区委李书记，我提出来，不想干了，我还是回家去种地好。我说，回家也是支援农业第一线。李书记说，你是区里的骨干，区里工作需要你，回家嘛，就别回了，现在，正好有个好机会，可以送你到省团校去学习 3 个月，你愿不愿意啊？一听叫我去学习，我当然高兴啦。回家的事也就不提了。我说，我愿意去省团校学习。

十一、自己把自己下放回家

就在省团校学习的时候，我知道了中央在庐山开会的情况，听说开始是反“左”倾路线错误，是要纠正浮夸风的。可是，彭德怀给毛主席写了“万言书”，说了大实话，却反而受到了批判，会议突然从“反冒进”变成了“反右倾”。彭德怀一下子成了反党集团的头子。

从那个时候起，不论哪个干部，只要你对“总路线”“大跃进”“人民公社”三面红旗，对“高指标”“放卫星”有一点不满，或者你对“瞎指挥”有一点意见，你就会被打成“右倾机会主义分子”。尽管大家都很不满意，但是，谁也不敢说。

我了解了这些情况，就更坚定了我想回家的决心。后来，中央提出“调整、巩固、充实、提高”的调整国民经济“八字方针”，全国各地都在动员国家机关和企事业单位的干部职工，返回原籍农村，支援农业生产第一线。我陆陆续续听到了一些干部下放回农村的事，心想这次可以安安稳稳回家了。

就在我 3 个月学习快要结束时，安文区有朋友打电话告诉我，安文也在动员干部下放回家，不过听说内部有个方案，首先是动员老、弱、病、残人员回乡，再就是那些牢骚怪话很多，工作表现不好的人要下放回去。工作表现好、能力强的骨干分子都将留下来，想走也要动员不要走。

可是，过了几天，我的朋友又给我来电话说，整个安文区，包括区委机关、下面的管理区和公社，除了区委书记和一个组织委员外，都写了要求返乡的报告。为什么要走？因为大家都不满意，当干部的都有一股怨气，都不愿意干了。

我不愿意跟着讲空话也是有根源的，在供销合作社时，我是办实事的；在“肃反”审干时，强调和遵循的是实事求是原则，是讲实话，办实事。到了行政部门以后，开始讲空话，讲得越来越离谱，特别是庐山会议以后，本来反“左”变成反右，更不满意。所以，不愿意再当干部。

没过几天，安文区人武部长和云山公社的党委书记，都给我打来电话，他们告诉我，说他们已经下放回家了。这两个人都是我的好朋友，我听到他们都已经回家了，我再也坐不住了。我也顾不得学习还没结束，立即收拾行李，当天就赶回安文。

可是，当我赶回安文，找到李书记。李书记说，精简下放工作已经结束，已经关门了。该走的都已经走了，留下的都是不应该走的，你就安安心心留下来，好好工作吧。但是，我主意已定，我一定要回家。我说：“这一回你同意也好，不同意也好，反正我是一定要回横店的。”

第二天，我自己跑到东阳县委组织部，我有一个老朋友在组织部当组织员，我找到了他，问他有什么办法帮助我回家。他说，县委组织部对你的印象很好，你去找姓潘的副部长，他分管这项工作。我找到了他，递上了要求回家务农的申请报告，对他说：“潘部长，你帮帮忙，让我回家。”他说：“你不要回了，部里正在考虑你去云山公社当党委书记。”我知道，云山公社党委书记金义海是我的好朋友，他已经回家了，我怎么能去补他这个缺。我对部长说：“我不去云山，我一定要回横店，你一定要帮帮忙。”然后，不管批不批，我就回到了横店家里。后来，安文区和县委组织部领导，看我是铁了心了，就为我补办了手续，补发给我 10 个月的工资，大约四五百元钱，算是安置费。

就这样，我自己把自己下放回了家，自己把自己手中的“铁饭碗”给砸掉了。有人说我是自毁前程，从一个又年轻又有前途的拿工资的国家干部，变成了一个一文不名的拿工分的农民。我说，我认了。

十二、闯荡江湖

我回到了横店，对我父亲说，我不干了，我回家了。我父亲很高兴，说，你回来好，你就帮助我裱画吧。那时，爸爸在做裱画、写对联、制作胡琴等手艺生意，我回来帮他，他当然高兴。

横店公社的领导知道我回横店了，跑来跟我说，让我到公社里去工作，我说我不去。他说，你不到公社来，就到横店供销合作社去当书记吧。我也不干，我说我既然从安文离开了，我一定要回到家里，一定要下到生产队里。如果从安文回来了，再到你这里工作，以后我再碰到安文那些朋友，我能对得住

昔日横店的破败景象

他们吗？

横店大队的老书记郭桂法和支部的老党员知道我回横店了，都很高兴，他们来找我，叫我接替郭桂法，当横店的党支部书记。我说，我连国家干部都不当了，还能回来当大队书记吗，我不会当的。

说心里话，那时从安文回来，就好像逃离了“刮五风”的旋涡，逃离了“强迫命令”违心做事的环境，真正体会到了“无官一身轻”和做一个普通老百姓的自由。

身有了自由就想走四方，心有了自由就想要飞翔。那时，补发给我的四五百元安置费，是一个不小的数目。当时，我还是单身一人，无牵无挂。怎么花这四五百块钱，也完全由我自己说了算。

我找到了从小在一起玩的两个朋友周德元、周德川，其中，周德元同我一样，也是下放干部，是从吴宁镇下放回家的。我对他们说，当干部当厌了，现在不当了，一身轻松，我们出去玩，你们不要带钱，也没钱带，全部用我的钱。他们说，好啊！就这样，我们三个人，都只是一件背心，一条短裤，一双拖鞋，就上路了。只是我比他们多一个小包，那是用手帕包着的四五百块钱。我们在上海住了七天，毫无目标地游逛了七天，回到家，正好把带去的钱全部花光。我就是这么一个人，不看重钱，看重朋友；不讲得失，讲义气。

从上海回来后，我白天跟着生产队出工挣工分，晚上，帮着父亲裱画、裱对联。生活倒是平静，但是吃不饱，特别是手头没有零花钱，对一个年轻人来说，总是憋得难受。

过了一段时间，我约了原来云山公社的党委书记金义海，我们商量找点什么生意做做。我们想到，磐安山区种玉米非常缺肥料，如果搞到肥料就可以换回玉米，而城市居民的马桶砂就是很好的肥料。那时，城市居民还很少有用抽水马桶的，家家户户用的是手提马桶。这马桶砂，就是粪便积附在马桶壁上的固体结晶物，干燥了可以一块一块敲下来，它的肥力比化肥料精的尿素含量还要高，特别是对玉米生长非常好。我说，我到上海去过，每天早上，每家每户总是在家门口涮马桶，我们去上海，肯定能收到马桶砂。

我和金义海，还有另一个朋友，到了上海，就挨家挨户去收马桶砂，每斤七毛钱，一共收了1500多斤。肥料搞到了，高兴，但是因为战备，铁路货运不给运，客运又运不了，这肥料又有季节性，错过了种玉米的季节，价钱就差许多。运不了，又发愁，怎么办？

后来，我们想到，铁路旅客每人可带两件不超过40公斤的行李。幸好我的朋友多，在上海也有许多熟人，我找到了他们，请他们帮忙。他们一人买一张站台票，把东西带上车就下来了。

我们把东西集中到两个车厢，车到嘉兴开始查票了，我们怕那么多东西要补票，就东躲西藏，后来躲不过去了，就实话实说，请他们帮忙，还把我们带上车吃的荔枝分给他们吃，结果总算过了关。列车过了杭州，列车员换班了，我们又开始担心。后来，查票了，一听说话声音，有点像东阳普通话，一打听，果然是东阳人，拉上了老乡关系，总是好说话，说是到义乌再罚款。结果，到义乌就更好讲话了，还是他们一起帮我们弄下车的。我们把东西运到义乌货运站。第二天，这批马桶砂就全部运到了磐安，由于事先已和各公社的人打好了招呼，所以一到安文，很快就分掉了。

那一年，我们做了好几趟马桶砂生意，我大概赚了1000多斤玉米。每斤玉米一块二毛钱，就是1200多块钱，在那个时候这可是了不起的大钱了。但是，我没有卖，吃不完，就借给邻居和熟人。等到他们还回来时，玉米价格跌到了四毛多钱一斤，我虽然小亏了一笔，但是干部群众对我的印象好。他们说，还是徐文荣头脑活络，有办法，有本事。几个老党员和一批群众，还是希望我来当大队的党支部书记。

十三、“小四清”引火烧身

老书记郭桂法和几个老党员找到我，他们还是要我出来当党支部书记。我说，我连国家干部都不当了，又何必来当大队支部书记呢。他们说，你还是共产党员吧，不管怎样，你不当书记，当个支部委员总是可以吧。我听他们这么说，也就不好再推辞了，就说，好，那我就当个支部委员，就当宣传委员吧。

我白天和社员一起出工，挑粪120多斤，平地山上一样走；挑塘泥比赛，挑断了好几根扁担；我原来推不来独轮车，后来一学就会，推得比其他人都多，总之，那时生产队里的重活、脏活、累活，我总是抢在前面干。那时，我还组织起了横店大队文工团，晚上排练节目，并到各个大队去演出，深受社员们的欢迎；我还组织起了篮球队，除了到各大队和公社打比赛，还代表横店公社参加了东阳县的篮球联赛。那时，横店大队的文体活动搞得很起劲，远近都很有名气。我想，这是我当宣传委员应该做的事情。

不久，“小四清”来了。“小四清”是民间的说法，官方的说法叫作“社会主义教育运动”，简称“社教”运动。这场运动，开始在城市又被叫作“五反”运动(即反对贪污盗窃、反对投机倒把、反对铺张浪费、反对分散主义、反对官僚主义)，在农村被叫作“四清”运动（即清工分、清账目、清仓库、清财物）。后来，在全国城乡开展的社会主义教育运动，统称为“四清”运动，其内容则改变为“清思想、清政治、清组织、清经济”。为了区别前后的“四清”运动，前者被称为“小四清”，后者被称为“大四清”。

“四清”工作组来到了横店，全部干部都要“上楼”，那时，接受审查，叫作“上楼”，审查没有问题了，叫作“下楼”。本来，我是没有事的，我也不怕他们审查。当时，他们的主要矛头是对着老书记郭桂法，他这个人文化不多，人很老实，但对农业生产技术是很懂的。他家里生活困难，养过小牛，养大了，再卖掉。就这一点，被工作组抓住了，说他是搞投机倒把，是走资本主义道路当权派，要打倒，要开除党籍。

这样对一个人乱搞，我看不过去了。我站出来，对工作组说，养头牛难道要打倒吗？就要开除党籍吗？难道这就叫走资本主义道路吗？现在，老百姓连饭都吃不饱，零用钱也没地方来。他养牛是通过自己劳动的，这怎么能说是走资本主义道路呢？怎么可以就凭这点事把他打倒呢？我不服气。

我根本没想到，这样一来，居然引火烧身了。老书记在农村当干部多年，也得罪了一些人，他们就想趁机把老书记打倒。他们没有想到我会站出来为老书记说话。于是，工作组和反对老书记的人，一下子都把矛头对准了我。他们说，徐文荣不打倒，郭桂法就会被保护起来的。

矛盾转移到我身上来了，但我不怕，反正我没什么事好被他们抓的。没想到有人说我搞文工团那么长时间，肯定有贪污。我气坏了，我说你们来查呀！好，所有账目一一清查，还倒欠我一部分钱，我办文工团，自己贴进去不少钱，有时要添办一些乐器或道具、演出服，我就先自己垫钱，等有钱了，再报回给我。清查的结果，我不但没贪污，还贴进去不少钱。贪污查不到了，就批判我有反社会主义言论。我不怕，他们打不倒我。很多人都支持我，老书记也被保护下来了。

后来，要搞清理阶级队伍了，党支部内部开会，搞摸底排队，哪些人是“四类”分子，属于重点专政对象；哪些人是有历史问题的；哪些人是要划清界限的；哪些人是依靠对象等等。因为我搞过“肃反”审干，我懂这方面的事情，所以，支部内部讨论排队时，我参与了不少意见。结果，内部排队讨论的情况被人捅了出去，这就进一步加深了那一部分人对我的仇恨。他们说，徐文荣开始用刀向我们砍过来了，所以，他们千方百计要打倒我。他们向工作组反映了不少捏造的问题，接着工作组就开始批判我。但是，没有实质性问题，批归批，没定论，也打不倒我，最后不了了之。

十四、没有上任的党支部书记

经过“小四清”，我不但没有被打倒，反而群众威信更高了。后来，老支书也想不干了，他真心希望我接替他。横店公社的赵书记也一定要我当横店大队的党支部书记。这时，我那个一起到上海去玩的朋友周某某，他很想当书记。他本来也是站在老书记一边支持老书记的，但是，当老书记不同意他接替当书记后，就开始反对老书记，同时，把我也当成了他的对立面。其实，那时，我自己还是不愿意当书记的，但其他党员也都不同意周某某当书记。有几个党员说，如果他当书记，我们都得受苦，搞不好我们连命都没有了。他们找到我，对我说，是不是要我们跪下来求你，你才肯当啊！他们是真心要求我，一定要我来当这个书记。

在这种情况下，我想再推辞就对不起大家了。所以，我表示同意接过来。不过，我还有一个条件。我在党员大会上说，既然大家这么相信我，把我推上来，这副担子接是要接过来的，但是，要等我把家里的房子造好以后再上任正式开始工作。

那个时候，我父亲已经娶进了后老伴，我就叫她阿婶。没过多久，我也经人介绍，认识了上城大队的会计何彩仙。她初中毕业，人很漂亮贤惠，听说有人给她介绍过好几个国家干部，她都不愿意，却一下看中了我。但是，那时条件不好，我们结婚时，只是请了双方的亲人，摆了几桌酒菜，算是办了婚礼。

我结婚以后，家里这点房子就显得拥挤不堪，再说，为了这半间房子，与富农家闹了多年，我真不想再住这个地方了。所以我说，要把租富农家的房子退掉，土改分给我们的房子卖掉，另外找地方造房子。我父亲也支持我自己造房子。公社和大队知道我要造房子，他们提出，要把一个原国民党连

1964年，徐文荣与何彩仙结婚照。

长家院子里的宅基地给我，这个院子和宅基地土改时已经收归集体公有了。我说，不要，那是公家的（后来，这块宅基地被周某某弄去造了房子，群众意见很大）。那时，我就在村外东溪的溪滩边找了一块地方，拉来石头，砌坎填土造房子。

正是在我准备要造房子的时候，大家一定要推我当书记，所以，我答应是答应了，但要等房子造好以后再正式上任工作。为什么呢？我在党员大会上说，如果我当了支部书记以后造房子，有人就会说，徐文荣造房子的钱是贪污来的，是利用职权占了公家便宜。所以我说，我做人做事向来是光明磊落的，我必须要等房子造好以后再正式上任。好在党员和群众都非常理解我。

这之后的一段时间，我又到外面找活、做小生意，赚回一些钱，就回家造房子。为了造这个房子，我们夫妻俩是起早摸黑，肩挑车推，我拉土，妻子拌泥拌灰，真像是燕子筑巢，一点一点地垒起来。我又托安文的朋友帮我买木料，然后用手推车拉，走40多里路，一车一车拉回来。不知费了多少心血，流了多少汗水，好不容易才造起了自己的房子。房子造好后，我兑现自己的诺言，正式就任横店大队的党支部书记。

十五、“大四清”，大字报封门

我当党支部书记后，心里总是想如何让横店老百姓的生活好起来。首先，我想到，要从改变基本生活环境入手，解决群众最迫切需要解决的问题，这就是吃水问题。过去一直以来，横店村里人都是吃溪滩水，下雨天只能吃浑水，干旱天，只好在溪滩里挖坑找水喝。能吃到干净方便的饮用水，是群众多年来的愿望。我组织社员打水井，共打了四口水井，解决了群众的饮水问题。

第二是解决群众出行难的问题。东溪西溪在横店南边汇合后，从横店村的东侧由南向北流向南江。这条溪阻隔了横店人向东的活动，平常还能勉强过溪，要是雨下大了，或是洪汛季节，就过不去了，对横店人的日常生产和生活带来了很大的麻烦。在溪上架桥，这也是群众迫切希望解决的问题。我组织社员，因地制宜，分别采用木头、石板、水泥板等不同材料，在溪上先后修建了八座桥，不管刮风下雨、雨季旱季，彻底解决了群众出行难的问题。办成了两件老百姓多年想办未能办成的好事，大家都非常高兴。

接着我就想如何提高社员的收入。横店人多地少，人均耕地不到半亩，要增产只能靠提高亩产。要提高亩产，只能靠精耕细作，提高土地肥力。另外，还要在种子、田间管理上下功夫。不过，想提高社员收入，光靠这点土地是不行的，还必须大力发展养殖业、加工业和其他副业生产。为此，我们制定了一系列的规划，提出了一系列的措施。

那时，我的大儿子已经出生，妻子彩仙非常勤劳贤惠，对我的工作也非常支持。我相信，按照我的计划，踏踏实实干个两三年，横店肯定大变样，社员的生活肯定能够大改变。我在大会上对社员说，以后，保证大家一天吃一餐稀饭，两餐干饭，饭后一人一个苹果，或者一个橘子。大家听了，都哈哈大笑。说那不是神仙生活了！

正当我雄心勃勃要大干一场的时候，“大四清”来了。这“大四清”就是“清思想、清政治、清组织、清经济”运动。这场运动来势凶猛，听说是从诸暨那边搞试点以后，再铺开的。在试点的时候，就逼死了不少干部，有的投河，有的上吊。

工作组一到横店，首先是传达中共中央文件《农村社会主义教育运动中目前提出的一些问题》，简称“二十三条”。文件强调，这次运动的性质是解决社会主义和资本主义的矛盾，重点是整党内那些走资本主义道路的当权派。工作组一来，党支部和大队干部全部靠边站，我作为党支部书记立刻成了斗争的对象。

有一次开批判会，要我深刻检查，交代反对社会主义的罪行。我对工作组组长说，工作组来帮助我们搞社会主义，我们很感谢。我想向你们请教一个事，什么叫社会主义？组长说，你连什么是社会主义都不懂啊！我说，我有点不懂。社会主义是不是这样子的：吃的是油，穿的是绸，耕田不用牛，点灯不用油。他说，对呀！你不是很懂啊！这就是社会主义嘛！我问，现在是不是社会主义啊？组长说，当然是社会主义嘛！我说，但是，现在的情况怎样，你知道吗？老百姓吃都吃不饱啊！譬如我家里五口人，爸爸妈妈、夫妻两个，一个儿子，五口人，大麦割起来分到 103 斤，早稻从种下去到收割，最少也要一百天，五个人 103 斤大麦要吃一百天，买柴火的钱，买油盐的钱，零用的钱没有不用说了，种点自留地是资本主义，不能种；做点小生意，不能做，那是走资本主义道路。我看着工作组组长问他，103 斤大麦，五个人吃一百天，这叫社会主义吗？

我这一番话，把工作组组长搞得下不了台。只见他脸涨得通红，不一会儿，他气急败坏地叫喊，你这个混蛋！你这个反动派！你胆敢反对社会主义，难怪你家里还在做生意，做手工业，你就是一个典型的走资本主义道路当权派！接着，他带头喊起了“打倒走资派徐文荣！”的口号。紧接着，我父亲的裱画店被作为黑店封掉了。

第二天，一大清早，我老婆起来出去挑水，门开不出去了。她叫我，文荣！你快来看看，外面大字报把门都糊满了，出不去了，怎么办？我说，你不要慌，我出去看看。我侧着身子挤出去，全都是批判我的大字报和大标语，把整面墙和门封在了一起。我挤进门，对彩仙说，我去挑，你帮帮忙，把大字报掀起一点，不要弄碎了，要是弄碎了，他们又要说我搞破坏了。我人先钻出去，再把两个水桶拿出去。我挑水回来，也是用同样的办法，一桶一桶往门里提。

面对这样的阵势，彩仙很为我担心，也不知道怎么办好。我宽慰她说，彩仙，你不用怕，我没有事的。你看，现在天这么冷，我们家门缝这么大，大字报一贴，冷风也吹不进来了，这样能保暖，多好啊，让他们贴去。不要弄破它，弄破了，风还要吹进来呢！

批斗会不知开了几次，说来说去还是那几句话，没什么新花头。我知道，还是过去形成的两派，还是那几个人躲在后面策划，千方百计想借用工作组的力量打倒我，但是，他们搞不倒我。

后来，“文化大革命”爆发，中共中央发出《关于农村无产阶级文化大革命的指示（草案）》，规定把“四清”运动纳入到“文化大革命”中去。“四清”运动正式被“文化大革命”运动所取代。

第一炮放出来了，要批判刘少奇，说他是中国的赫鲁晓夫，是中国最大的走资本主义道路的当权派，说“四清”工作组是王光美搞的，搞错了。谁也想不到，本来专门批判别人的工作组，一下子又变成了被批判的对象。

这时，打着“造反有理”旗号，自称造反派的青年学生红卫兵介入进来了，横店也成立了农民造反营。造反派要批判工作组，连那些原来积极投靠工作组，向工作组揭发我、批判我的那些人，也转过来要批判工作组。但是，我不准他们搞。我当书记后，绝大多数党员和群众都是拥护我的。我虽然受到批判，但是，我还是很有威信，背后还有很大的群众支持力量，造反派根本搞不过我。我组织一部分群众，偷偷摸摸地把工作组送走了。

十六、两派斗得凶，我没事了

在“造反有理”“横扫一切牛鬼蛇神”的号召下，全国各地从学校到机关，从工厂到农村，纷纷成立起了名称各异的“战斗队”“造反团”“司令部”“指挥部”等造反派组织。他们开始都把矛头对准所谓的“走资派”，揪斗本地区本单位的领导。后来，各种造反派组织逐渐演变成了互相对立的两大派，他们都声称自己这一派是忠于毛主席革命路线，保卫党中央、保卫毛主席的“造反派”，攻击对方是执行修正主义路线、反党反社会主义的“保皇派”。

这个时候，党组织早被“踢开”，党政机关早已“瘫痪”，公检法司也已被“砸烂”，从省到地、县，形成的两大派，一直延伸到了下面。为了争夺领导权，两派斗争愈演愈烈，从大字报、大辩论口诛笔伐，发展到棍棒、石块互相攻击，并且升级到动刀动枪的血腥武斗。

他们打得热闹，我没有事了。我就想，要过日子，总要有经济来源，这样荒废在家里怎么行，总要出去挣点钱才好。于是，我就想到了一个老朋友陈益民，他从永康学到了一手炀铅炉灰的手艺。我约到了陈益民，他很高兴和我一起到外面去挣钱。

我们先到金华，找到了一家蛮大的印刷厂。那时，印刷厂都是用铅字排版，铅字用到一定程度，就要重新熔化铸字才能用，在熔化过程中就会产生铅渣，印刷厂往往就当垃圾扔了，结果，印刷厂这种废渣就越堆越多。我们就买他们的废渣，再用我们的技术把它还原提纯出铅，再卖回给印刷厂。在金华这家印刷厂，我们没花几天工夫，就赚了1000多块钱。第一家就赚了这么多钱，我们很高兴。我们决定往北走，结果到了兰溪没有，再到新安江、淳安，也没有。后来，我们到了黄山脚下的一个县，大概是屯溪县，又去了安徽的铜陵、池州，还去了淮南、淮北，这一路，我们赚了2500多块钱。我们留下了很少一点钱，把大部分钱都寄回了家。

后来，我们转来转去，转到了安徽省会合肥市。我们找到了好几家印刷厂，他们废铅渣不少，加在一起，大概可以做 1 万多块钱的生意。我们高兴坏了。可是，我们找来找去，找不到木炭。没有木炭，就炼不成废铅。我们白高兴了一场。加上我们从家出来的时间也蛮长了，所以我们决定往回返。后来，合肥的生意还是我父亲和陈益民去做了的。

可是，当我们决定回家时，才发现我们身上的钱已经没几个了，连买火车票的钱都没有了。我们只有逃票，查票查到了，就说前一站上来的，一个人补一元钱。就这样，好不容易到了南京下关，然后，摆渡到南京市里。

从南京回杭州，到底是坐火车好呢，还是坐汽车好，我们俩算过来算过去，最后决定，还是坐汽车走。我们买了汽车票，发现手上只剩下了几毛钱。买了几个包子，准备路上吃，这时，我们手上只剩下了两分钱。陈益民说，不用怕，我弟弟在杭州，到了杭州，就好办了。

到了杭州，我们连坐汽车的钱都没有了，只有逃票。好不容易到了陈益民弟弟家，没想到他这个弟弟对我们十分冷淡，也不问吃过饭没有，连口茶也不给倒，一见面，就劈头盖脸数落起他哥哥："现在外面那么乱，到处都在搞武斗，你还跑出来，东走西走，你们要干什么啊！"我一听就一肚子火，心想你这个兄弟怎么这个样子，是不是一个妈生的啊！我一把拉住陈益民的手："走！我们走！讨饭也不在这里讨！"

我拉着陈益民找到了我在杭州的朋友家，我的这位朋友非常热情，又倒茶又递烟的。在朋友家，我们一人吃了两大碗米饭，菜蔬有豆腐、带鱼等等。大概是饿久了的缘故，这一顿饭给我们的印象特别深刻。临走前，我向朋友借 10 块钱，朋友说，10 块钱不够。他给了我 15 块钱。拿着这个钱，我们从杭州回到了家。

十七、革命领导干部顷刻又成“走资派”

两派斗争，因为种种复杂的因素，总有一派占上风。上海的造反派夺了上海市委、市政府的权，成立了上海市革命委员会。全国都在学习上海造反派的经验，“从党内一小撮走资本主义道路当权派和坚持资产阶级反动路线的顽固分子手里，自上而下地夺权”。全国各省份热烈响应，占上风的一派在中央“文革”小组的支持下，夺权成立所谓的新生红色政权——革命委员会。每一个省份成立革命委员会，两报一刊（《人民日报》、《解放军报》、《红旗》杂志）都要发表一篇社论表示祝贺。当我们回到东阳的时候，全国 29 个省份都成立了革命委员会，实现了所谓的“（除台湾以外）全国山河一片红”。

那时东阳县也已经成立了革命委员会（简称“革委会”），城市和县城夺权夺完了，就转到了农村。横店公社也成立了革命委员会，横店那个红卫兵出身的造反派头头，通过“双突”（突击入党、突击提干），这时也当上了横店公社革委会的副主任。按照规定，大队一级的领导机构不能叫革命委员会，只能叫革命领导小组（简称“革领组”），但是要同“革委会”一样，必须实行“三结合”，领导班子中一定要有革命领导干部。

政治斗争，你想要躲开它，它却要找到你的头上。我回到横店，正好是要成立横店大队革命领导小组的节骨眼上。造反派里的周某某很想当这个“革领组”的组长。可是，尽管他的妹夫是湖溪造反派的头头，他的外甥是横店造反派的头头，并且当上了横店公社革委会副主任，但是，横店造反派里不少人，也都反对他当“革领组”组长，横店公社革委会的大多数成员，也都不同意他当。他没有群众威信，群众更是反对他当“革领组”组长。

造反派找到了我，他们要我来当“革领组”组长，说这是红色政权，你是革命领导干部，是“三结合”的对象。我知道，没有老干部参加，这个“革领组”

上面就批不下来。

我问他们，要我当“革领组”组长，叫我怎么做呢？他们说，要听造反派的话。怎么听呢？他们说，叫你干什么，你就干什么。我说，你们叫我去打人呢？他们说，你就去打。我问，你们要是叫我去杀人呢？是不是也要去杀？他们说，是啊！

我说：“噢！原来是这样！对不起，我不干！”

造反派立刻变了脸色：“你根本就不是革命领导干部！你本来就是个彻头彻尾的‘走资派’！你想同造反派对抗，同革命对抗，你绝不会有好下场！”

他们马上把我抓了起来，关在一间空房子的阁楼上，不准我回家，逼着我交代反党反社会主义的反动思想和走资本主义道路的罪行。在他们嘴里，一分钟之前，我还是革命领导干部，顷刻之间，我又变成了“走资派”，成了他们的阶下囚。

紧接着就是批斗、游街，他们想尽各种办法来折磨我。但是，我根本就不服气。

十八、七个月的逃亡生涯

支持我的干部群众更不服气，说你们凭什么这样对待徐文荣？他们趁着我家里人为我送饭的机会，给我带信，说他们已经商量好了，要把我抢出去。还说，要给我偷偷送进来防身的木棍，叫我到时候里应外合，一起打出去。造反派也可能觉察到了这个计划，他们运来了不少木棍、竹叶枪，并且加强了警戒。

我一想，这样搞，两边肯定要打起来，一打起来，两边都要流血，都是老百姓，那怎么可以？为了避免两边群众的流血冲突，我坚决不同意他们这么干，我带信给他们，叫他们一定不要来抢。

这时，我也在想金蝉脱壳的办法。我想，只要我跑出去了，他们也就不会来抢了，两边不接触，也就可以避免流血冲突。

傍晚，我对看管我的造反派说，我也想通了，要老老实实交代问题，你们要把油灯的油加满一些，多拿点纸来，我要写交代材料。我还给他们说，叫我家里晚饭多送一点，我要吃饱一点，晚上可能要写到很晚的。他们说，这下徐文荣老实了。其实，我是在麻痹他们。

晚上，我把灯点得很亮，一会儿走下楼，一会儿走回楼上去，我故意走到前门，试试他们有什么反应。造反派看得紧，一天二十四小时看守不离人。看门的人对我说，文荣叔，我们是对你好的，他们一定要弄你，我们也没办法。他说，你不要逃噢，你逃了我们要吃苦头的。我说，我不会走的，我只是下来透透气，阁楼上太闷气了。其实，我在下面，已经看好了厕所边上有一扇小的后门，平时是不开的。

我回到了阁楼上，故意把声音弄得很响，并且时不时地干咳几声，让他们听到，知道我还在楼上。夜深了，我下来了。他们问干什么？我说小便一下。他们没在意。我悄悄打开了厕所边上那扇小门，闪出了门外。门边上正好是长得一人多高的玉米地，我一下子钻进了玉米地。

我阿婶来给我送点心，她“荣啊!”“荣啊!”边叫边往楼上走，造反派跟在后头。他们到了阁楼上，一看人已经没有了。

造反派很快组织起了队伍，点着火把，带着长枪短棒，在横店敲锣打鼓到处搜。他们还到上城我岳母家里去搜。其实，那时，我已经跑到了横店东南边的山上。造反派的活动情况，我在山上远远的都能看到。

我知道，在横店也好，别的村也好，我的亲戚家绝对不能去，造反派一定会去搜的。我就沿着渠道，向东溪水库方向走去。又翻过了几座山，在芙蓉塘村一个朋友家落下了脚。我找人带信给横店公社“革委会”主任，说你要负责把这个事处理好，我要回来的。这个主任也是北乡人，与我们家是世交，他父亲与我父亲是朋友，我们既是上下级也是老朋友，“肃反”时他是财贸组的组长，我在他手下当调查员。我知道，他不会出卖我。

我在芙蓉塘住了将近半个月，后来阿哥文浩偷偷来看过我，并给我带来一些吃的东西，因为他老婆的表姐嫁在芙蓉塘，所以他到芙蓉塘来也算是走亲戚，不至于引起人家怀疑。可是，他这个亲戚没多少文化，嘴巴不牢，她在水塘边洗衣服时，不小心说漏了嘴，说表妹夫文浩来看文荣，把我的行踪泄露出去了。

我知道了这一消息，当天晚上下半夜就离开了芙蓉塘。天很冷，我走到朝水殿，横店大桥上有人守着不能过，只能从山岙里下来，躲过磨坊，小心翼翼地涉水过了南江，然后向后岭山走去。走到后岭山供销社主任家，敲敲门，没人应。我又走，走到苦竹岭一个朋友家，朋友很热情，烧了两碗粉干给我吃，不过他很为难地对我说，这里的造反派很厉害，住在这里恐怕不行。这时，已是下半夜四点多钟了。这位朋友说，你到祝坞大队的支部书记家去，他已经被“三结合”了，造反派不会把他家怎样。

这样，我又转移到了祝坞大队支部书记家，他本来就是我的朋友，他一家热情接待了我，安排我住在他家楼上。他不准我下楼，吃饭都是送上来，也不准我打开窗户。就这样，我在他家楼上憋了四天。一天下午，我觉得实在太闷，就打开楼上的窗户，不料被楼下对面的人看到了。这个人无意中又把信息泄露了出去。

祝坞离横店只有 10 多里路，我知道，横店造反派很快就会过来。我果断决定，立即转移。当天晚上，当我刚离开祝坞不一会儿，横店造反派就到了朋友家来抓我。但是，他们又扑了个空。

离开祝坞，我躲开造反派的搜查，连夜走到离后岭山 5 里路的三湖口村，找到了一位朋友家。这位朋友叫俞秉水，是乡村眼科医生，他很热情，又倒茶又烧点心，还要把自己的房间让给我住，我说，这绝对不行。他说，那随你挑，你愿意住哪间就住哪间。我看了一下周围地形，决定还是住在楼上好，一是隐蔽，二是有情况便于脱身，因为窗下面是披头间，这样有退路。

我在秉水家住下以后，秉水每逢四、九横店市日，都要到横店打听消息。我知道了家里的情况后，急着非要回去不可。秉水说，你不能回去。我妻子彩仙也带信给我，说她没事。并说，现在，造反派日夜有人在家门口看守，并派人到处在抓我。她叫我安心躲在秉水家，千万别回去。

在三湖口村，我大概住了三个月。时间一长，难免走漏消息。一天，一个亲戚跑来说，横店造反派好像知道了我的消息。其实，一个星期前我就想要走了，秉水不肯让我走，一定要我再住一星期。这天，我说一定要走，他还是劝我不要走。我说，必须走，非走不可。到天黑，我们离开了三湖口村，秉水将我转移到了6里外的大联后庄村，在他小舅子家里又住了二十几天。

第二天，横店造反派追到了三湖口，抄了秉水家，把他们家的瓶瓶罐罐都打烂，还拿着竹叶枪到处乱捅乱戳。他们抄到了我的衣服，还带走了俞秉水，逼他交出徐文荣。当然，秉水并没有出卖我。

后来，我又东转西转，走了许多地方，最后，又潜回了芙蓉塘。因为，上次我离开芙蓉塘后，村里人就公开放出舆论：如果吴某某（横店造反派头头）再敢到芙蓉塘来抓人，我们先把他抓起来喂狼狗。吴某某听到了这一消息，他再也不敢去了。他以为我离开芙蓉塘就不会再回去了，他哪里能想到我又回到了芙蓉塘。

就这样，东躲西藏，有家不能归，在外面逃亡了7个月。在这7个月中，我走过、住过的地方，都是贫苦的老百姓在保护我。我每到一个地方或一个村，我的朋友、支部书记或干部，总是把我安排到较穷的、比较老实本分、对我比较好的人家里去。一是因为穷人家不会乱来；二是住到穷人家不会太瞩目。但是，我也给他们带来许多麻烦甚至灾难。譬如，我住芙蓉塘金家，我也没钱给他们，他们养活我，没米煮干饭只能煮稀饭，他们把干的捞起来给我吃，自己喝见不到米粒的米汤，把最好的东西给我，宁愿自己苦，来保护我。在三湖口村也是这样，他们自己吃两稀一干，给我吃两干一稀，把家里的好东西都拿出来给我，连他们自己的孩子也不让吃，宁愿他们自己受穷。我没钱给他们，反而给他们带来灾难，家里被砸，人被抓，全家弄得不安宁。所以，长期以来，我一直非常感激那些无私帮助过我的人，没有他们的保护和帮助，我的命恐怕早就没有了。

十九、最是苦痛在心里

“文化大革命”中我逃出去7个月，当然比关在牢里被打要好得多。尽管我流亡在外，随时会遇到各种各样的危险，在生活上也是饱一顿饥一顿的，但是，每到一处，总还有朋友好人相助，他们尽力保护我、照顾我。肉体上所受到的苦难和折磨，我都还能忍受，最是苦痛在心里。我最不能忍受的是心里的痛苦，有家不能回，亲人相分离，真比坐牢还难受，这是精神上的苦痛和煎熬。

我跑出去了，两边群众的流血冲突避免了，可是，我家里的人却成了替罪羊，我所有的亲戚家也都遭了殃。我家里被造反派抄了4次，他们借口要办案费、差旅费、电报费，还要交什么公积金，拿不出钱，造反派就到家里来搬东西，把家里的八仙桌、写字台、大衣柜、箱子、凳子、椅子等东西全部抢走，最后没东西好拿了，就要封房子。搞得一家老少无处安身。同时，还连累我的亲戚们，天天担惊受怕、心惊肉跳。

特别是我的妻子何彩仙，她受尽了凌辱，吃尽了苦头。我逃走后，造反派到我家里逼着彩仙把我交出来，逼得她差一点自尽，看着幼小的儿女，她坚强地活了下来。造反派抓不到我，就把我妻子抓起来，在土房里关了一个多月，被批斗时不准给小女儿喂奶。造反派威胁她，不交代徐文荣的下落，就要给她剃“阴阳头”。她想到，我不在家，她要下地劳动，要撑起全家，要应付所有人，她想尽各种办法对付造反派，保住了自己的尊严。她强忍悲愤，背着写有我名字的稻草人，被游街100多次。造反派逼着她与我离婚，彩仙宁死不说出我的下落。她说，好啊，你们说怎么离就怎么离，你们去办啊！

她用孱弱的身体，支撑着灾难中的家庭。为了一家老少的生活，她在自留地上种菜还要挑出去卖，晚上纺纱、织土布、绱鞋做针线。她尽力侍奉公婆，细心哺育和保护儿女。而我，作为一个男人、一个丈夫，却不能为她分担，更不能保护她。这种精神上的痛苦真是无法形容。

我父亲和阿婶，那么大岁数，还要为我担惊受怕，忍受那么大的打击；当时我的大儿子才四岁，女儿才三个月，他们才来到人世，却要跟着受这么大的罪。他们所受的一切苦，全是因为我的原因。我作为儿子、作为父亲，真是悲恸难言啊！以至多少年以后，每当想起这些，我仍会觉得愧对他们。

在逃亡期间，我偶尔有几次潜回家里，或通过联系，约好在亲戚朋友家与家人见面，但生怕孩子小不懂事说出去，于是孩子见了我不准叫爸爸，只能叫舅舅。别人问起来，只能说见到舅舅了。天天想念爸爸的儿女，见了爸爸面却不能叫爸爸，这是多么残忍的事啊！这么小的孩子，他们知道什么呢，这对他们幼小的心灵是多大的摧残啊。他们是无辜的，却因为我，跟着受那么大的苦难，我的心就像是刀割似的痛。这种心理和精神上的痛苦是任何痛苦都比不过的。

所以我说，“文化大革命”身体上受到的摧残还好说，精神上受到的摧残真正是无可言说的痛苦。

二十、风雨过后盼彩虹

1969 年党的九大过后，报刊广播里喊得最多的“最高指示”就是“团结起来，争取更大的胜利”。上面有指示，不准乱斗，要“抓革命，促生产”了。

可是，横店造反派仍然要抓我。我找人打电话给县“革委会”主任，要他责令横店造反派放我回村，不准再游斗。可是他们不听。我就采取以毒攻毒的办法，要东阳的农民造反团打电话给横店的农民造反营头头，不准再批斗徐文荣。这时，正好县里组织“革宣队”进驻横店，宣传贯彻党的九大精神，要整他们造反派的风，支持我们老干部上台。他们把我送回了横店。

1970 年，各地要恢复党的组织，他们又要选我当大队党支部书记。上面领

直到 20 世纪 70 年代末，横店老街仍然是一片破败凋零景象。

导要我当，下面的群众也要我当，非要我当不可。可是，我妻子坚决不同意我再当书记，怕我再吃苦头，怕再连累到全家和亲戚朋友。

我想不通，我一心一意为老百姓能过好日子在奋斗，办工厂，搞副业，却被说成是走资本主义道路当权派。那究竟农民应该怎么做呢？应该怎么过生活呢？造反能够生产钱、生产粮食吗？说实话，那时老百姓早就对政治运动厌烦透了。

我入党几十年了，跟着党走过了风雨起伏的奋斗岁月，经历了太多的坎坷磨难。我对家里人说，你们入不入党，并不重要，但希望你们也要按照共产党员的标准要求自己，要做好人，不要做坏人。我是共产党员，只能按共产党员的要求去工作。

我对妻子说，如果只是上面领导要我当书记，我不当可以，但是，老百姓希望我当，他们要我当，就不一样了。这是老百姓对我的信任。老百姓的意愿，我们不能去违背。他们选我当书记，总想生活过得好一点。老百姓不相信他们造反派，相信我。如果我再不当，那他们选谁呢？支部书记就会被他们抢过去，造反派又会重新再来，骑在我们头上作威作福，这个权不能再落在他们手里。横店没一个人敢于同他们斗，只有我敢，所以，我必须当。老百姓拥护的事，我必须去做。

我重当横店大队党支部书记后，一心想着如何让社员的生活尽快好起来。为了加强管理，发展集体经济，我把原来的11个生产小队合并成3个生产队和1个副业队。那时，全国农业学大寨，各地都组织人到大寨参观学习，我不去“追风”“赶时髦”，而是从实际出发，组织队里干部和骨干，带着干粮，走路到义乌大陈去学习取经。在本地，向邻近的花厅大队党支部书记学习农业生产技术，他种田很有本事。同时，大力兴修水利设施，整理田地，到衢州化工厂买来氨气自制氨肥，千方百计提高粮食产量。我当书记一年，粮食产量就从原来亩产的七八百斤，提高到了1500多斤。粮食多了，老百姓吃饭问题解决了，大家都很高兴。

与此同时，我狠抓副业生产，一是种桑养蚕，办养猪场，特别是养蚕搞得很好，不但是全公社的先进，而且也是全县的先进；二是办粮食加工厂，那时远近公社和大队都到我们这里来加工粮食；三是办起了五金厂、农具厂、粉干厂、木雕厂、砖瓦厂，特别是五金厂办得好，生产螺丝螺帽、矿灯配件等，生意很好，很赚钱。还有，我把所有木匠、石匠、泥瓦匠、箍桶匠等手工业艺人和理发店、茶水店、修鞋铺等等，全部组织到副业队里来。所有收入交队记工分，纳入统一分红。集体积累多了，社员的分红，从原来每个工分两三毛钱，迅速增加到了七八毛钱，老百姓手头也开始宽泛起来了。

在这个基础上，我组织修建了横店大会堂，各个生产队都建起了仓库、晒场，东溪上好几年前建的八座桥，限于当时经济条件都比较简陋，现在全部重修，八座桥被命名为“八仙桥”，一个神仙一座桥。道路等基础设施也逐渐开始完善。

那时候，可以说横店大队的农业和工副业搞得是井井有条，经济发展开始大起步，老百姓收入开始大增长。农民的日子好过了，大家都非常高兴。

只有原来的造反派不高兴，他们一直耿耿于怀，怀恨在心。后来，江青一伙，利用“批林批孔”来批周恩来，利用“反复辟回潮”反对叶剑英和复出工作的邓小平等老干部。这股风吹到了下面，横店造反派以为机会来了，他们又在串联写大字报，准备第二天来搞我。

其实，造反派是没有天下的，因为他们做的事是违背人民心愿的，是违反道德准则的。所以，造反派必定是要失败的。这时，我就对他们不客气了。我找到了造反派头头吴某某，严厉警告他，你要搞的话，你我就针锋相对，我们公开斗，看看老百姓究竟站在哪一边！看看是我先死，还是你先死。不要以为我没有力量，你再敢动手，我就不客气了。我们就斗到底为止。见我这么说，吴某某连忙说，没有，没有，没有这回事。从此以后，造反派就再也不敢动了。

但是，总有个别人不甘心，总想报复我。几年前，我家自留地里种的 100 多株苦楝树，已经有碗口粗了。但是，一夜之间却被人全部砍光。我们报了案。公安人员根据留在地里的鞋印，很快查到了案犯，原来是当年与我一起到上海去玩的另一个朋友周某某。“文化大革命”中他反戈一击，和造反派一起反对我。他被抓了起来，但是，我还去给他送饭。我问他为什么这么做？他说，就想出口气。后来劝其退党后，我就放他一马，没再追究他。

后来组织健全了，上面要求，对造反派都要审查，有问题的要说清楚。造反派头头吴某某也被抓起来审查，“双突”不算数。他交代都是他舅舅周某某在后面策划指使。富农也利用他的女儿搞“美人计”，暗中散布“谁把徐文荣搞倒，就把女儿嫁给谁”。周某某后来也被审查，他交代了问题，还有其他造反派骨干，讲清楚了，也都放过去，不再处理。

后来，他们自知在横店老百姓都不拥护他们，也不可能让他们当干部，他们有的出去当代课老师，有的出去到外面找工作，当时都要到大队打证明，我都放他们走。对此，有些群众不理解，说文荣你心太软，过去人家这么往死里整你，你怎么一点也不记恨，这些人，就是要让他们留在农村里吃点苦头才对。

我对他们说，我们不是造反派，他们不讲人道主义，但我们要用人道主义解放他们。我是以团结为重，放他一个，就少一个对立面，矛盾化解了，横店就太平了，日子也安稳了。群众都说，还是文荣气量大。我的原则就是，如果你要妨害集体经济，你要危害群众利益，不管是谁，我都对你不客气；如果你是拥护集体经济，任何人，我都可以放你一马。

我知道，老百姓早就厌倦了政治运动，渴望安安心心搞生产，平平安安过日子。这是老百姓的心愿，不可违背。我当党支部书记以后所做的一切，正是符合了老百姓的这个心愿，所以大家拥护我。横店的农业和工副业已经开始大起步，我相信，这样干下去，要不了几年，横店老百姓的生活就会大翻身，横店的面貌就会大改变。

可是，没有想到，我又要离开横店大队。横店大队的社员群众，更是没有想到，他们更舍不得我离开。但是，不同意也没办法。我被历史推上了更大的创业舞台。

第三章
奋斗中年

人到中年，如果换个说法，也就是正当其年。

我想，抓住这个机会，不断地去努力奋斗，青年时期的理想抱负，甚至少年时期的梦想，也许就能变为现实。

虽然说，在20世纪60年代末70年代初，我当横店大队党支部书记时，就办过五金厂、农具厂、粮食加工厂等小工厂，但是，严格说来，那只是一些小作坊，小打小闹，算不得真正的工厂。不是我不想办大工厂，实在是那个时候政策不允许你办大，你个人再有本事也没用。

1974年底，横店公社党委要抽我去领头办丝厂。开始我是不愿意去的，我在横店大队搞得井井有条，正要开始大发展，许多计划就要在我的手里实现。大队的社员和群众也舍不得我离开大队，怕我走了以后，大队的生产和收入分配要受到大的影响。

公社党委书记给我做了许多工作，讲了很多诸如“顾全大局”“组织信任”“公社好了大队也好”之类的道理，当然，我也不能一点都不听。不过，这并不是我转念的全部原因。

我突然想到，风风雨雨中，我走过了20多年的青春岁月，什么也没干成，却把自己从拿工资的国家干部，干成了拿工分的农民，不知不觉中，我已到了不惑之年。俗话说，人过四十天过午，人到中年万事休。我想，也许这是我最后的机会，为什么不利用这个机会，去拼一下去闯一下呢？

人到中年，如果换个说法，也就是正当其年，中年即壮年，正是成熟之年、奋斗之年。我想，抓住这个机会，不断地去努力奋斗，青年时期的理想抱负，甚至少年时期的梦想，也许就能变为现实。

于是，我决定要抓住这个机遇，接受这个挑战，同时，我也做好了奋斗的准备。所以说，我的中年时期是在奋斗中度过的。

一、从横店大队到横店公社

横店大队是人民公社时期的叫法，相当于现在的行政村或社区。公社即相当于现在的乡、镇或街道。因为横店公社的驻地在横店，所以叫横店人民公社。

其实，早在北宋咸平四年（1001 年）横店就已立乡，当时叫乘骢乡。民国三十三年（1944 年）就开始设立横店镇。新中国成立以后，在镇、乡、管理区、人民公社之间变来变去，十年里面变了七八次，1961 年开始，横店被称为横店人民公社，直到 1983 年改称横店乡，1985 年再改为建制镇，1986 年改为直属镇。

我在横店大队当党支部书记时，横店公社下辖有 39 个大队，39.7 平方公里，耕地大约 8500 亩，总人口大约 1.9 万人，人均耕地不到半亩。一年农业收入，按每亩毛收入 500 元计算，只 425 万元，另外种桑养蚕 17 万元，养猪等副业收入大约 13 万元。整个公社处于一种贫穷状态。我们横店大队因为副业搞得好，在全公社是分红值最高的，也是全公社最富的大队，是横店公社的一面旗帜。

20 世纪 60 年代末到 70 年代初，横店公社共种有 1500 多亩蚕桑，加上相邻的屏岩公社，蚕桑面积达到了 3000 多亩，年产蚕茧超过 1000 多担，差不多是全县的 40%。所以横店也是金华地区重要的蚕茧生产基地之一。

1974 年，由于“文化大革命”的影响，国营丝厂停工停产，供销社停止了蚕茧的收购，使得整个横店地区积压了大量的蚕茧。横店、屏岩都在想办法，找出路。省内其他蚕茧生产基地也同样出现了蚕茧积压。后来，听说省里有个新政策，凡是蚕桑搞得好的地方，可以自己办一个缫丝厂，就地消化蚕茧。

据说，是屏岩公社先得到可以办丝厂的消息的。凑巧的是，当时的横店公社党委书记周芝利是屏岩人，他听到了这个消息，这就等于是横店也得到了可以办丝厂的消息。横店得到消息后，党委很重视，立即研究，决定要抢过来办这个厂。所以，横店下手比屏岩快，抢先向区里打报告要求办丝厂。后来，屏岩也向区里打报告（当时横店和屏岩都归湖溪区管）要求办丝厂。区里做工作，叫屏岩让给横店办，同时，以横店留出20%的招工指标给屏岩为条件。

区里同意横店办丝厂，但到底由谁来领头创办丝厂，这个问题，在横店公社党委内部引起了激烈的争论。

公社党委书记周芝利竭力主张把我从横店大队抽出来，专门负责办丝厂。他说徐文荣在大队里办过许多厂，有经验；更重要的是，他说徐文荣这个人有责任心，一旦答应下来，非做成功不可。

但是，党委副书记吴某某坚决不同意。他是“双突”上来的造反派，那时，他还没有被审查。他提出要由他来负责办厂，党委会上居然也有人支持吴某某出来办厂，但是，多数人不同意。

反对我的人对周书记说，徐文荣本事太大，要是由他来干，会架空你们的。甚至连湖溪区的区长也私下里对周芝利说，叫徐文荣来干，你会大权旁落的。但是，周芝利书记不为所动，一方面找他们谈话，做解释工作，要大家从大局出发；另一方面，坚持要抽我出来，他说，这个厂只有把徐文荣抽出来才能办成。

最后，横店公社党委根据多数人的意见，于1974年12月7日正式决定，抽调我出来，负责领头创办横店丝厂。

针对有些人提出的“徐文荣这个人本事太大，让他出来干，党委控制不了他”的担心，周芝利也作出了让步，公社党委同时决定，成立“横店丝厂筹备领导小组”，由另一位党委副书记兼任组长，由我担任专职副组长。另外，由供销社主任、信用社主任和一个会计担任领导小组成员。

当周芝利书记把公社党委这个决定告诉我时，开始我没有立即答应下来。那时，我在横店大队里的工作搞得很顺，确实有点不愿意离开。我说，你们不要叫我，我们大队刚刚开始好起来，把我抽走，横店大队就要倒霉了。周书记说，你不要光考虑大队，要为全公社着想呀！我说，公社不是我的事，我把横店大队搞好就是了。周书记又说，你是共产党员，要顾全大局嘛，总得服从组织安排吧！他这么说，我就没话好讲了。

我妻子何彩仙心里很矛盾，她是既支持我出去，又怕我出去。前几年在大队里吃了那么多苦，搞得一家人都跟着遭殃，她说，能离开这个“是非之地”也好。但是，她又怕我到公社去办厂，到时候再来了运动，办厂又成了罪状，又要遭批斗。她真是被运动搞怕了。

横店大队的党员干部和社员群众知道了这个事后，都劝我不要去，他们说，你走了，大队里的生产怎么办，那些工厂怎么办？他们怕我离开，横店大队的生产和分配都会掉下来。

说实话，那时我心里也很矛盾，一方面，觉得家里人和大队社员的担心不是没有道理；另一方面，又觉得周芝利书记找我谈的那些话更有道理。我不出来干，造反派就会占这个位置。让他们胡来瞎搞，不如我来干。从我自己来看，已到中年，也许这是最好的时机，也是最后的机会。再说，办丝厂符合老百姓的心愿，是好事。是好事，就应当去做。于是，我答应了周书记。

但是，我不知道前面的路会怎样。

二、白手起家，首先跑批文

首先，我想到，中国人办事讲究一个名正言顺，名不正，言不顺；言不顺，事不成。过去，我在大队里办厂，之所以被人家说取缔就取缔，说砸烂就砸烂，原因很多，其中最重要的一条，就是因为没有得到上面批准，就像没有出生证，没有户口，就是黑户。所以名不正，言不顺。这次，既然上面开了口子，同意蚕桑产地可以办缫丝厂，那就是要抓住机会，一级一级往上报，只要上面正式批准了，就可以说这个丝厂成功了一半。

于是，首先我就开始跑批文。报批必须拿着办厂请示报告，从公社、区、县、地区，一级一级地盖章，最后，才能报到省里去批。当时“文化大革命”还没有结束，地方政权还处于非常混乱的状态。从公社到区里盖章倒还顺利，到东阳县里盖章就遇到了麻烦。当时，县里两派又在斗，老干部靠边站，公章在造反派手里，但当时是造反派处于下风，分管工业的计委副主任是一个造反派，他已经逃到乡下去了。只有找到他签字盖章才能往上报。我好不容易打听到他躲在一个村子里，我就找了去。

我刚到村口，就听到一声低沉严厉的声音：“你是谁？来干什么？”只见两个带枪巡逻的人拿枪对着我，弄不好就会一枪打过来。这时，又过来几个人，幸好我认得其中的一个人，他听我说明了来意，就带着我去找这个造反派副主任。

副主任说他愿意帮忙签字盖章，但公章锁在办公桌里，必须回办公室才行。可是，他说不敢回去，另一派要抓他。我回过头去找县“革委会”主任，他是个被“三结合”的老干部，我原来就跟他熟悉。我向他汇报，说横店要办丝厂，要报上去批，必须得县里盖章，印章在造反派副主任手里，我找到了这个人，他不敢回来，要保证他的人身安全，他才敢回来。主任说，可以保证他的人身安全，叫他回来好了，绝对不抓他。

我又赶回到乡下那个村里，对副主任说，你不要怕，我去找了县“革委会”主任，他同意你回去，保证你的人身安全。另一派我去疏通好了，我在前面，你跟在我后边就行。就这样，我找到了另外的一派，他们听说是帮横店徐文荣盖章，就说，好的，好的，并对他说，你快帮他办吧。

县里办好了，我就拉着这个副主任，一起到金华地区去盖章。但是，哪里想到金华也是两派对立，闹得很凶。我们找地区“革委会”，根本没有人办公。走在街上，两派都是拿枪对峙着，时不时还听到冷枪声，弄不好就没命了。我们只好走小巷，但找来找去也找不到人。我说，算了，我们直接去杭州，只要把情况说清楚，相信上面能理解的。于是，我们从金华直接奔杭州而去。

到杭州后，我们住在我朋友家里，然后，一次一次跑省一轻局和省丝绸公司。我们给他们说好话，说东阳县“革委会”盖了章，金华因为武斗办不了，请求免掉这个手续。我一次一次向他们汇报横店蚕桑生产情况，说原料有保证，全公社都重视办这个厂。终于，他们同意把材料留下来研究研究。后来，我又一次次跑到省里去催问，终于感动了他们。

1975 年 4 月 18 日，浙江省第一轻工业局正式下文，批准筹建东阳县横店丝厂。其实，这只是像给横店丝厂发了一张“准生证”，能不能生出健康的“孩子”来，却是全凭你自己的本事了。不过，这意味着横店人第一次争取到了名正言顺的“办厂权”“务工权”，大家都觉得这“批文”来之不易，并且东阳县横店丝厂这块牌子，乍一听上去，就好像是县里的工厂，像国营企业一样，大家都很高兴，深知这次丝厂筹办获得政府许可的价值，认为无论有多大困难，都要抓住这个机遇，把丝厂办成功。

丝厂正式批下来后，接着就成立厂领导班子，我被任命为横店丝厂的党支部书记。那时党领导一切，支部书记是一把手。那时支部书记是要区委批的，横店公社党委有些人认为我徐文荣不可靠，硬是压着不往湖溪区委报。直到四年后，丝厂办成功了，赚了不少钱了，我才知道我这个支部书记是临时的。于是我找到了公社党委，提出意见，我说我当横店大队党支部书记是区委批的，到丝厂当支部书记是平调，为什么不报批，既然你们不相信我，那我不干了！后来，湖溪区委知道了这个情况，狠狠地批评了横店公社党委，公社党委才报湖溪区委正式批准我任横店丝厂的党支部书记。当然这是后话了，还是回头说当初办厂的事。

要办厂就要有资金。我找公社周书记，问他公社准备投多少钱？他倒干脆：“公社没有钱”。我说，没钱办什么厂！他说，我们一起想办法。后来，公社党委、革委两委会和丝厂筹建组人员一起，专门开会研究办厂的事。会上决定，发动群众，向各大队借款筹资，三年归还，不计利息。当时，全公社 39 个大队，一共筹集了 50254 元人民币。其中，横店大队共有 1106 人出资，共筹得 2654 元。

可是，这 5 万块钱，对办一个工厂来说真是杯水车薪。周书记对我说，你办法多，门路广，能不能想办法到银行去贷款。我知道，公社确实也没钱。那时，群众中就流传着一句顺口溜："公社空，大队穷，生产队只三毛钱分红"。看来，只得我去想办法跑贷款。

好在有省一轻局的批文，说话也多了几分底气。但是，人家银行根本就不买你的账。他们就是怕我们还不了贷款。我也不知听了多少冷言冷语，见了多少冷眼冷脸，一次一次跑银行。那时，我说得最多的话就是"请相信我们，我们一定按时还本付息"和"请帮帮忙，请帮帮忙，横店老百姓不会忘记你们"，说实话，就差跪下去求他们了。我的诚心和毅力终于感动了银行，一个副股长同意了，但正股长不同意。最后，找到行长，他不敢马上答应，但他同意派人到横店来看看，考察一下。

我陪着银行的人，考察了横店，又陪他们考察了杭嘉湖地区的好几个国营丝厂。说实在的，那时候也拿不出什么好东西来招待他们。但是，我是尽己所能，把家里亲戚朋友送的最好的东西都拿出来招待了。人心都是肉长的，精诚所至，金石为开。见我这么诚心诚意为集体办事，他们感动了，答应一定向领导汇报，尽可能帮忙。后来，考察调查报告材料汇报到行长那里，行里开会集体研究决定，银行终于同意给我们贷款 26 万元。

三、土工程师解决大问题

虽然这点钱连买材料、建厂房，搞基本建设都不够，但总算是有了一笔资金，创办丝厂可以真正动起来了。

资金有了着落后，在选择厂址问题上，我又同公社一些领导产生了分歧。筹建领导小组组长和公社里有些人，他们一定要选在横店大队的耕地上，说这样离公社近，便于管理。我坚决不同意，我一定要选在荒山坡、乱坟堆里去。我说，那里没有良田，虽然会增加一些办厂开支，但可以节省良田耕地。再说那里就在东磐公路边上，运输进出也方便。我的意见得到了多数人的支持。最后，公社党委采纳了我的意见，与厉宅大队签订了征用十八垛黄土山背 20.8 亩荒坡地的协议。

因为那时我要经常往外面跑，所以，我同周书记讲，我迫切需要一个懂基建的人来当我的助手。周书记说，你想要谁，你只管挑，一定支持你。我说，我要任湖田大队的厉大金。那时，我认识厉大金，他比我大十来岁，是一个远近闻名的“土工程师”，大家都叫他“大金师”，是一个造房子、搞基建的好手。我同他不是很熟悉，但我知道，他以前在遂昌一个国营单位里搞过基建，那时，我打听到他正在湖溪区供销社做工程。

我找到了大金师的家，他不在家。听我说要请大金师到横店一起办丝厂，他老婆坚决不同意，说大金在湖溪做工程，每天有 3 块钱工资，前几天，遂昌老单位还带信过来，说如果同意回去，三个孩子都可以转为城市户口。我没多说，心想关键还是在大金师自己，只要他思想通了，大金嫂子想拦也拦不住。

我找到了大金师，我对他说，外面搞得再好，那是人家的。丝厂是我们横店人自己的，办好了，对横店子孙后代都有好处。他说，你说的都是实在话。不过，这事也得和家里人商量一下。再说，湖溪那边的工程也要帮人家收了尾才能走。

后来，我又找到了大金师，诚心诚意地请他出来和我一起办丝厂。我说，至于工资待遇，虽然要由公社党委定，我说了不算，不过，我可以表态，一定比我这个当头头的高就是了。大金师人很好，听我这么说，也就同意了。他家里人，

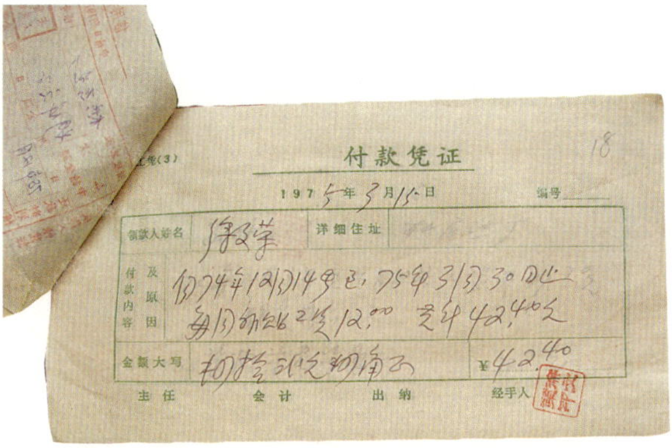

徐文荣 1975 年创办横店丝厂时每月补贴 12 元的付款凭证

后来经过公社领导一起做工作，最后也同意大金出来一起办丝厂。

我问周书记，大金师愿意来了，他的工资怎么定？周书记说，就同你一样，一天 10 个工分。我说，这绝对不行。后来，商量还是拿工资吧，我 30 块，大金师也 30 块。这 30 块不是我们自己可以用的，75%要拿到生产队去记工分，我们大队分红高，10 个工分还能分回 7 毛钱，他们只能分 2 毛 7 分钱。后来，我提出一个方案，大金师 33 块，我 30 块。公社不同意，说你只 30 块，他怎么可以拿 33 块。我说，我同他不一样，我本来是农民，我又没有技术，再说我们大队分红比他们高得多。他拿 33 块，拿回去分红只有十几块。大金师有技术，他放弃一天可以挣 3 块钱、一个月 90 块钱的收入，他是凭着思想来的，凭着感情来的。听我这么一说，公社领导也就同意了这个方案。

但是，大金师不同意了。他说，你徐文荣只 30 块，我怎么可以拿 33 块，是全厂工资最高的。我说，你一定要同意，这是我的心意，因为你 33 块钱拿回去记工分，分回来的还是我 30 块多，再说，我还有 12 块钱的差旅补贴。你是一分都没有。在我诚心诚意的说服下，他接受了我的意见。大金师来了以后，在技术方面起到了很大的作用。

刚开始基建时，公社分配到各大队的民工是 80 名，实际来了 200 多人。大家都是自带工具，自带干粮，在荒山坡上搭工棚，白天黑夜，劈山填土，奋战在工地上。白天还可以过，晚上坟堆里都是蚊子，但谁也没有怨言。

造烟囱和水塔时，我们挖了 4 米多深，还不见底（基岩），如果按照通常的做法，就要用钢筋水泥浆灌到底。我们哪里有那么多钱。还是我们的“土工程师”有办法，大金师提出了“松木柱打底，砂石料定基”的方案，他说，这是个土办法，因为松木在密封或水浸的条件下，由于松脂的保护，几乎不会腐烂。古人造桥挖不到底时，用的就是这个办法。按照大金师提出的方案做，不但解决了难题，还节省了很大一笔钱。

大金师不但有技术，他还自己设计图纸，基建中的一个个难题，都被他一一解决，而且，大金师还是基建管理的内行，施工现场被他管得井井有条。更为难得的是，大金师这个人，有强烈的责任心，在他身上处处体现出精打细算、艰苦创业的精神，工地上用过的铁丝、铁钉，他都要捡回来，敲直了再用；每个水泥纸袋都要翻过来，像掸面粉一样掸下来，一点也舍不得浪费掉。有这样的人在家里管基建，我是非常放心的。大金师成了我的得力助手。

所以，从创办丝厂开始，到后来创立了横店集团，一直到我组建起横店社团经济企业联合会，这几十年里，大金师一直是横店基本建设的负责人。大金师是横店集团的创业元老之一，他对横店丝厂的创办，对横店集团的发展，对整个横店社区的建设，都作出了很大的贡献。

2003 年 12 月 22 日，厉大金同志因病逝世，我们大家都很悲痛。他劳碌一生，日夜奋斗，做一生世，苦一生世，一心一意为横店发展作贡献。因此，我们大家都很怀念他。

四、在计划经济的夹缝里生长

尽管我们的丝厂是省一轻局批准的，但那时建厂所需的水泥、木材、钢材等，都是列入国家计划的，因为我们属于社队企业，在计划经济的大盘子里没有我们的份，必须得自己想办法去解决。所以，我得天天跑县里，到省里，找部门，托关系，要指标，搞材料。家里有大金师在管基建，我可以完全放心，就可以安安心心在外面跑材料。

那时，县里森工站的木头基本被横店拉走了，因为县计委一个副主任是造反派上去的，他是我多年的老朋友，我就是通过这个关系，一次一次找他批木材的指标。一批一批的木材运到横店。后来，计委主任和有些单位有意见了。我说，你们不要争，也不要批评办事的。省一轻局批下来办这个厂，基建材料本来就是要你地方解决的，这是有文件的。就是你把森工站1000多立方的木材全部给我，我也不够用，我还要到县夺煤指挥部去弄木材。所以，我们建丝厂所需木材基本上都是计划内指标价买进来的，没有去买计划外的议价木材，这一项也为丝厂节省了不少钱。

最后一次去找这个朋友批木材指标，现在想起来，真有点戏剧性。那一天，我刚从外地赶回横店，正准备吃午饭，在县里开会的周书记突然打电话来找我。他给了我一个重要的信息，说县里森工站又新进了一批木头，但听说我那位当副主任的朋友，过了下午就要被免职了。要找他必须在下午下班之前找，他这个权，过了今天可能就要作废了。

我听到这个消息，连饭都顾不上吃了，立即就赶到东阳县城，找到了这位朋友。当我向他说明了我的来意，他惊得瞪大了眼睛，说，你真神了，怎么比我得到的消息还灵！说吧，要多少？我说，再给我们100立方吧。他说，你还真敢要。我这里一共只有50立方木头，全都给你好了，反正这是最后一次了。我拿着他的批件，赶快到森工站去落实，并联系车辆装运木头。果然，第二天，他被免了职。真是应了那句话“有权不用，过期作废”。

盖厂房少不了水泥，好在东阳本地有一个水泥厂，我通过关系搞到了指标，大部分水泥是从东阳水泥厂拉的，还有县夺煤指挥部也支持我们，帮我们解决了不少水泥，不够的部分，我们又通过关系到诸暨等地去买。虽然也有困难，但都解决了。

最困难的是钢材。因为国家计划指标控制很严，特别是建筑用材，很不容易搞到，东阳县计委里根本没有钢材指标。为了搞钢材指标，我同县计委主任吵得很厉害，而且故意在开全县干部大会时同他吵。那天，在大门口，我们正在吵，县“革委会”一个分管的副主任看见了，就问，你们吵什么啊？我说，我们横店丝厂，到现在为止，他一两钢材都没提供给我，我建得起来吗？我现在只要求他解决3吨指标，他都不肯！副主任说，你就给他嘛！计委主任说，我没有指标。他说，没有指标去调么，到别的工厂去借过来么！就这样，也只从县里拿了3吨钢材，而且还只是粗材。

接着，我又通过朋友的关系，在杭州上天竺一个单位买到了几吨钢板，然后，又通过别的关系找别的单位，把钢板换成建筑用材。弄到粗的，再通过关系同人家换细的，比如弄到了16毫米、25毫米的，再找单位换成12毫米、14毫米的。但是，最难弄到的是6.5毫米的线材，但造厂房又必须要用到它，没有就不行，我们找了许多关系，一点办法都没有，弄不到。

后来，终于找到了杭州一位朋友，他也是我哥哥的朋友。他托了朋友的朋友，费了很大劲，帮我们搞到了5吨半6.5毫米线材，不过，他有两个条件：一是这半吨要给我哥哥，当时，他家里正在造房子，当然钱由他自己付。这个条件好答应，没问题。二是每公斤要付2块钱的费用。就是说，我们拿这5吨钢筋，另外得付1万块钱的费用。这可是个大事情，我个人不好做主，也无权做主。我说，回去商量后再答复。

我赶回横店，马上要求召开领导小组会议，要大家表态，这5吨钢筋要不要拿。我说，这5吨钢筋太重要了，如果不拿，工厂就只能停下来，半途而废。说到要1万块钱的费用，我说，我那么多水泥、钢材调进来，从没开支过一分钱。我徐文荣到现在为止，还有好几百块的差旅费，现在都还挂在账上。但是，我自己私人的钱和东西贴进去又何止几百块啊！当然，这是一笔大开支，你们说拿不拿。如果不拿，丝厂建不下去，我是实在没别的办法了。商量结果，为了早日把丝厂建成，大家一致同意，开支这1万块钱，把这5吨钢筋拉回来。这5吨钢筋救了丝厂的急，解决了我们的大难题。

本来事情到这里也就结束了，没想到后面却还生出了许多枝节来。

在县夺煤指挥部里，有一个横店老乡朋友，他帮我们搞到了不少的木材和水泥。一天，他到丝厂工地来找我，正好我和厂里其他领导都在，他说，家里在做沼气池还差点水泥，要我帮他调剂两包水泥，钱照算。当时，人、财、物的权都集中在公社，要公社领导批准，再到横店公社交钱开票，才能再回来拉水泥。他家在上城，在丝厂的东边，公社在丝厂的西南边，相距有十多里路。他说，钱先付在这里，水泥先拉走，因为家里等着急用，回头再到公社补开票。当时，我们厂里几个领导都说，没问题，先拉走吧。然后，我有事，就离开了丝厂工地。

没想到，这位朋友拉着两包水泥，在半路上碰见了当筹建组组长的公社副书记，被拦了下来。他马上追查这个事，是谁卖出去的。一个副厂长说是我们卖出去的。批准过吗？答说，是徐书记批准的。他有权批吗？他没有权。不行，叫他立即拉回来。当时，硬是把拉到半路的这两包水泥又拉了回来。

一个副厂长打电话告诉我情况，我非常气愤，立即赶回丝厂，这位公社副书记还在，我当着他的面对我的朋友说，你拉走，我负责！副书记说，不可以！我说，由不得你，所有水泥都是我想办法搞进来的。你再敢讲一句不，我马上发动人，把所有的水泥敲掉！我来赔偿损失。我说，你动没动过一点脑筋。他支持我们几百吨水泥，现在，拿钱来买两包水泥急用，你都不肯。你有没有点良心啊！副书记说，票没开。我说，钱在这里，我们大家同意的，先拿去用，再到横店开票，这有什么关系。我对朋友说，不管他，拉走！看他能怎样！副书记看到大家的态度都是支持我的，他也没办法再阻拦，当然，脸上是很尴尬的。

两包水泥拉走了，可这位副书记的面子不好过了。他心里一直记着。

过了一段时间，从东阳县里召开的一个会上传出一个消息，一位领导在会上说，横店徐文荣搞丝厂，权乱用，5 吨钢筋付了 1 万元业务费，这是违法的。接着，上面来调查了，找到这位副书记，他居然说不知道这件事，推得一干二净。我真是气极了，我质问他，你说你不知道！他不敢当面回应我。我把当时开会商量的人，包括这位副书记，都叫在一起，你们其他同志讲一讲，这个事开会商量过吗？副书记在不在场？大家说都在场的。这位副书记不响了。

我说，现在有人怀疑我，说这1万块钱是我拿去用了。有什么证据吗？现在，我也不告诉这钱是谁拿走的。我不说，我保密，随你们怎么说，反正我徐文荣没用过里面一分钱。

我对这位副书记说，在大是大非面前，你只要给我们说一句：我是国家干部，我知道这件事，最好不要推到我头上来。你能讲这句话，我们其他几个人都会承担的。你现在推卸责任，居然说你不知道，让我蒙受大冤。好啊，明天，我把东阳县委书记请到这里来，大家当面讲清楚怎么回事。他怕了，说对不起。

后来，我杭州朋友的朋友，也就是收了1万块业务费的人出事了，被抓起来了，他交代了收横店丝厂1万块业务费的事。杭州市人民检察院的人来调查核实这个事，我说，有这个事，你们要体谅我们，我们是社办企业，计划指标没我们的份，没办法，只得求他们的。我认为，他支持我们，也是个好事，讲清楚了，你们不要去弄他了。

调查核实的人走之前，我对他们说，对不起，请你们把介绍信留在这里，再在上面注几个字，说明那个人交代收了横店丝厂1万块钱。他们写了。

我拿到这个材料以后，要求横店公社党委马上召开会议，同时，把县里领导请来，澄清这个事实。好了，事实清楚了，我走人，你们另请有能耐的人来搞。党委书记和大多数领导都劝我不要走。我说，那好，我不走，他走！结果，没多久，那位副书记就被调走了。

五、得到了工人老大哥的帮助

就在我一天到晚，东跑西颠，找关系、寻门路、求帮助的时候，有一次，我又到了省一轻局局长那里。局长听了我的汇报后对我说，老徐啊，你这样东跑西颠是很累的，到处乱跑也不行，你必须找到一家可以依靠的国营企业来支持你、帮助你，才能把你的丝厂办成功。我问他，找哪里？怎么找呢？他说，怎么找，不知道。你可以去问问省丝绸公司吧，他们清楚情况，也许会帮你出主意的。

我就跑到了省丝绸公司，找到了管生产的科长。他说，这个事，你只有找新华丝厂。这个厂在杭州的郊县余杭塘栖农村，离杭州很远，因为别的国营企业都停了，只有新华丝厂还在生产，“文化大革命”以来，这个厂的生产一直都没停。具体怎么找，你们自己想想办法吧。

后来，我突然想到，我们到杭州出差办事，为了省钱，一般都住在一个叫陆月琴的横店老乡家里。这个陆月琴原来就是新华丝厂的职工，因为身体不好病退在家。回去我把这个情况给陆月琴一说，她很快联系到了她的小姐妹。我们通过她的小姐妹，找到了新华丝厂的生产科长、供销科长，再找到了厂领导。我们就给他们厂领导谈，请他们帮助我们。经过多次的交往和交谈，我们的诚意感动了他们。新华丝厂党委表态支持我们。

接着，我就和他们厂领导具体商谈，我说，我们现在是分文没有，必须依靠你们的全力支持。第一，所有的机器设备，请你们帮助提供。但机器设备只能赊给我们，帮我们安装好，等到我们生产以后，有钱了再付给你们。第二，帮我们培训技术人员和工人，直到上岗，全部负责到底。他们同意了，我们很感动，感觉这种关系完全是工农的友情，是一种革命的感情。

他们同意了我们的要求，但是他们提出来，你们必须争取让省丝绸公司下一个文件，明确由新华丝厂对口支持东阳县横店丝厂。他们说，这样他们就可以名正言顺地支持我们。后来，我们到省丝绸公司作了汇报，省丝绸公司巴不得我们丝厂早日建成投产，于是，很快下了文件，明确由杭州新华丝厂对口支持东阳县横店丝厂。

在这个过程中，我们不知道花了多少心血。因为那时候，我们没有东西好送礼，也没有钱能给我们花，我们只能求，求他们帮助我们。为了感谢他们，有的老师傅要求给他们弄点菜油啊，肥皂啊，买点红糖啊什么的，我们总是尽量满足。在这种情况下，我把家里亲戚朋友拜年送的东西，红糖、茶叶、火腿、粉干、菜油等等，全部拿出来送给他们，肥皂家里没有，也是自己出钱，通过横店供销社开后门开出来送给他们。

那时，杭州师傅平常到横店，如果人数不多，都吃住在我家里。只有在安装机器时，杭州新华丝厂派来了一大批师傅，有负责安装不同设备的师傅，有专门负责调试的师傅，还有专门负责指导生产的师傅，一共有二十几个。人多了，只好住在丝厂的工棚里，吃在丝厂的食堂里。一天三餐，两餐干饭，一餐稀饭，只有中午这一顿菜稍好一点，有时有点肉，有点豆腐，再就是青菜了。晚上都是加班，半夜餐也只是一碗面条或是一碗粉干。虽然条件简陋，但师傅们都毫无怨言，他们说只要方便工作就行，都是为了丝厂能早一天投产。

有一天，快到中午的时候，我刚从外地回来，一个副厂长急急忙忙跑来跟我说，中午买菜的钱都没有了，食堂人员都快急死了，怎么办？让我快点找你想办法搞点钱去买菜。我说你们想办法了吗？他们说想不出办法了，只有向你汇报了。我说，那怎么办呢，我家里能吃的东西都拿出来吃光了，家里的钱也用光了。实在没办法了。我想只有去找公社领导想办法了。

我这个人很机灵的，先跑到横店信用社，要求他们给我查查账，公社和下面单位在信用社里有没有存款。查来查去只查到了公社下面一个停办了五六年的小水电站还存在那里 2000 块钱。

我马上跑到公社找到周书记，我说，不管怎样，今天一定要你掏钱了。我自己家里一点钱都没有了，所有能吃的东西都吃光了，杭州师傅中午吃的菜，我是一点办法都没有了。他犯愁，说，公社哪里有钱呢？我说，周书记，钱是有，就看你肯不肯拿出来。他说，有钱的话肯定给。我就说那个停办了好几年的小水电站，还有 2000 块钱存在信用社里。后来，真就把这 2000 块钱找到了，就拿给丝厂救急用了。多少年后，一些新闻记者写文章，说我们横店集团是 2000 元起家。

这就是2000块钱的来历。

杭州新华丝厂不但给我们提供了设备，为我们安装调试，还分两批接受了横店丝厂200多名员工的培训；试产阶段，还派出技术人员和老工人驻厂指导生产，及时帮助解决生产中遇到的问题。可以说，因为有杭州新华丝厂的无私支持和帮助，横店丝厂的筹建才走上了正轨，也走上了快车道。他们是横店丝厂创办成功的第一大功臣。

六、与火车赛跑，顶着风雪赶路

多年后，有记者在采访我时，曾经提过这样的问题，当年在创办丝厂时，你遇到过许许多多的困难，你有没有过打退堂鼓的想法？你最难忘的事是什么？

我回答说，打退堂鼓的想法没有，最难忘的事倒有两件。于是，我向他讲述了这两件事：

第一件事，是与火车赛跑。创办丝厂越到后面，事情越多，时间越紧，因为，我们定了投产的日期，到时必须开机投产。那时，基建工程收尾还要跑材料；机器设备安装完了，要调试；工人培训回来要熟悉各自岗位；各工种的安全操作规程、生产管理程序和各项管理制度要制订贯彻；煤、电、水的供应要落实；等等。那段时间，我是忙完外面忙里面，白天黑夜连着转，一般是白天在外面跑，晚上安排开会检查布置工作。工作一环扣一环，就像上紧了发条的钟，一刻也停不下来。

一次，我到金华办事，临近年关，机关里的人很忙乱，事情办得不是很顺利。本来计划是坐下午3点钟的火车，从金华到义乌，再从义乌赶回东阳横店，当晚，有一个重要的会议等着我。可是，当我办完事，发现已经快到3点了。

我一路小跑赶到金华火车站，直冲售票处。卖票的人说，这趟车已经停止卖票了。我顾不上多问，转身就向检票口冲去。这时，检票口的栅栏门也已经关上，我也不知哪里来的劲头，就像百米跨栏一样，呼的一下，就从栅栏门上跳跃过去，然后以百米冲刺的速度，向停靠在站台上的列车冲去。

这时，随着“呜！呜！——！”两声汽笛声，火车“咔嚓！”一下，开动了。幸好火车刚开始启动，速度还不快。我拼尽全身力气，向最近的一节车厢跑去。只见一个列车员正好放下踏步盖板，要把车门关上。我看准了时机，“噌！”的一下跳了上去，一只手牢牢抓住了门框边上的立杆。

我的举动把列车员吓坏了，她没好气地大声斥责：“喂！你干什么！你找死啊！”我也顾不上生气了，用另一只手重重地敲打门框，希望她把门打开。列车速度在加快，眼看就要驶出站台，如果这时我松手，掉下去，我肯定没命了。我只有使劲地拍打车门，让里面的人开门。大概列车员也怕出安全事故，她把门打开了，挟着一股风，我被拉进了车厢。一下子，我瘫坐在车厢过道上。这时，我一边喘着大气，一边赶忙说：“对不起！对不起！”列车员见我这个样子，又好气又好笑，也就没再责怪我，只是说，这太危险了，以后绝对不能这样干了。

这天晚上，虽然我赶回横店很晚了，但是，大家都还等着我回来开会。他们都相信，我说要回来，就一定会回来的。

第二件事，是顶着风雪赶路。那是 1975 年底，或是 1976 年初，天气很冷，鹅毛大雪下了两天，我有要紧的事，必须从杭州赶回横店。当我赶到火车站一打听，才知道去往金华方向的火车停开了，什么时候通车不知道，只是说，前方正在组织力量清扫积雪，叫大家耐心等待，听候消息。

我在火车站从下午等到晚上，那时火车站里根本没有什么取暖设备，我是又冷又饿，脚都冻麻木了，人又不敢离开，因为随时都有通车的可能。就这样苦苦等待，一分钟一分钟的苦熬，终于在下半夜，等到了通车的消息。

车厢里同样是寒冷异常，大家都缩成一团，跺着脚，呵出的气，很快就结成了霜。列车在凛冽的寒风中时开时停，缓慢行驶。等火车到了义乌，天已蒙蒙亮了。

我下了车，出了站，一脚深一脚浅，踏着厚厚的积雪向汽车站走去。汽车站的人还没上班，但售票窗口上贴着一张告示：因天气原因，所有班车停开。何时通车，听候通知。我心想，这回“倒灶了”，回东阳的车也没有了。我想起我们设在义乌的转运站，何不先到那里落个脚，再作打算。

这时，天上又飘起了雪花。我冒着风雪走到转运站，一阵敲门声把他们从被窝里拉出来。他们说，没有车怎么办？到处都冻起那么厚的冰雪，就在这里住一晚上再说吧。我说，不行，不行，一个晚上也不行。我必须赶回横店去。

他们给我弄了点吃的，还是劝我不要走。我说，我必须得走，家里有太多的事在等着我。这里的雪那么大，横店的雪肯定不会小，厂房工地还不知道怎么样呢。你们不要留我，我一分钟也待不牢了。

那时，我穿了一双东北大头棉鞋，鞋底已经磨光了，很滑。我就对他们说，麻烦你们，帮我弄双草鞋来，另外再给我找两根竹竿来。他们帮我找到了。我把草鞋套在棉鞋外面，又用绳子扎牢，一只挎包斜背在身上，一只手抓一根竹竿，就上路了。从义乌到东阳只有 18 公里的路程，我从早上开始走，一直走到下午 4 点半才到东阳，一路上不知跌了多少跤。

走到东阳，还是所有班车停运。我找到卢宅一个朋友家，他看我像一个雪人似的，吓了一跳，说，这么大的雪，你还出来干什么？我说，我不是出来，是要回去。你能不能借我一辆脚踏车？他说，你疯啦！这么大的雪，怎么骑？我说，你不要管，借我车就是了。

这位朋友知道我的脾气，也不再劝我住下，并把脚踏车给我，叫我一路当心。我骑着车赶路，从脚踏车上摔下来，又骑上去，摔倒了，又爬起来，再骑上去，有几次差一点就摔到山沟里去，我也顾不得死活了，一路上是连滚带爬，顶风冒雪往横店赶。从东阳县城到横店也是 18 公里，我从下午走，一直到晚上 10 点多钟，才走回到家里。

回到温暖的家里，我全身就像散了架似的，因为心里知道，到家了，就可以放松了。这时，妻子彩仙再怎么数落埋怨我，我都傻傻地微笑着，静静地听着，心里充满着温暖和幸福。

七、养鸡下蛋孵小鸡

经过十个月的艰苦奋斗，在各方面朋友的帮助下，特别是杭州新华丝厂的全力支持和帮助下，横店丝厂终于要建起来了。当时，横店丝厂有女职工 203 名，男职工 35 名，总共 238 名员工，这个规模，不要说在横店是前所未有的，就是在整个东阳县也算是少有的大工厂了。

1976 年春节前夕，投产前的各项准备工作进入到了最后冲刺阶段。1 月 30 日，也就是大年三十这一天，丝厂向全体职工发出一个通知，内容是："2 月 4 日（农历正月初五）上午 9 时，全体职工到丝厂报到，自带棉被、日用品，带锄头一把、簸箕一双，并二人合并带床板、长凳各一副。"按照计划，春节以后，丝厂就要正式投入生产。

大年初一，我一大早就往县城跑，因为，那时运到厂里的煤只够烧五天的，虽然，早给县里打了报告，但县里第一季度用煤计划，并没有把横店丝厂列进去，我必须找到县里相关的人，盯着他们，一家一家地把煤的指标和供应渠道落实下来。如果正式投产以后，因为燃料供不上，整个生产线被迫停下来，那损失就太大了。

大过年的，人们心情一般都不错。县里和有关部门的那些领导，虽然都在年假中，但他们看到我大年初一还在为集体奔波，都非常感动，所以，事情办起来也还算顺利。

1976 年 2 月 16 日（元宵节后两天），横店丝厂举行正式开机投产庆祝大会。全省同年批准筹建的丝厂共有 16 家，其中 4 家批下来比我们横店还要早。但在这 16 家筹建的缫丝厂中，横店丝厂是最早投产的。省一轻局、省丝绸公司和省

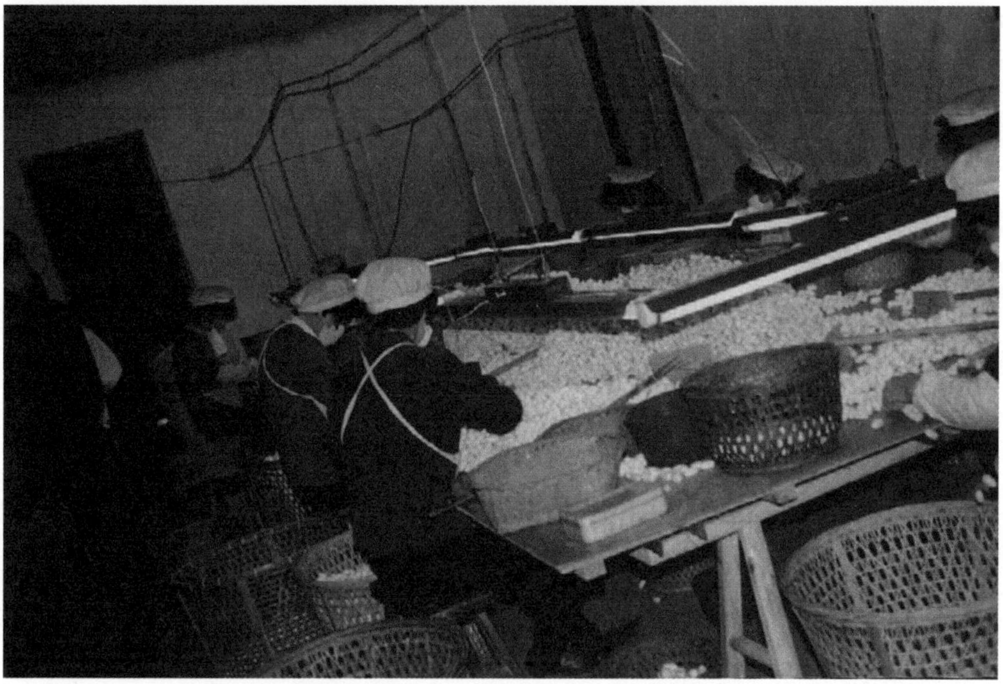

横店丝厂投产初期选剥车间女工工作场景

内其他筹建中的丝厂，都给横店发来了贺电、贺信。

当然，横店丝厂建设成功，最高兴的莫过于横店人。对于横店人来说，丝厂投产庆祝大会是一个真正的盛大节日。那天，横店非常热闹，锣鼓喧天，盛况空前，人们欢欣鼓舞，总人口只有1.9万人的横店，来参加大会的人就超过了万人，老百姓看到横店办起了这么大的缫丝厂，都高兴得不得了。因为，这个工厂给他们带来了新的希望和梦想。

多少年后，有的人在写的书或文章中，说我徐文荣如何如何在庆祝大会上慷慨激昂地讲话演说，其实，根本没有这回事。投产庆祝大会虽然在横店丝厂的厂区举行，但整个活动都是公社党委一手操办的。县里省里的人请没请，不知道。区里都请了哪些人，不清楚。我只知道，我们丝厂的干部一个都没有参加大会，都在车间里忙。我作为横店丝厂的党支部书记，也没有资格上主席台，更没资格讲话。我们只有干活的份。但是，大家都为丝厂成功建成投产，从内心里感到高兴和激动。

横店丝厂作为社办企业，难就难在起步上，工厂一旦建起来，还是有它自身的优势的。首先，原料有保证，蚕茧由省丝绸公司统一分配，由当地茧站根据计划指标划拨。那时，整个东阳的蚕茧全部由横店供销社收购，茧站就设在横店。横店丝厂的原料，根据省丝绸公司的计划，就由横店茧站调拨，就近，方便，有保证。第二，生产出来的生丝，全部由省丝绸公司收购，按质论价。第三，原料进厂不需要钱，款项由省丝绸公司在收购的生丝款中扣除，这样就为工厂省了一大笔流动资金。

实际上，工厂投产以后，真正的费用，主要就是燃料、水电、工资和财务费用。直接影响工厂正常运转的关键，就在于燃料——煤炭，而浙江省却是一个缺煤的省份，解决燃料问题便格外困难。

省里分配给东阳县的煤炭指标很有限，为了满足各单位对煤炭的需求，县里成立了夺煤指挥部，以开发本地煤作为补充。但是，本地尖山煤矿出的煤很不成熟，热量很低，质量很差，送到锅炉里，一阵烟就没有了，根本不禁烧。

因此，丝厂投产后的日常管理，我就交给厂长、副厂长，我的主要精力就放在跑燃料上。有一段时间，我天天跑县煤炭公司，甚至天天就坐在那里，我跟他们关系搞得好，他们还请我吃饭。

那时候，东阳的煤炭指标基本上都被我争取到了横店，其他单位，对横店、对煤炭公司都很有意见。后来，就有人告状说，煤炭公司把那么多煤炭都给了横店，难道没有得到徐文荣的好处？我听到以后，非常生气，对煤炭公司的人说，你停掉好了，不要供横店煤了，看那些领导怎么办。当然，他们也不敢停。

原料有保证，燃料有着落，产品不愁没有人要，所以，丝厂投产第一年，就赚了 7.6 万元，超过了全公社农业税的总和。第二年赚了 15 万元，第三年赚了 30 万元。三年下来，赚了四五十万元钱。大家都很高兴。

1976 年 10 月，“四人帮”被抓起来，标志着“文化大革命”的结束；1978 年底，中共十一届三中全会召开，提出以经济建设为中心。老百姓感觉到，这下可以安稳搞生产、过日子了。不但国营企业逐步恢复了生产，各地农村，特别是南方农村，也开始兴办社队企业。这时，抢先一步的横店丝厂，却已经开始有了自己的积累。

我们压缩一切非生产性开支，把积累用于扩大再生产。办厂头三年，从厂领导到管理人员，出差办事，没有一个人坐过火车卧铺，没有一个人住过中高档旅馆，没有一个人报销过交际费用，一两个月不发工资是常事，大家以苦为荣，以苦为乐，一门心思要把企业搞上去，把丝厂这只“老母鸡”养大，让它下更多的“蛋”，孵出更多的“小鸡”来。

八、一只“鸡”变成了一群“鸡”

为了创造更多的利润，必须扩大再生产。我们从 40 台立缫机扩大到 48 台，再从 48 台扩大到 96 台，一个厂变成了两个厂的规模。

正当大家为丝厂顺利发展而兴高采烈的时候，我觉察到了某些不祥的征兆：我们丝厂的原料茧进来，没有原来那么顺当了。东阳的蚕茧本来只供应我们一家，但那时候东阳北乡又批了一个缫丝厂，现在要两家来分，这样，蚕茧供应就紧张了。为了应对这个情况，我们丝厂还专门成立了蚕桑办公室，配备了 7 名辅导员，分驻各蚕茧产地，指导蚕茧生产的收烘。尽管这样，蚕茧原料紧张的情况仍然没有得到缓解。

我们跑到省丝绸公司，要求从省内其他地方调拨，感觉也越来越困难。因为，国营丝厂都恢复了生产，各地又陆续办起了新的缫丝厂。没有办法，我们只得组织力量到江西、广西等外省去采购。虽然原料紧张，我们还是千方百计保证了工厂能满负荷生产，产量不断提高，利润也不断地增加。

但是，我感到一场“蚕茧大战”难以避免。我想，这样下去肯定不行，省丝绸公司也是靠不牢的，因为蚕茧肯定要先满足国营企业，不可能来保你社队企业。再说，光靠丝厂一个厂，产品太单一，原料或产品销路一出问题，一下子就全完蛋了，一点回旋余地都没有。所以，那时候，我一直在动脑筋，要寻找新的发展项目。

屏岩公社祝坞大队的党支部书记是我的朋友，他有一个弟弟在上海工作，常到苏南地区出差，大概属于那种“星期天工程师”，就是利用星期天，到农村为社队企业提供技术服务。他给我带来了一个很有用的信息，说苏南地区针织轻纺行业发展很快，办了许多厂，产品销路也很好，很赚钱的。他说，搞针织，技术要求也不高，设备也简单，完全可以搞起来。我请他帮忙联系介绍，他答应了。几天以后，他回话说，已经联系好一个厂家，他们可以卖给我们机器，还负责为我们培训工人，但是，原料他们没办法提供，得自己想办法。

我提出了办针织厂的设想和计划，没想到厂领导班子中没有一个人赞成，可以说是反对声一片。他们说，丝厂办成现在这个样子，已经很不简单了，而且每年都有钱赚，把这个厂办好，我们一生就享福了，不用去种田了。他们都来劝我，办一个厂你都那么辛苦了，再办另外的厂，那太劳累了。不要再办别的厂了，把丝厂搞好就行了。

我说，不行的。一个厂永远保持繁荣是不可能的。如果照现在这个形势发展下去的话，我们的丝厂很可能就要关门，我们先前招进厂的这些人，就要失业，只好再回家种田去。大家觉得我说的也有道理，终于被我说服。后来，我们决定在丝厂里边先设一个针织车间，同时，选派一批青工，到江苏常熟一个针织厂去培训。

我们跑到常熟，同这个厂订了合同，购买20台针织机，并为我们培训30名工人。回来后，我们很快招了30个青工，派他们到常熟这家工厂去培训。

没想到，在常熟培训的人带回来消息说，他们去了一个月了，一点技术也没学到。我同一个副厂长立即赶到那个厂里了解情况，才知道他们厂里已经实行按件计酬，厂里的师傅根本不让你上机操作，你只能站在边上看，怕你上机会影响他的产品数量和质量，直接影响到他们的工资奖金收入。

我找到他们的党支部书记，我说，我们买你们的机器，你们又不教我们技术，这样子怎么行呢，你们要负责的。他说，带的师傅不肯让他们上机，怕影响他们收入。这段时间，厂里确实很忙，在赶生产任务，新手插不进去。

我说，我们不只要 20 台机器，我们要买 200 多台，如果你们不给我们培训技术的话，我们只好到别的厂去订购机器了。

他一听连忙说，要解决、要解决，只是现在有难度。我说，我帮你想个办法，你拿出两台机器，旧的也行，就算折价卖给我们，把它搬到我们工人住的招待所，再派两个师傅来，让学员轮流上机操作学习，师傅的工资奖金由你们厂里负责。他说，这个办法好。我说，你们还有什么困难，我们可以帮你们解决。

他提出，让我帮他解决 3 个立方的木材和 3 桶柴油。我说没问题，不过，我还有一个条件：不但培训的原材料你们必须提供，还必须提供给我们够生产一个月的原料尼龙丝。他答应了。我们两边都很高兴。

20 世纪 80 年代末，横店的东阳市丝厂院内院外办有好多工厂，一只“老母鸡”孵出了一群“小鸡”。

我们首先是做尼龙衫，那时市场商品奇缺，东西好卖得不得了。只要你做得出来，就能销得出去。我把产品拿到县百货公司地方产品部，他们说，你生产多少，我收购多少。我说，我们不但生产尼龙衫，还生产针织内衣内裤。他们很高兴，也是有多少要多少。好，我们把合同订好。

由于产品适销对路，市场供不应求，丝厂针织车间投产后，针织横机很快从20台，发展到140台，针织车间也很快发展成为针织厂。我们的产品成了抢手货，24小时不停运转生产，还是供不应求，许多采购员就住在横店，等着出货。我们的针织厂，当年实现利润就超过了100万元。紧接着，我们又办起了内衣厂和针织二厂、三厂、四厂，后来又办起了印染厂、丝织厂和化纤纺织厂，形成相对完整的轻纺产业链。

就这样，横店丝厂这一只“老母鸡”孵出了一群一群的“小鸡”。农村一批一批剩余劳动力到工厂当了工人，农民们喜笑颜开，看到了农村光明的未来。

九、居安思危，跳出轻纺，开辟新路

那一年秋天，金华地区要举办一个规模空前的地方产品展销会，一方面展示金华地区发展地方工业产品的成就；另一方面，也是满足群众对市场的需求。金华市通过东阳县社队企业局发通知，要求我们参展。

那时，大家都还没有什么市场观念和广告观念。所以，有些人就说，我们的针织产品供不应求，做都来不及做，不愁卖不出去，没必要去参加展销会。

我坚持要参加。我说，我们的产品虽然卖得好，但名气还不够大。要借机把横店的牌子打出去。产品越紧俏，人们越想买你的东西，这是扩大知名度的最好时机。等产品卖不出去了，再去推销，那就迟了。

我们争取到了一个很大的展位，拉去了很多尼龙衫裤、棉织内衣内裤等针织产品。没想到，我们的产品，不到半天，就被抢购一空，展位的桌子被挤倒了好几次。直到全部卖完，长长的队伍，还是不愿离开。

怎么办？赶回横店拉货也来不及，只有等明天再拉来。最后，我们想出一个办法：预售票据，再凭票据领货。就是说，先收货款，在收据上注明规格、颜色、单价、数量、总金额，第二天，凭这个收据再来领货。排队的人都很愿意，因为他们太喜欢我们的产品了，也许是因为越买不到，就越想要买。这就是我们在金华展销会上"卖发票"的故事。

其实，不光是在展销会上供不应求，在横店，也是订单太多，满足不了，也是先付款后提货。

面对产销两旺，供不应求的形势，我提出了要把技术和产品向村和农户扩散的主张。但是，几个骨干厂长都不同意，他们说，那不是技术外流，把财路给了人家，自己给自己找竞争对手吗？公社党委却非常支持我的意见，并且召开相关会议，提出了若干优惠政策，鼓励联办和户办企业。

于是，我们逐步把针织坯布这道工序放给联办和户办企业去做，做了几年的针织机也卖给他们，我们的骨干厂主要做印染和成衣。同时，我们派出技术人员，指导和帮助户办企业生产。

就这样，不长时间，横店就形成了"针织一条街"，家家户户织机响，满街上下忙织布，街两边、家门口，堆满了原料和加工好的白坯布。老百姓都非常高兴。这个做法，得到了上级领导的肯定，后来作为横店的经验，向全县和整个金华地区推广。

横店"针织一条街"的形成，使横店针织的总体生产规模迅速扩大，同时，我们的产品档次也实现了升级换代。我们通过外贸公司，开始接收外贸订单，随着订单的增加，我们的骨干企业，逐步从低档次，转向高档次，从生产内销产品为主，转向生产出口产品为主。

1981年春天，我们经东阳县社队企业管理局批准，成立了东阳县横店轻纺总厂，对下属企业的人、财、物、产、供、销，实行统一管理，分厂核算。我被任命为轻纺总厂的厂长。

当国内针织轻纺市场一片火红，各地纷纷上马的时候，我却从一些市场变化，觉察到了潜在的危机。一是原材料采购成本增加，困难增大；二是先付款后提货，变成了先提货后付款；三是货款回收变得越来越困难，“三角债”愈演愈烈。于是，我心里一直在想，要趁现在形势好，尽快转身，寻找新的产业，开辟新的路子。

20 世纪 70 年代末 80 年代初，还是计划经济一统天下，根本没有市场经济这一说。社队企业获得技术、产品、市场等信息，几乎只有靠老乡关系。那时，在我的建议下，公社党委曾组织人员做过摸底调查，在全国各地工作的横店老乡有 280 多人，他们分布在各个领域，其中，也有不少在国营大企业和科研单位工作的。每年春节期间，公社党委都会邀请回乡过年的在外乡亲召开座谈会，请他

20 世纪 80 年代末至 90 年代初，横店集团扶持村联户办企业，在横店形成“针织一条街”。

们为家乡的发展出谋划策。1980 年的春节座谈会，为苦苦寻求“新路数”的我，提供了一个历史性的契机。

花厅大队的党支部书记是我的老朋友，他的女婿李国宁是东阳李宅人，夫妻俩在四机部直属的宝鸡 4390 厂工作，这一年，夫妻俩正好回家过年。在座谈会上，我了解到宝鸡这个厂是专门做磁性材料的。我们希望李国宁帮横店办一个磁性材料厂。因时间有限，会上没有细谈。

为了进一步了解和沟通，我把李国宁请到招待所里住下。两张“两头靠”的简易床，我们头对着头，谈了三天三夜。他被我感动了，答应回厂后，把我们的想法向领导汇报，全力帮助横店办磁性材料厂。

经过与李国宁的深入交谈，我对磁性材料有了基本了解，对原材料、产品工艺、产品市场等，基本上心里有了个数，觉得这是一个前途非常广阔的产业，不管有多大困难，都应该办这个磁性材料厂。但是，要不要办，那时我说了不算，还得公社党委来决定。

公社党委意见很不统一，多数人持怀疑态度。有的说，我们是社办企业，不要贪大求洋。有的说，我们的企业办到现在的规模，已经很不容易了，把现有的企业搞搞好，就行了。如果去冒这个风险，搞不好会把老本都赔进去的。

我在会上说，轻纺行业技术含量低，你能做，人家也能做，市场竞争越来越激烈。你们想过没有，今天有钱赚，可能明天就赚不到钱；今天工厂还在生产，可能明天就要关门。只有找到技术含量高，一般厂家做不了，而市场潜力大的产品，我们才能立于不败之地。这就叫作东方不亮西方亮，黑了南方有北方，不愁没有回旋余地。

大家听了我的话，觉得很有道理，也就转变了态度。在这件事上，党委周书记和新调来不久分管工业的副书记，一直都是明确表态支持我的意见。所以，会上决定，同意新上项目，在稳定针织轻纺的同时，全力以赴，创办磁性材料厂。

十、发展磁性材料，重大的战略转折

会后，我们立即行动。我和分管工业的副书记带了两个青年骨干，直奔宝鸡4390厂而去。

通过李国宁夫妇的穿针引线，我们见到了4390厂的总工程师池玉清。池总说，你们的想法和要求，他们都和我说了，我已经向厂领导作了汇报，厂领导班子里虽然有不同意见，但原则上同意，向你们提供技术帮助和培训员工，不过，你们得付5万元培训费。具体细节问题，我们可与你们再商谈。

5万块钱的培训费，在当时，可是个不小的数目，把我们的副书记吓到了。他说，那么大数目，我不能做主，要回去党委讨论才能决定。我一听，急了，回去怎么行？我说，你不敢做主，我做主；你怕担责任，我来承担。先答应下来再

20世纪80年代横店磁性材料厂厂房

20 世纪 80 年代后期，徐文荣与东磁员工研究讨论生产技术问题。

1985 年，徐文荣带领技术人员在测试磁化水龙头。

说，条件还可以谈嘛！

后来再谈，我们提出先付2.5万元，剩下一半，等到培训结束，我们的工厂出产品以后再付。对方同意了。但事实上，剩下的2.5万元，后来他们也没向我们要。

培训学什么？我问池总，你们都有哪些项目？他说，有硬磁、软磁，硬磁容易一些，软磁技术难度大，我们也正在开发，但前途是软磁大。我说，两种都要学。池总说，你要求不要那么高，现在硬磁都供不应求，你先把这个搞上去就好了。我说，好，先上硬磁，软磁一定也要学，我选两个人专门学软磁。池总说，别人培训半年，学软磁至少要培训一年以上。我说，好的。池总又提出，硬磁里面又分为钡磁和锶磁，要学哪种为主呢？我就问，市场哪种好？他说，现在市场是钡磁好，但锶磁正在开发，它体积小，将来一定要替代钡磁的。我问，学会做锶磁后，能不能做钡磁？说，可以。我就说，那要学锶磁，难度大也要学。池总说，真正难度大的是模具工，培训至少两年，没有五年功夫下去，是不行的。我说，你只给我培训一年就行了。其实，横店自己已有模具工了。

培训的事定下以后，池总说，办厂没有主要技术人员还是不行。他建议，最好把郭小方请过去。这个郭小方原是他们厂的一个技术人员，但为解决夫妻两地分居问题，现在已调回浙江温岭了。

后来，我几次跑到温岭去请郭小方，开始他老婆不同意。经过池总和李国宁写信去做工作，我又再三去请，终于感动了他，他同意到横店来帮助我们。我们的第一台机器，就是他帮助安装的。

从宝鸡回来后，我们立即组织招收具有高中文化的优秀青年，准备送宝鸡培训。经过考试，我们从100多名报名者中，优中选优，选拔了33名优秀青年。他们到宝鸡4390厂后，都是按工种岗位，对口培训。后来，他们都成了横店磁性材料产业的开创者和重要技术骨干，其中包括现在担任横店东磁股份有限公司董事长兼总经理的何时金。

20 世纪 90 年代初，横店东磁集团成品车间一角。

2010 年，横店东磁集团十五厂自动化生产线。

当培训人员千里迢迢往宝鸡赶路时，在横店，选择厂址、征地和基建工作也开始热火朝天地展开。半年以后，当培训人员学成返回横店的时候，横店磁性材料厂也已经建成，正好可以投入生产。

我和一个供销员背着横店生产的第一批磁钢，开始找销路。先到杭州、嘉善等地的扬声器厂，他们都不接受，说要找上面。我们就去北京找四机部，找了很长时间，才找到四机部检测磁性材料的地方。经检测，我们的质量完全达到国家标准。有四机部的质量检测报告和他们的推荐介绍，我们就一家一家跑扬声器厂，很快就打开了销路。

在四机部，我们还了解到，现在市场上普遍在使用的是钡磁，但是已经有几个厂家在试产锶磁，他们还为我们提供了使用锶磁的北京扬声器总厂和北京 797 厂。我们心里有数了，回来以后，就决定攻关，生产锶磁。后来，通过关系，北京扬声器总厂和北京 797 厂都同意使用我们的锶磁产品。

锶磁比钡磁利润率高，我们锶磁和钡磁都生产，一下子赚了不少钱。紧接着，我们就办起了磁性二厂、三厂、四厂、五厂……后来，我们逐步把低档产品，脱壳下放给村办企业和联办、户办企业去做，我们自己则重点发展软磁、稀土永磁、塑磁等高档产品。

经过十多年的艰苦创业，到了 20 世纪 90 年代初，横店磁性材料无论从规模上，还是从品种质量上，都已跃居全国前列。这以后，依靠科技进步，一路高歌猛进。横店东磁，成了全球规模最大的永磁铁氧体生产企业、我国最大的软磁铁氧体生产企业之一，是全国磁性行业的龙头企业。“东磁”牌成为“中国名牌”和“中国驰名商标”，“东磁”磁性材料成为“国家免检产品”。横店成为全球最大的磁性材料研发、生产和出口基地，因而，横店赢得了“中国磁都”的美誉。

磁性材料从投产开始，30 多年来，一直到现在，都是横店重要的支柱产业。东磁连续多年上缴税收超亿元，是东阳市的第一纳税大户。2006 年，东磁股份有限公司在深圳证券交易所正式挂牌上市，成为横店集团麾下的六大上市公司之一。

2008年底，横店集团东磁股份有限公司举行“2008年度总结暨成立二十八周年庆典”，虽然我已离开横店集团领导岗位多年，横店东磁他们没有忘记我，大会授予我“东磁特殊贡献人物”称号。我说，我只是一个“点火的人”。

但是，历史已经证明，当年，选择并坚持上磁性材料的项目，对横店工业的发展，对日后横店集团的成立和发展，的确是一个重大的战略转折。

十一、“采购案”风波

就在创办磁性材料厂的工作顺利展开的时候，针织厂却出了问题。厂长告诉我，因为平价原料腈纶丝弄不进来，只好花高价进原料，结果，增加了成本，工厂出现了亏损。我对厂长说，你别急，我帮你找一个有本事的采购员来。

我想起了在防军公社的一个姓金的朋友，他关系多，门路广，很有办法。把他弄来，一定能解决问题。但是，我一打听，真是大吃一惊，有人说他是“现行反革命”，昨天被抓起来了。

我赶到防军，先找到他们大队的党支部书记，了解一下怎么回事。原来，是我的朋友在一张刊登有国家领导人照片的报纸上，乱写乱画，被人举报，说他是“现行反革命”。我说，就这点事，把他放了，我带走。书记说，没办法，他现在已被抓走，关在公社里。

好在公社书记我也熟悉。我立即赶到公社，找到了书记。我对他说，请你支援我们一个人。他问谁？我说了我朋友的名字。书记吃惊地说，呀！他是“现行反革命”呀！我问，你报上去没有？他说，没有。我又问，他自己承认了没有？他说，没有。我就说，这不得了吗！这个人，今天我一定要带走！书记见我态度坚决，就说，好吧，这个人你带走吧！

就这样，我把这位朋友保了出来，让他为针织厂跑采购。他确实有本事，他找到了在天津的防军老乡，通过老乡的关系，同生产腈纶丝的工厂挂上了钩，把关系打进去了。结果，不到 10 天时间，他搞到了 10 吨腈纶丝，不到一年时间，他拿进了 120 吨腈纶丝和其他原材料，并且工厂答应今后会陆续供应我们。原料有保证，大家高兴极了。

在这个过程中，他曾把 1 吨腈纶丝调剂给了诸暨一家工厂，赚了 1 万块钱。我说，这 1 万块钱，你就拿去开支吧。那么多原材料进来，开支这点钱，本来算不了什么，但后来事发了。

因为，我们进了那么多原材料，另一帮人拿不到，他们就举报，说里面有行贿受贿。结果，他们的供销组组长、供销科科长和分管供销的副厂长，都被抓起来审查。他们承认，确是收了对方的礼物，还有 4000 块钱。

天津办案人员让供销组组长打电报，假装叫我的朋友过去商量事情。我觉得有问题，叫他不要去，他不听。我说你一定要去，也不要住到原来常住的招待所，住到别的地方，先探探消息，他也不听我的。结果，一到天津厂里，就被抓起来了。但他只交代，除了请客吃饭，还送了些被面、衣服、土特产之类的礼品给他们。检察院的人追问，还有 4000 块钱哪里去了？我的朋友不知道天津厂里朋友被抓，就说，大概放在徐老总那里了。

天津检察院的人就到东阳来，要抓我。那时，被关在看守所的朋友放风时，看到天津厂里那几位，才知道他们早就被抓了。于是，他回去马上翻供，说，那 4000 块钱不是放在徐老总那里，是送给了谁、谁、谁。

当然，天津那边检察院的人，不能直接抓我，要抓也必须通过东阳检察院。那时，东阳检察长是个女的，她老公是东阳县委书记。东阳检察院根据天津方面要求，准备要抓我。晚上，她回家给老公说了这个事。当县委书记的老公说，这是件大事，要县委常委会讨论决定。

讨论中，大多数人认为，办一个企业不容易，抓一个人是很容易的。抓掉这个人的话，横店的企业也就垮掉了。最后的结论，人不能抓，究竟怎么回事，组织调查组，弄弄清楚再说。

以东阳检察院人员为主，社队企业局、农行人员参加的县工作组正式进驻横店。组长对我说，我们这次来，是为了整顿你们企业秩序，帮助你们企业更好的发展。我说，好好好，你们来的目的，我很清楚。你们查吧，查出一分，我赔两分；人家判一年，我判两年。你们来了，工厂就交给你们吧！

他们说，没这回事，工厂生产还是你管。我说，好，我继续管生产，以后你们查出来，再来问我，没查出来之前，你们不要来干扰我。

那时，公社已经改为乡，原来的公社党委书记周芝利，已经调往县社队企业局，新来的乡党委书记姓包。那时，对县工作组进驻横店，乡政府里意见也不统一。有的人说，检察院来查，我们要站出来保。有的人说，不能保，谁知道他徐文荣有没有贪污。包书记的态度是，我们应该分清楚，这个钱用掉，如果是为集体的，我们就应该保他；如果是他个人拿去用了的，我们谁保都没有用。

工作组要查 3 年的账，不但封了财务，还收缴了采购员和厂长的笔记本。他们神神秘秘的，今天找这个，明天找那个，搞得管理干部人人自危，一个个紧张得不得了。有个采购员，因为一笔下脚料的款说不清楚，逼得要跳楼自杀。一个厂长，在笔记本里记了 5000 块钱，因为账上没有，对不起来。他怕死了，回家对老婆说，准备好棉被，要去坐牢了，家里的孩子你要给我抚养大。后来，我对他们说，你们不要怕，要坐牢我去，也轮不到你们。你们都不要响，打来也好，骂来也好，你们都不要响。只要把工作做好就好了。

更使我痛心的是，他们居然查到了我们的关系单位。他们说，横店天天到煤炭公司去拉煤，而且还很便宜，这里面肯定有贿赂。就去查煤炭公司的账。煤炭公司的人气得破口大骂：他妈的徐文荣！我供给你煤，你来查我的账。好，停止供给横店煤。

我问工作组，他们不供煤了，怎么办？他们说，为什么啊？我说，你们去查账呀，讲他们受贿，谁敢再供我们。说清楚，企业耽误生产的责任不是我的，是你们的。

他们慌了，问，那怎么办？我说，办法是有的，没有煤，就买柴烧啊！后来，他们真派人到处收购木柴。结果，一大院的木柴，3 天时间就烧完了。后来，有人又给他们出了一个主意，说用废橡胶烧起来火大。结果，弄了许多废橡胶来烧，烟冒出去以后，都凝结成一块块黑黑的东西，飘到桑田里、菜地里，把桑叶和种的菜都污染了，老百姓纷纷到厂里要求赔偿，只好赶快停下来。

停下来后，工作组问，怎么办？还有什么办法？我说，办法倒还是有，现在联系到长广煤矿有 100 吨煤，但他们有一个条件，要用 600 只鸡去换，煤和鸡都按国家牌价来算。你们看，拿不拿？他们说，这个条件也要做啊。我说，100 吨煤是次煤，可以按国家牌价算，可是这 600 只鸡，按国家牌价到哪里拿，只有到农民那里高价收购。他们说，那就高价收。那是大夏天，第一天，收了三四百只鸡，到第二天就死掉了很多。再到湖溪、千祥等地收购，第三天，又死掉一多半。收来收去，结果只剩 60 多只鸡。我问工作组，还送不送？他们说，赶快送啊！求求他们帮帮忙。结果，鸡是送去了，但钱也没拿回来，煤也没拉回来。我对工作组说，这下完蛋了。好吧，我们走，这里让给你们了。要抓我的话，我在家里等着，你们随时可以来抓。他们说，不不不，还是你来管。

就这样，县查账工作组花了近一年的时间，查了 3 年的账，终于在 1983 年 6 月 1 日有了结论，这就是《关于横店轻纺总厂整顿情况的报告》。报告称：“经过工作组认真调查，以徐文荣为首的轻纺总厂干部均无经济问题。徐文荣同志不仅没有贪污一分钱，而且几年来，发给他的奖金累计 1000 多元，他也从未拿过。他在对外联络和交往中，送礼品的许多钱，也是他自己出的。这样的企业干部是值得学习的。”

虽然，报告最后得出的正式结论是：“横店轻纺总厂和下属各厂的干部，在多年的经济交往中是清廉的。”但是，查账组即后来改称的工作组，却对横店轻纺总厂及下属企业的干部造成了很大的伤害，使企业干部职工的信心和干劲受到了很大的影响，给横店企业带来了很大的经济损失。事后想想，面对这么多苦难和冤屈，如果我和下面的企业骨干，当时都赌气撒手不干了，恐怕我们的工厂就会倒闭，大家都要失业了。

十二、政企分开，让“鸡”变成“鹰”

实际上，社队企业(即后来的乡镇企业）从出生那天起，不但受到种种限制，而且也面临着种种非议和打击，它就像一个“私生子”，在众人鄙视和一片骂声中成长。

从大的舆论环境讲，它一直受到非议和责难：比如有人讲，农民就是种地，务工经商就是不务正业；有人讲搞工业是城市的事，农民办不了；有的讲，农村办企业，影响了农业生产；有的认为，农村社队企业争了国营企业的市场，挤了国营企业的资金、能源、原材料，是以小挤大，以落后挤先进，破坏了国家计划；甚至还有人说，社队企业是“不正之风的风源”；等等。

从小的环境来讲，由于人民公社实行党政合一、政经合一，我们的企业从办丝厂起，就一直受到旧有体制的种种束缚和掣肘，就像是被捆绑着手脚，限制着你的成长。比如：

在用人方面，用谁不用谁；企业招工，招谁不招谁，招多招少，都是由公社党委说了算。创办丝厂时，筹办工作由我负责，我却连一个招工权都没有，人家说让我老婆进来，我也没这个权力。我提出，给我 4 个招工指标，照顾一下帮助过我们办厂的关系户，那个党委副书记就是不肯。后来，还是党委开会，才同意给我 4 个招工指标。

工资分配，要由公社党委来定，而且实行“劳动在厂，分配在队”，男工每月 17 元，女工每月 15 元，其中，75%统一拨生产队记工分，25%发给个人。办厂三年，一分不增加。我提出给员工增加 3 块钱，不同意。我说，同志啊！男工大起来要讨老婆，女工刚招进来时18岁、20岁，现在3年过去了，她们要出嫁了，还是七分、十分的工分在那里记，分红还是两毛、三毛的，这叫人怎么过生活啊？听我那么说，管工业的副书记开始同意了，但是当听说党委书记不同意时，他又改口不承认了。后来，我碰到湖溪区委书记，说了这个情况。他说，你加吧，我去找这个"周扒皮"去。那时，增加3块钱，都那么困难啊！"劳动在厂，分配在队"的制度，一直延续到1981年11月才废止。

那时候，财务全部集中到公社，取消企业核算；企业扩建、新上项目，全部必须公社党委同意，但钱从哪里来，他们不管，你自己想办法；公社和县里随时可以到企业"检查""整顿"，而不管停不停产；各种摊派更是名目繁多，而不管企业亏不亏损，银行贷款全由企业来还。

以上这些情况，从公社到后来的乡，再到镇，虽然有些变化，但没有根本的改变。我们的企业，就好比被捆绑着一根根绳索。可见，在这种情况下，企业要生存、要成长、要发展，那有多难啊！

尽管我们在1979年，就开始试行企业承包责任制，但是并没有解决政企分开问题，劳动用工、干部聘任、工资分配、企业扩建、新上项目等，政府都要插手，还要随时干预企业，向企业摊派。虽然企业承包了，但还是被包在"笼子"里。

我曾经给记者朋友说过，为了挣脱绑在企业身上的绳索，跳出笼子，争得企业的自主权，我先后"赶"走过5个阻碍企业发展的公社或乡镇领导。比如前面提到的那位光要权，不愿为5吨钢筋承担责任的副书记，在横店待不下去了，只好离开。

还有一个副书记，从外乡调到横店来的，但他天天要回家，连条短裤都不带，有事都找不到他。但这个人很会抓权，拼命往企业里安插他自己的人，今天要安排这个，明天要安排那个，有的根本不合适，我不安排，他就不高兴，恨得不行。一次，在一个区里召开的大会上，这个副书记说，在横店有一个人，论能力可以当皇帝，论罪恶可以枪毙。这明显是对着我的。

但是，我不怕他，我和他面对面的斗。有一次，县委书记到横店检查工作，我就当着县委书记的面质问他，你到横店来是干什么的，如果是为老百姓的话，你就要安心工作，怎么连条短裤都不带，要跑那么远路回去换短裤。如果你对老百姓有感情，能这样乱讲话，伤害人吗？我说，我是要被枪毙的人，你来干吧。县委书记批评了他，不久就把他调离了横店。

最后一个被我"赶"走的领导是位书记，那一年，要我们企业出钱修万盛街，我没意见，为民办好事本来就是我们办企业的宗旨。但是，他一定要把工程包给一个人做，回填土要 3.7 元 1 个立方，买进来的水泥也不好好看管，很多被人偷掉。大金师跑来跟我说，我们出钱，他们这样浪费，真心疼，要是我们自己做，回填土只需 0.6 元 1 个立方。我找到了这位书记，对他说，已经做的这段路，就算了，钱我们照样出。剩下的路段，我们出钱自己做，保证按要求完成。

这样，他不高兴了，就背后给我们找茬。他跑到县里，质问财税局局长，为什么横店的税该收却不收。局长跑来问我，你们的书记怎么当的，人家领导是希望下边企业少交点税，减轻点负担，你们的书记却来揭发企业少交税，真是怪。我知道，就是这位书记在背后搞我。

我也不客气了。我把他和县委书记，还有其他领导找到一起，三头对六面，我提了 5 个问题。我说，这样弄，怎么配合得好；这样背后搞我，又何苦呢？我三十几块钱一个月，不干了，你们派人来审计。反正村里要我回去，我回去了，非走不可。县委书记说，你不能走。我说，我不走，他走！不久，就把这个书记调走了。

尽管被我"赶"走的领导，其本身确有这样那样的问题，但是，后来我也认识到，这并不是一两个人的问题，从根本上来说，还是体制问题。旧的体制不改变，再换人也没用。

1984 年 3 月 1 日，中共中央、国务院转发了农牧渔业部《关于开创社队企业新局面的报告》，从那以后，社队企业改称为乡镇企业。紧接着，浙江省政府也发出了《关于加快发展乡镇企业的若干规定》。乡镇企业迎来了大发展的春天。

这年10月20日，中共十二届三中全会在北京召开，并通过了《中共中央关于经济体制改革的决定》。该决定在经济体制改革中，首次提出了政企分开的问题。这给了我们很大的启发，也为我们提供了改革的依据。

这一年，我们抓住有利时机，发挥投资规模优势，引进科技人才和科技项目，发展新产品，扩大经营范围，先后创办了纺织印染助剂厂、磁性器材二厂、化纤纺织厂、丝织厂、筛网厂、西式时装厂等；开始涉足高科技产业，创办了电子工业总厂；同时，还扩建了一批厂子。横店工业初步形成了多元化经营的格局。

随着企业规模的不断扩大，原先的总厂形式已经难以适应经营管理的要求，我想必须要有新的组织形式来替代。企业组织形式的改变是改革管理体制的良好契机。当时，公社已改为乡，乡党委书记杜加仁是个很开明的领导干部。在酝酿和筹备横店工业公司的时候，我向他提出了政企分开的要求，得到了他的支持。

1984年5月，徐文荣（前排左三）参加东阳县乡镇企业工作会议后与参会的公司领导及厂长经理合影。

同时，这个方案也得到了县委领导的全力支持。

1984 年 9 月，徐文荣在上班的路上。

因此，在这年 11 月 22 日，横店工业公司（后改为“横店工业总公司”）成立时，原来代表乡政府管理企业的乡工业办公室也同时宣告撤销，宣布乡党委和乡政府不再插手企业事务。同时，乡党委还明确规定，党政干部不到企业兼职，企业领导也不到党政机关兼职。在这次乡镇集体企业管理体制的重大改革中，我被任命为横店工业公司经理（后改为总公司总经理）。

从此，政企分开，有关企业的经营决策，包括生产经营、人事任免、工资奖金分配、项目投资、发展方向等，均由公司自己做主，政府概不插手。工业总公司以真正的市场主体，进入市场竞争，成为名副其实的独立经济实体和投资决策中心，同时，主动地承担起扶持和管理村办、联办和户办企业的职责。

经过艰难的抗争和不懈的努力争取，横店在全国率先实现了政企分开，这为横店日后的发展提供了更好的条件。如果说，横店的企业，过去是被关在“笼子”里的一群“鸡”，那么，政企分开后，就是一群搏击长空的“雄鹰”。

十三、给日本人上课

政企分开后，我们就把磁性材料作为发展重点，那时，日本还是世界磁性材料生产大国，年产磁材12万吨以上。虽然，后来我们的磁材年产量超过10万吨，而日本年产量降到了1万吨，但不能否认，20世纪80年代中期，日本的磁材无论生产技术、品种质量，还是生产规模，都是处于世界领先地位。即使后来只生产1万吨，也是世界上最先进的磁材。

当时，我们正计划上塑磁项目，我们很想到日本去看看人家的工厂是怎么搞的。但是，在20世纪80年代，出国还是一件稀罕的事，更不要说乡镇企业能出国去考察。

1985年2月的一天，我们接到了北京来的一个电话，随后收到一份传真，说是四机部出面组团，到日本考察磁性材料生产技术，有关领导指名要横店徐文荣带几名技术人员参加考察团前往日本考察。得到这个消息，我们真是高兴得不得了。

原来那时，宝鸡4390厂的池玉清总工程师已经调到北京四机部。横店的磁性材料产业就是在他的帮助下发展起来的，他很了解横店磁性材料，发展速度非常快，发展潜力也非常大。这次出国考察，实际上也是池总组织的，他任考察团的团长。

这个项目能不能上？这是这次考察要解决的主要问题。经过考察，认为不能上。因为，我们考察的工厂，他们没有生意。后来，我们提出要考察另一家工厂，开始他们不同意。后来，同意了。去看才知道，这个工厂已经下马了。所以，我们决定这个项目不能急着上马。

后来，他们听说我们在搞钕铁硼磁性材料，很有兴趣，要我们延长两天考察时间，再看看他们的钕铁硼工厂，目的还是想我们买他们的机器设备。他们的工厂确实管理得很好，拌料、进料全部机械化，而且非常干净，一点灰尘都没有。后来，参观他们的模具厂，也是非常干净，我特意伸手到他们操作台下面去抹，真的连灰尘都没有。管理得那么好，这对我们的影响非常大。

本来我们的钱带的就不多，10 天考察变成 12 天，钱就更紧了。我们前几天还能吃 250 日元一包的方便面，到后来只能吃 120 日元一包的方便面，那是真正的素面。所以，我们一回到北京，就放开肚子吃。还是自己的祖国好啊！

后来，我还参加东阳市友好访问团，访问了东阳市的友好县市——日枥木县。在此之前，日本 NHK 电视台曾两次到横店，拍摄横店艰苦创业的电视专题片，拿回去在日本播放。按照他们的说法，是为了教育他们的第三代。所以，这次我到日本以后，很多人都说认得我，但我却不认识他们，原来，他们早就在电视上认识我了。看来我在日本也有点小名气。

我第三次考察日本，是 1987 年 5 月，那是由郡是株式会社等 12 家工商企业联合邀请，去日本介绍横店发展磁性材料的情况。邀请单位大部分是横店磁性产品的用户和经销商，或者是准备使用横店产品的客户或销售商。

在这次考察访问中，三井物产提出，要求做横店磁性产品的日本总经销总代理，就是说以后横店的产品，全都要通过他们来销售。他们这个要求，被我一下子回绝了。我说，感谢你们的一片好意。我们横店的产品不是卖不出去，而是市场广阔，供不应求。现在，要我们产品的厂家是越来越多。

他们提出来，要求我去给他们讲一次课。开始我没答应，他们一定要我去讲讲。后来我就答应下来了。

那天，我来到三井物产的会议厅，只见已经坐了三十几个人，我听到他们中间不少人用中文在交谈，我便问，你们都是中国人？他们说，是日本人，中文是在三井物产的中国课上学习的。我知道，就是专门给中国做生意的，其中不少是“中国通”。但是，对于我的到来，他们似乎很冷淡，没有掌声，有的还跷着二郎腿。我心里感到很生气，心想我是中国人，不能被他们看不起。

我不卑不亢，在主席台上坐下，然后站起来，不紧不慢地说，今天，站在这里给你们讲话的是中国人，是中国的农民，是中国乡镇企业的老总徐文荣。你们不要看不起中国农民。中国农民是伟大的。你们不要忘了，当年日本军国主义侵略中国，是中国农民组织起抗日力量，农村包围城市，把侵略者赶出中国。我说了这几句话后，会议厅里安静了下来，我感觉到，他们向我投来了异样的眼光。

我接着说，日本的发展，过去是靠侵略、掠夺别国的资源和财富。战后靠市场化和高科技来发展经济。前一条路，我们不会学。我们是靠劳动创造财富。后一条路，值得我们学习。中国的市场大得不得了，你们已经在中国市场上，也包括在我们横店，赚了不少钱。只要双方互相尊重，平等互利，你们还将在中国赚到更多的钱。

1985 年，第一次考察日本磁性材料企业，徐文荣（左三）与池玉清（右四）等合影。

然后，我简要介绍了横店工业的发展历程，重点介绍了我们的发展方向和重点发展项目，提出了开展技术、经济交流合作的愿景。这方面的内容，引起了他们的很大兴趣，深深地把他们吸引住了。我的演讲结束时，他们报以了热烈的掌声。

演讲结束后，三井物产更高层级的领导人接待了我。他问我，你知不知道，你今天演讲的讲台，曾经是许多中国领导人演讲过的讲台。我说不知道。他又问，你们现在有没有困难？我说，既有又没有。面对未来，哪个国家没有困难，哪个公司没有困难，我们也一样会遇到困难。说没有，因为困难克服了，不就没有了。听我这么说，他笑了，说你说得真好，你像个哲学家。

在以后的二十几年中，我到过欧美许许多多国家，也多次再到日本，我记不清多少次出国，唯独这次到日本的经历，深深地印在我的记忆之中，因为它给了我一个深深的启示：你想要让人家敬重你，你必须要有值得人家敬重你的理由。

十四、浙中地区第一个“亿元镇”

出国确实能让人开眼界。眼界开阔了，思路也就打开了。我们在工厂的管理中，特别是车间现场管理和产品质量管理方面，学习和借鉴了很多日本工厂的经验，使我们的劳动生产率和产品质量有了很大的提升。

在管理体制方面，我们在企业外部实行政企分开，而在企业内部，则实行党政合一，即党政一肩挑。这是解决企业内部的领导体制问题。因为，在很长一段时间里，企业党组织和企业厂长经理，“中心”和“核心”纠缠不清，“两张皮”的现象多有发生。我们实行党政一肩挑，从上到下，避免了摩擦，明确了责任，保证了决策的时效性。把经济建设这个“中心”落到了实处，使经济效益这个“核心”有了保证。

从企业与政府的关系来讲，政企分开以后，我们的手脚展开了。有了用工和分配自主权，我们就可以根据企业生产经营和发展的需要，自主地招用或辞退职工；更重要的是，我们可以自主地引进高科技人才和高级管理人才。引进了人才，就可以带进来新的项目。

接着，我们又开始搞分配改革。我提出了一个"摘桃子"的激励办法。就是，你坐着摘，可能摘不到桃子；你站着摘，可能只摘到小桃子；你踮起脚摘，可能摘到稍大一点的桃子；只有跳起来摘的人，才能摘到最大的桃子。实行这个办法以后，拉开了分配的档次和差距，让那些对企业经济效益作出大贡献的厂长、重要骨干和科技人员，可以拿到高工资、高奖金。通过他们的带动作用，又可以激发更多员工的积极性，使大家都把劲头用到生产和革新上来。

工业总公司有了充分的自主权，就可以根据宏观经济形势和市场的需求变化，迅速自主地作出投资决策。

1985 年，横店由乡改为镇，第二年改为直属镇。当时，面对全国乡镇企业蓬勃发展的势头，我们原计划投入 1900 万元，新上 13 个项目。正当我们铺开各项工作，准备大干一场的时候，传来了国家加强宏观调控，压缩信贷，抽紧银根的消息。银行原先批准的贷款也不贷了，还要提前收回原来的贷款。

针对突如其来的变化，我们迅速作出了调整。首先，对计划项目逐个再分析、再评估，砍掉了两个项目。然后，按照轻重缓急，排出了 11 个可上项目，投资从 1900 万元，缩减到 800 万元。资金从完全依赖银行贷款，转变到以自力更生筹措为主。我们发挥工业总公司的群体优势，广泛发动干部职工，千方百计筹资借款，引进资金，满足了项目建设的需要。

经过筛选的这些项目，基本上属于"短平快"项目，投资小，见效快，市场前景好。我们不仅保证了这 11 个项目当年建设、当年投产、当年就能产生经济效益，还新建了织锦厂、电讯厂、制氧厂和磁性器材三厂。这一年，我们不仅没有向银行要求新的贷款，而且省农行批准的 237 万元设备贷款，也只贷了 70 万元，其余指标交县农行支配，以减轻银行的压力。

横店工业公司时期，徐文荣（前排右五）与来横店参加项目论证的东阳县有关部门负责人在八面山下合影。

决策非常重要。因为我们调控得当，决策科学果断。所以，面对银行抽紧银根，外部经济形势对企业不利的情况下，我们仍然保持了高速增长。这一年，我们的工业产值比上一年增长了一倍，利润增长了58%。

1986年，我们原来拟定23个技改项目，经过县里组织有关部门现场论证协调后，决定先上10个技改项目，实际投入1250万元。除了扩建了针织七厂、毛巾厂、磁性器材二厂，增加了印染厂生产线，化纤纺织厂的能力从2000锭扩大到了1万锭外，这一年，还新建了钕铁硼磁性材料厂、包装材料厂、磨砖厂、羽绒制品厂，并成立了东阳县磁性器材总厂、东阳县第一丝绸联合总厂、东阳县第二针织联合总厂，使当年的产值又比上一年翻了一番。

值得一提的是，1986年电力供应非常紧张，工厂生产线深受拉闸限电之苦。为了保证生产和项目建设的顺利进行，我们想了各种办法。一是增加自发电的能力，自备柴油发电机组，从装机500千瓦，增加到2125千瓦。二是自发电又遇到柴油紧张，油价猛涨，我们就组织力量，到东北等产油地区采购柴油。三是积极参加地方集资办电，争取平价电的供应。先后共投入集资办电资金270万元。

为了保证“亿元镇”的提前实现，充分利用春节期间优惠供电的机会，经我提议，工业总公司决定，1987年春节期间不放假，全体干部职工坚持正常上班。大家毫无怨言。那个时候，我们就是这样拼命工作。

从1984年底成立横店工业总公司实行政企分开起，我们的企业便进入了高速发展的快车道。之后，在国家宏观调控的背景下，用了不到3年的时间，我们就把工业产值从1984年的1947.8万元，提高到1987年的1.1亿元，三年翻了两番半。

1987年11月中旬，我们的工业产值就已经超过亿元，从而使横店成为浙中地区第一个工业产值“亿元镇”。11月21日，金华市、东阳县的党政领导前来横店召开庆功大会表示祝贺，并给我们授奖。《金华日报》为此专门发表了题为《通向富裕的成功之路》的社论。在今天看来，工业产值超亿元，实在算不得稀奇事，但是，这在20世纪80年代的农村乡镇，却是一件了不起的大事情。

这一年，我被评为浙江省首届优秀厂长、浙江省优秀乡镇企业家、浙江省劳动模范，还作为省党代表出席了浙江省党代会。

十五、“八八”改制风波

横店实现“亿元镇”的目标，对全体干部员工是一个极大的鼓舞，横店老百姓也都高兴万分，因为企业发展了，更多的人到企业就业，他们的工资收入也越来越多。

1988年初，正当我们信心百倍，乘胜前进，制定新的发展计划的时候，国家提出了治理经济环境，整顿经济秩序，采取了一系列宏观调控措施。三年治理整顿和新一轮宏观调控开始了。

面对一系列紧缩政策，我感觉到，乡镇企业发展又遇到了一个低温期。在困难面前，我对领导班子和骨干们讲，消极畏难不可取，依赖等待无出路，束手待毙更危险。只有迎难而上，才能渡过难关。

我们采取主动调整策略，提出“停一批，关一批，保一批和投一批”的调整方针，从实际出发，主动调整产业结构，限制速度，压缩投入，保证重点，注重效益，精简机构，优化组合。

前一年，办绸厂很赚钱，我们在很短的时间里，就买进了500多台织绸机，生产市场紧俏的被面和绸缎，这一年也确实赚了不少钱。第二年，当时每台织绸机一年还能赚一万多块钱，但是，我眼睛很亮，我看到市场出了问题。因为，销路虽然好，但“三角债”很严重，钱收不回来。我上得快，调整得也快，果断提出，赶快把500多台织绸机卖掉，把收回的资金投入高科技产品。但是，几个绸厂的厂长不同意，他们都想不通，现在销路那么好，要货的人很多，赚头也很好，关掉绸厂，一年就要损失500多万元，怎么舍得卖掉！

我坚决地说，你们想不通也得通，机器不卖也得卖！如果不趁现在每台织绸机能赚到钱时，还能卖个好价钱，到时候恐怕你们想卖也卖不出去了，这些机器只能变成一堆废铁。你们不相信，那好，留下40台，你们接着干，其他全部卖掉！当时，已经用了一年多的机器，我们仍按新机器的价钱卖出去，等于是白白赚了一年的钱。

后来的结果，果真应验了我的预料，留下的40台织绸机，一年亏了40多万元，最后全部停掉，机器半卖半送给了人家。

实际上，那次关掉的并不只是绸厂一家，我们还关掉了织锦厂、筛网厂、羽绒制品厂等一批工厂，把收回的资金，投到市场前景看好的磁性材料和化工行业。那次如果不主动调整产业，我们许多工厂也许难逃被淘汰的厄运。所以，事后我给领导班子开玩笑地说，我徐文荣要开始当“秦始皇”了，我讲什么，你们就干什么，不听我的话，就走人。因为这方面教训太多了。

除了大刀阔斧调整产品结构，我们还对领导体制和组织结构进行了大刀阔斧的改革和调整。横店工业公司升格为工业总公司，把下属各总厂改组为专业公司。总公司作为管理和决策机构，对下属专业公司实行调控；同时，对总公司的机构进行了大幅度调整，压缩机构编制，精减非生产人员，减轻企业负担。经过一系列的改革和调整，横店工业总公司以崭新的姿态，去迎接新的市场挑战。

也就在这年 9 月，经国务院批准，东阳撤县设市。不久，东阳市政府发出了关于乡镇集体企业实行股份制、租赁制和产权拍卖的三个“试行办法”。文件要求，对全市乡镇集体企业，实行以股份制、租赁制和拍卖制为主要内容的改革。

没过几天，市工作组到了横店，他们找到了我，说，横店是全市乡镇企业的一面红旗，是排头兵，市委、市政府领导，希望横店工业总公司带个头。所以，决定在横店搞试点，希望你们配合，使横店成为全市改革的典型。

我说，对不起，请你们到别的乡镇去搞试点，我们横店也不想当典型，因为典型从来都没有好下场。工作组长见我态度这么坚决，似乎没有什么商量余地，只好说，那好，我回去向市领导汇报。

几天后，市委书记亲自到横店来找我谈。其实，在这之前，我们就讨论过乡镇企业的产权归属问题，那次在书记办公室，讨论得很热烈，只不过谁也没有说服谁。说老实话，当时，谁也说不清楚。这次书记来，还是希望把试点放到横店来。他说，在横店搞试点，是市委、市政府共同研究确定的。大家认为横店企业基础好，领导班子强，贯彻三个“试行办法”，比别的乡镇条件更好。横店搞好试点，也是为全市乡镇企业改革探个路子。

我说，经过十多年的发展，我们横店走出了一条适合自己的发展道路，这就是以镇办集体企业为主体，扶持和带动村办、联办和户办企业共同发展。也就是“主体带动，四轮联动”，这个路子老百姓都拥护，有利于横店发展，为什么一定要变呢?

书记说，试点可以不在你横店搞，但市里的文件总得贯彻吧，市里制定的这三个“试行办法”，也是根据上级指示精神来的。我说，书记，你放心！市里的文件，我们一定认真学习，并且结合实际贯彻落实好。

后来，市里把试点放在了与横店相邻的一个镇，不长时间，那个镇好一点的镇办企业，都卖给了私人。私人哪有这么多钱买，实际是银行挂一笔账而已。结果，不到一年时间，这些转为私人的企业慢慢都垮掉了。这个镇，原来经济基础比横店好得多，从那一次改制以后，就一蹶不振，从此再也赶不上横店，而且差距越来越大。

回过头来，再说我们横店。市委书记走后，我觉得这个事不能不认真对待，一点不动，那是对市委、市政府的态度问题；全按文件来办，那肯定不行。怎么办？要听一听大家的意见。

我们召开了厂长以上干部会议。这个会议是全封闭的，开会、吃住，全部集中在总公司招待所，三天不准回家，谁也不准请假。

会上，每个人都发表了意见，大家都不同意把企业卖给个人，厂长经理没有一个人愿意把企业买下来，都表示要走共同富裕之路。但是，对如何贯彻文件，却提不出什么好的主意。只说，徐总听你的，你说怎么干，我们就怎么干。

我提出了我的想法和应对办法。经过大家讨论，最后，会议一致决定：面对治理整顿的宏观经济形势，按照“稳定轻纺，发展电子，开发化工”的调整总方针，限制差的，发展好的，引进新的。坚决走以公有制为主体和高科技、外向型的发展道路。

按照这个总体思路，我们对下属企业采取不同的改革调整措施：一是对14家重点骨干企业，完善承包责任制，改集体承包为厂长一人风险抵押承包；二是对11家规模较小的微利或亏损企业，实行租赁经营，一租五年不变；三是对不景气的工艺地毯厂进行公开拍卖。同时，关掉3家产品淘汰的企业，对5家产品滞销的企业实行转产。

最后的结果，不但得到了市里领导的理解和赞赏，而且为横店日后的高速发展，打下了一个非常良好的基础。

十六、创建横店集团

经历了“八八”改制风波的考验，总公司的经济主体保住了，干部职工的思想更加统一了，走共同富裕道路的信心也更足了。

然而，转年的“六四”风波带来西方国家对我国的制裁，却使我国宏观经济形势更加严峻，横店工业总公司的产品出口也受到了很大影响。但是，我们“稳定轻纺，发展电子，开发化工”的调整方针没有动摇；“限制差的，发展好的，引进新的”措施更加坚决。工业总公司在调整中继续稳步向前走。

天有不测风云。1989 年夏天，横店连续遭受了两次大洪灾，特别是百年不遇的“7・23”特大洪灾，使横店损失惨重。那时，为了节约耕地，总公司下属的工厂，大部分建在南江边的河滩地上，所以损失特别惨重。洪灾中共有 14 家企业，还有总公司招待所、办公室、职工宿舍，同时遭受了洪水的袭击，厂房、仓库、堆场全部被淹，水深 1 米以上，最深的达到 2 米多。尽管干部员工奋力抢救，但绝大部分原料、半成品、成品、机器设备被淹，相当部分的原料、半成品、成品和包装物品被洪水冲走。这次洪灾损失达 1700 万元。浙江省省长亲自到横店，视察并指导抗洪救灾。

俗话说，屋漏偏遭连夜雨，真是祸不单行。洪灾过去刚一个多月，这年的 23 号台风又袭击了东阳大部分地区，横店再次遭灾，由于上游南江水库大量泄洪，总公司下属沿江企业刚刚清理出来的厂房、仓库等，再次被洪水所淹，进一步加重了损失。

更为严重的是，大灾以后，横店暴发了一种叫“勾体病”的传染病。几天时间，横店就有300多人染上了“勾体病”，其中，一半以上是我们的职工。这真是雪上加霜，灾上加灾。

在大灾大难面前，我们的员工和横店的老百姓没有屈服，在上级领导的指导帮助下，我们动员全体职工，开展抢险自救，抢救水损物品，抢修水损设施，尽早恢复生产，尽可能把损失减到最低程度。

尽管天灾给我们带来了巨大的直接经济损失，并且造成下属企业先后停工达1个月之久。但是，由于我们坚决调整不动摇，发动群众，开展生产自救突击月活动。这一年，我们的工业产值和利润等项指标，仍然保持了增长的势头。

在乡镇企业发展初期，“拾遗补阙”“船小好调头”，被认为是一种优势，但是，我们在发展中始终追求规模优势，从丝厂到轻纺总厂，再到工业总公司，规模逐步扩大。在抗击“八九洪灾”中，这种规模优势显示出了强大的优越性。那时，有很多单个企业由于规模小，就像一只小船，抗击不了风浪，被突如其来的滔天洪水所淹没，再也起不来了。

但是，我发现横店工业总公司的组织形式也并不是完美的，由于内部结构的松散，调控机制的局限性，致使重复建设、互相压价的现象时有发生。生产要素难以有效配置、合理整合，难以得到深度开发，规模优势得不到充分发挥。

另外，在我们的持续扶持帮助下，村联户办企业已经发展到几百家，但是，它们同总公司没有内在的关系，各自独立分散，规模小，抗打击能力弱，而且存在恶性竞争，环境污染的现象时有发生，非常不利于它们的进一步发展。

面对这样一些问题，进入1990年以后，在组织第三轮技改大投入的同时，我重点思考的大事，就是如何深化改革，寻求到一种更能适应市场经济需要的，既能有利于内部调控，又能充分发挥群体规模优势的新的组织形式。目的就是要打造一艘“航空母舰”，组织一支“联合舰队”，既能抗击狂风巨浪，又能灵活出击市场，赢得竞争。

所以，在 1990 年初，我就作出了调整企业发展方针和发展战略的决定，提出了“立足横店，面向全国，走向世界”的总方针，确立了“高科技，外向型，集团化”的企业发展战略。

在政府有关部门的协助下，在有关专家的帮助下，组建集团公司的筹备工作顺利展开。我们组建集团的方案和报告首先得到了东阳市政府的批复，同意上报金华市政府。一个月后，经过组织一系列的专家论证，金华市政府同意并转报浙江省政府。10 月 4 日，浙江省政府正式下文批准，同意成立浙江横店企业集团公司，这是浙江省第一家集工、科、贸为一体，实行资产经营一体化的乡镇企业集团。

浙江横店企业集团公司以镇办集体企业为核心，下辖磁性器材、有机化工、医药化工、机电、针织品、纺丝印、经贸 7 个行业子公司，35 家骨干企业和 2

1990 年，浙江横店企业集团公司成立大会会场。

家科研所、5 个驻外经贸单位为紧密型企业，400 多家村联户办企业为半紧密型和松散型企业。

几天后，东阳市政府下发批文，同意徐文荣任浙江横店企业集团公司董事长兼总经理；东阳市委下发批文，同意成立中共浙江横店企业集团公司委员会，徐文荣任党委书记。

1990 年 11 月 11 日，浙江横店企业集团公司成立大会在东阳市影剧院隆重召开，省、市有关部门领导到会祝贺，中央和省市新闻媒体到会采访。晚上，还在东阳召开新闻发布会，我向媒体介绍了横店企业集团公司的发展历程，并回答了记者朋友的提问。

记得我在会上作过承诺，现在我们条件有限，只能在东阳开会，并招待你们，5 年以后，在集团成立五周年的大庆时，我保证在横店召开大会，并招待大家。当然，这是后话。

横店企业集团公司成立以后，宏观调控作用和规模效应很快得到显现：

首先，集团公司掌握投资方向，任免重要人事，制定分配政策，实行监督管理，统一协调生产经营；各专业子公司或总厂则成为经营主体；其下属工厂主要是抓好生产、安全和产品质量。这样，改善了内部机制，加强了对下属公司企业的调控功能和领导职能，使整体效能和规模优势得到了进一步发挥。

其次，把同行业企业组织起来统一对外承接业务，彻底解决了各自为政、互相封锁、互相压价等严重“窝里斗”内耗问题。比如，磁性材料企业形成“拳头”以后，1991 年产值比上一年增长了 82%，利润增长了 176%。

第三，以优带劣，优势互补，总体优势得到发挥。如以前针织三厂外贸业务多，但成衣加工能力不足，而七厂则有富余加工能力，但业务吃不饱。成立集团以后，这两家企业实现了优势互补，共同发展。一位美国客商 1990 年到横店，只向三厂订了 18 万元的合同，第二年再来横店，一下子订了 720 万元的合同。

第四，重复建设、盲目发展现象没有了。生产条件、公用设施，统一开发、共同利用，大大降低了投资和生产成本。

第五，实现了技术群体的互借互补，信息情报的互通互联，使资金、技术、设备、劳动力等生产要素的优化配置得以实现。我们开始了大规模引进人才、引进资金、引进高新技术项目，使产品结构和行业结构向技术密集型和集约化经营转变。

横店企业集团公司成立一年成效非常显著，工业产值由1990年的1.8亿元迅速上升到1991年的3.05亿元，1992年又接近翻番，猛增到6亿元。到1993年，横店企业集团公司已经发展成为一家跨地区、跨行业、跨所有制、跨出国门的大型综合性企业集团。这一年，工业产值突破了10亿元大关。

为了进一步实施“立足横店，面向全国，走向世界”的方针，加快推进“高科技，外向型，集团化”战略的步伐，我提出了改组横店企业集团公司的方案。一是由省批集团升格为“国”字号集团；二是由原先的区域性集团，变为无区域集团。浙江横店企业集团公司改组为横店集团以后，就可以更好地面向全国，走

1995年，徐文荣（中左）在外国记者团访问横店集团新闻发布会上答记者问。

向世界。

在省市体改部门的支持帮助下，1993 年 3 月 1 日，国务院经贸办（即后来的“国家经贸委”）正式下文，批准以横店企业集团公司为核心企业组建横店集团。这是全国第一家由国务院经贸办审批组建的乡镇企业集团。

横店集团组建以后，我就着手对集团原有的组织结构进行全面调整，以子公司和专业总公司为依托，成立行业子集团，先组建了磁性、机电、轻纺、制药化工 4 个专业集团公司作试点，效果非常明显，当年产值净增 4 个多亿。后来，又组建了有机化工、电声、针织、染化、建筑建材、文化旅游和大东阳集团公司，使横店集团拥有 12 家专业子集团，另有进出口总公司和经济贸易总公司等 4 家专业总公司，有 133 家紧密型骨干企业，800 多家半紧密型和松散型企业。集团生产的 29 个门类 1000 多种产品，畅销国内各省份，远销世界 45 个国家和地区。

1994 年 9 月，由中国统计学会、国家经贸委经济研究咨询中心、国务院发展研究中心等联合举办的“首次中国乡镇企业活力 500 家评价”揭晓，横店集团名列“活力评价”第二名，“综合评价”第三名，规模效益指数是入选 500 家企业平均指数的 2 倍。

1995 年 11 月，农业部首批公布 327 家全国乡镇企业集团名单，在核心层企业总资产和排名中，横店集团名列首位。

从此，横店集团开始在国内外崭露头角。

第四章
成功老年

共有共创共富共享。

社团经济象征着横店区域上空的“太阳”和“月亮”，为老百姓普照光和热，给老百姓带来欢乐和幸福。

只有共同富裕，才能天下太平。

随着横店集团的崛起，横店老百姓得到的实惠越来越多，所以，老百姓也越来越支持横店集团的发展。他们希望横店集团发展得更快、更好，因为他们知道，只要横店集团发展得更强大，为横店老百姓办的好事就会越多。

事实也是如此，随着横店集团经济实力越来越强，横店的城市基础设施建设也就逐步展开，越建越多，越建越好。过去老百姓盼望了多少年的"南江治理工程"，因没有经济实力无法上马。如今横店集团有了经济实力，终于梦想成真，这个工程也得以上马建设。

随着改革的深入、经济的发展，要使老百姓得到的实惠越来越多，生活环境不断改善，生活品质不断提高，这才是成功的。我主张的走共同富裕道路，不是把赚来的钱分给大家，而是让老百姓都能分享到改革和发展的成果，更为重要的是，要创造一种条件，让大家都能有赚钱的机会。

看起来，这好像是政府的事，实际上，横店集团多年来也一直在为此努力。所以，我们每做成一件事，看到老百姓高兴，得到他们赞成，我们就感到成功。老百姓说你好，你才能真正体会到成功的喜悦。我曾对政府官员说，为老百姓办事不能随风转，要随民心转。

但是，成功也有"怪脾气"，当它到来的时候，也就成了过去。所以，必须得有新的梦想、新的追求来替代它，只有这样，才能不断有新的成功迎接你。

当我进入老年之时，既有一个个成功给我带来的喜悦，又有更多的梦想和追求，激励着我要更加努力去奋斗。

一、“企业办社会”老百姓高兴，没有错

随着企业实力的不断增强，从20世纪80年代中期开始，我们每年都要拿出相当的资金来用于城镇基础设施建设。横店集团成立以后，经济实力迅速提升，每年就要拿出更多的资金搞城市公共设施建设。为什么？那个时候主要是基于以下几个方面的考虑：

第一，我一向主张并大力倡导，“多办企业多赚钱，多赚钱多为人民办好事”，企业赚钱了，理应回报社会，为民办好事，这本身就是办企业的目的。

多办企业，让更多的农民进厂当工人赚钱，当然，这是做好事。但是，这还

徐文荣（中）与村民座谈，征求横店建设意见。

20 世纪 90 年代初，横店镇主要道路开始铺上沥青。

不够。有钱不等于富裕，更不等于幸福，人还要有德性、有文化、有尊严，生活要有品位。

我认为，要让老百姓的日子越过越好，过上好日子不仅是吃好、穿好、住好，还要有尊严，有生活品位，更要有一个良好的环境。一是良好的自然环境，要让横店青山常在，清水长流，蓝天白云，空气清新，一年四季鸟语花香，就像人间天堂。二是良好的社会环境，就是社会安定，人际和谐，公共设施齐全，该读书的有书读，该工作的有工作，社会保障齐全，病有所医，老有所养，有良好的社会风尚和科学文明的生活方式。

我觉得，作为一个领头人，只知道组织农民挣钱，不关心他们的精神生活，不提高他们生活的品质，还是对不起他们。所以，要关心农民的精神文化生活，要不断改善他们的生存环境，不断提高他们的生活质量，首先就要不断完善硬件设施，把城镇基础设施搞好。

第二，搞城镇基础设施建设，不断改善环境，也是企业自身发展的需要。横店四面环山，南江横贯全境，由于过去长期贫困，有村无镇，只有一条窄窄的石公路经过，村内道路狭窄不平，村与村之间相连的是连走人都困难的田塍路。那时，农村没有什么公共设施可言。

改革开放初期，外地客商来做生意，一看邮电，二看道路，三看项目，四看住宿。可人家到了横店，电话打不出去，路是泥水路，住没好住处，工作之余更是没个去处。曾有人写文章说，夏天到横店，晚上一巴掌拍去，能打死四五只蚊子。所以，一些客商来了一次就再也不敢来了，一些好生意做不成，一些好项目进不来。

有一次，我们下面一个工厂拉原料进来，快到厂区时，因为路太窄，车被卡住了，进退两难。最后，只好把路边的墙拆掉，车才过去。

所以说，环境和基础条件不改变，工厂就发展不了，即使办起来，也做不

2002 年，整治后的南江如一根飘带从横店城市中飘过。

大，没有生意，也要垮掉。因此，从企业自身发展考虑，也亟需改变现状，建设一批基础设施。

第三，我们提出“高科技、外向型、集团化”的发展战略，搞高科技、外向型，就必须大力引进高科技和高学历的人才，但是，横店这样落后的环境条件，引进人才就很难，即使引进来，也不能安心留下来。所以，不搞基础设施建设，就会直接影响我们发展战略的实施。只有“栽好梧桐树”，才能“引来金凤凰”。

正是因为以上这些原因，我们从 20 世纪 80 年代中期开始，每年都要拿出一大笔资金来搞城镇基础设施建设。先是投资和东阳市邮电局联合建起了邮电大楼，开通了程控电话，并进入国际、国内长途自动电话网。接着，新拓建了 26 米宽、2.5 公里长的万盛街和 24 米宽、2.5 公里长的江南路，并全部装上了路灯，把原来分散的 13 个村连成了一片，又新建了通往各村的主要道路。同时，建起了涉外宾馆、凤凰山公园、医院门诊大楼和病房大楼、自来水厂、液化气站、闭

路电视、生态公厕等。我们还每年拿出200万元，补贴、鼓励老百姓烧煤气、液化气。大家不上山砍柴了，山林得到了真正的保护。

横店的环境条件初步得到了改善，原来一片空白的城镇生活基础设施，开始一点一点多起来了，老百姓出行和生活方便了，大家都很高兴；企业发展的环境逐步得到改变，来横店做生意的客人也越来越多，人才和一些好的项目也开始进来了。

20世纪90年代初，我们配合镇政府城镇建设总体规划调整，展开更大规模的城镇基础设施建设，专家楼、科技新村、烈士陵园、影剧院、体育馆、游泳池、游乐场、度假村、南江整治等工程陆续开工。这个时候，集团公司内部出现了不同意见，说搞多了，太超前了，有的就直接说，搞那么大度假村，谁来住？真是浪费钱。社会上也传来了责难的声音，说我们横店集团在搞“企业办社会”。

那时，政府下了很大力气，要搞活国营企业。“企业办社会”被许多理论研究部门认为是国营企业搞不活的重要原因，因此，社会舆论在讨伐“企业办社会”，所有国营企业都在甩“办社会”这个“包袱”。

在这样的背景下，一些媒体记者，一些读了很多书的搞理论的人来到横店，看到和听到了我们在做的这些事，就问我，人家国营企业都在甩“包袱”，你横店集团为什么还要捡个“包袱”来背上。有的记者还发表文章，指责横店集团“种了别人的田”，做了该由政府做的事。

我同他们辩论。我说，你们说得对，公共设施应该由政府来投入、由政府来办，可是，那只是对城市。但农村该由哪个政府机构来投入，由哪个政府机构来提供？乡镇政府没有自己独立的财政，他能办得了吗？政府不给农村投入资金搞基础设施建设，不给农村提供公共设施，你们不来说！我们拿自己的钱来做好事，你们倒来说三道四，这是什么道理?！难道农村就不要发展，难道农民只能坐等哪一年政府来投入，难道农民就不能过上好日子，难道农村就要永远贫困落后下去，这样你们才高兴?！他们被我说得哑口无言。

我说，我们是乡镇企业，不是城市企业。乡镇企业同农业、农村、农民有着天然的联系，改变农村落后面貌，推进农村城市化，是我们乡镇企业义不容辞的职责。我们办了那么多好事，农民高兴，政府满意，企业发展有利，这有什么不好！乡镇企业办社会，没有错！我们还要坚持做下去。最后，他们也认为我说得有道理，同意了我的观点。

后来，为了公开亮出我的观点，我就在我们的发展战略“高科技、外向型、集团化”后面，加上了“办社会”三个字。集团内部有的干部有顾虑，说怕容易引起社会上的误解。我说，怕什么！加上去，没有错！那时，我在内部会议和外出开会时，都要大张旗鼓地讲“企业办社会”。为了唤起企业家的社会责任，我又在国内率先倡导和呼吁：社会主义企业家不但要做好企业的企业家，还要做社会的企业家，要有社会责任意识。

这样一来，反对和责难“企业办社会”的人反而没有了，我们也加快了城镇基础设施建设的步伐。

这里，有必要回过头来说说“南江治理工程”，因为这是横店集团“企业办社会”中单项投入最多、涉及面最广、建设时间最长的一项工程。

南江和北江，过去被东阳人称为两条“烂肚肠”。我在前面一章就谈到过，1989 年“7・23”特大洪水，对横店人民和横店企业造成了巨大的危害和重大的损失。彻底治理南江，化害为利，这是多少年来，南江两岸人民的愿望。但是由于经济实力的原因，一直未能实现。横店集团成立以后，才有能力把南江治理提上日程。

1993 年 3 月，横店集团成立了“南江治理工程指挥部”，我亲自担任总指挥。我提出了“百年大计，造福人民”的指导思想，对工程规划设计提出明确的要求：一是高标准，要做到能抗御百年一遇的特大洪水；二是河道治理与环境治理相结合，生活和工业污水排放要同时设计、同时施工；三是河道治理要有利于农业灌溉和排涝；四是结合河道治理，开发沿江风景区；五是结合河道治理，整理沿江土地，将荒滩变成耕地。

在全面清理南江河床的基础上，“南江治理工程”于1994年正式启动。经过近10年不间断的努力，横店集团直接投入资金两个多亿，在长达17公里的南江横店段上，建起了5座橡胶坝、2座水力自控翻板坝、1座浆砌混凝土堰坝，形成水面187万平方米；沿江两岸筑起了坚固的防洪堤；配套治理了流域内禹阳溪、城头溪等7条支流，长达21公里；结合环境保护，完成了两岸排污管道的铺设；沿江两岸绿化面积达30万平方米；为横店新增了1000多亩土地。老百姓说，这是一项功在当代、利在千秋的工程，是横店集团为横店子孙后代做的大好事。

过去，横店南江只有一座6米宽的大桥可通车，我们不但把它加宽到17米，还先后在南江上修建了11座公路大桥，使03、07两条省道直贯横店，同时修建了高标准的诸永高速横店出口到镇区的迎宾大道。乡村实现了村村通公路，道路硬化率达100%；在城区构建了“七纵七横一环”的路网；现在，连接横店路网的道路多达96条，宽12米以上的公路总计超过了500公里。10多年来，横店集团直接用于路桥建设的资金就达到了7.8亿元。

现在你来到横店，可以毫不夸张地说，只要你看到的或者你感受到的公共设施，几乎都是横店集团投资建设的，就连街道上的路灯、街心花园、绿化都是集团出钱，甚至电费、保洁费也都由集团承担。据不完全统计，近20年来，集团光是投入社区城镇基础设施建设，就已达18亿元，功能性设施投入达12亿元。

几十年来，我们坚持“企业办社会”的理念，办出了一个新横店。《经济日报》记者写了《徐文荣造城记》，其实，哪里是我徐文荣一个人在造城，是横店农民在造城。新华社记者在一篇文章中说，横店农民“从农民到工人到市民”的过程，时间用了20年，脚步未出20里。他们没有往城市里涌，而是由农民自己造了座城，就地实现了“城市化”“市民化”，走出了一条社会主义新农村建设和农村城市化的新路子。

二、不当亿万富翁，创立社团经济

20世纪90年代初，国家为了推进国有企业改革，出台了一系列关于企业股份制和股份合作制改革的政策，各地乡镇企业也一哄而上，股份制改造的风也越刮越猛。

那个时候，很多人动员我搞股份制改造，把产权量化给个人，其中，有企业家朋友，也有政府官员。东阳市领导动员我，希望我带个头，给全市其他乡镇企业做个榜样。省乡镇企业局的领导动员我说，早搞早主动，现在搞股份制改造，按政策，至少10%的资产可以量化给你个人。

当时，我们集团的资产早已超过10个亿，那么就是说，如果搞股份制，我一个晚上就可以变成亿万富翁。我说，我要那么多钱干什么啊？我办企业不是为了自己个人发大财，要是为了自己，我去当私人老板，少说上千万还是有的吧。但是，我没有。我办企业的目的是为了帮助大家都富起来，让横店的老百姓都过上好日子。再说，我拿10%，我的副手呢，下面子集团的老总呢，还有企业的骨干呢，我们的员工呢，他们又拿多少？我凭什么拿这10%呢？我不要，我不当这个亿万富翁。

但是，改革要深化，产权要明晰，集团公司及其所属子集团的资产到底归谁所有？要有个说法。我组织领导班子和骨干开会讨论。

大家认为，国家对集团公司没有投资，资产当然不归国家所有。镇政府和各个村也没有投资，资产也不能归镇政府和村里所有。这个资产也不属于哪个个人，因为个人没有投资。那么，集团这笔庞大的资产是怎么来的呢？我说，是集团核心和紧密型企业员工长期共同劳动、共同创造积累形成的，应当属于全体员工共同所有才是。

我结合考察苏南和温州的所见所闻，联系到我的一些企业家朋友告诉我的他们搞股份制改造所遇到的麻烦及带来的问题，具体地分析了急急忙忙搞股份制改造可能出现的弊端。

一是关系摆不平。你一搞量化，上上下下，四面八方，都来伸手，都说对你帮助很大、贡献很大，满足不了，就要出麻烦。二是企业发展没后劲。资产量化到个人，就难以集中资金上大的项目。三是干部员工的思想要搞散掉。大家都在为你多我少，去计较、去争吵，哪还有心思放在科研和生产上。四是城镇建设要受影响。私有化了，人就不愿意拿出钱来搞公益事业。永康有一个私营企业很发达的乡镇，修一座不太长的桥，修了几年修不起来，没有钱。找企业老板资助，一次给十万八万，就算是不错了。第二次你再去，人家不高兴了，他不给了，你也没办法。五是股份制以后，缺乏灵活的机制，不利于企业自身的发展。

大家都不同意把资产量化到个人，说，我们横店集团从丝厂起步，坚持走共同致富道路，实践证明，这条路很好，老百姓拥护，农民高兴，政府也满意，既然这样，为什么要改变？大家一致认为，要坚持我们原来的道路走下去。

1993 年的 1 月，我还在美国考察，浙江省人代会把我选为第八届全国人大代表。我回国后，都还没有到家，就有人告诉了我这个消息。我这个人，向来有一个观点，认为企业家要关心政治、要讲政治，但不要去追求政治（权力），更不要去追求当官。所以，听到这个消息，我心里很平静，并没有人们所想象的那样激动。东阳一位企业家朋友告诉我，他如何如何在后面帮我，我更是一笑置之。我心里知道，其实，他早就在四处活动，想当人大代表，没选上，就说在帮我。

当人大代表有一个好处，就是可以见到方方面面的人，包括各级领导、各方面有影响的人物。因此，3 月我在北京参加“两会”时，很方便地见到了我们浙江省的省委书记、省人大常委会主任李泽民。我问他，李书记，现在搞产权制度改革，要求都搞股份制改造，是不是要搞“一窝风”“一刀切”？李书记说，没这回事。企业改制不搞“一刀切”“不刮风”。只要符合小平同志说的“三个有利于”，

1993 年，徐文荣（中）招待前来横店考察的著名经济学家于光远（左）和著名学者朱厚泽（右）。

1995 年 6 月，徐文荣（左）与到访的著名经济学家吴敬琏（右）亲切交谈。

什么形式都可以。

我向李书记汇报了横店集团是怎么发展起来的，我们对企业改制的看法，我们为什么要走共同富裕这条路的理由。李书记考察过横店，他了解横店的情况，也了解我。他说，只要有利于横店的发展，只要有利于走共同富裕之路，你就大胆地试吧！

为了进一步探讨产权制度改革，也是为了进一步从理论上，对横店集团10多年来走过的道路进行总结，我邀请了魏杰、何伟、刘伟、宋养琰、钟朋荣、方生、晓亮、林子力、朱厚泽、贾春峰、方恭温、张小弟等10多位全国著名的老中青经济学家和理论工作者，分两批考察横店，以便当面向他们请教。

我陪同专家们实地参观了横店集团下属的主要企业以及我们出资建设的部分城镇基础设施，然后，向他们详细汇报了横店集团发展的历程，特别是横店集团核心紧密型企业资产形成的过程。

我说，集团的资产既不属于国家，也不属于全镇集体，更不属于某些个人，它属于员工共同所有，但员工不能拿走，只有使用权，没有占有权。这个资产要保值增值，就要有集团公司来管理，所以，也可以说资产归集团所有，但是，我们的集团是多层次的，下面还有子集团。从社会角度看，集团也是一个社团，只不过是一个生产性、营利性的社团。所以，这种集团所有，我们称为社团所有制，以这种产权形式组织运作的经济，就叫社团经济。

专家们听了我的介绍，非常感兴趣，他们认为很有新意，而且独树一帜，现在应当亮出来，这无论对实践，还是对理论研究都很有意义。在充分肯定的基础上，专家们还从不同角度，对横店的产权组织形式，进行了理论分析和阐述。

在专家们的启发帮助下，我对横店集团的产权制度改革进行了进一步思考。经过总结归纳，我明确提出了以下几点：

横店社团经济的宗旨是：共有共创共富共享。

横店社团经济的特点是：产权共有，政企分开，社团主导，多轮驱动。

徐文荣在横店大学讲解“四共”理念

横店社团经济的任务是：使农业经济变为一二三产业协调发展的农村经济；用社团经济主导农村经济；用现代工业带动现代农业；按城市文明塑造农村文明；让富裕城镇带动贫困乡镇。

社团经济的经营理念是：以人为本，资本经营，市场导向，管理创新，法制护航，持续发展。

社团经济的发展方针是：高科技领头，多元化发展，专业化管理，连锁化经营，现代化手段，国际化思路。

后来，我又主持制定了《横店集团公司社团所有产权制度纲要（草案）》，其中进一步明确了横店社团经济的范围、性质、宗旨、任务、管理体制、运行机制，以及与地方政府的关系，等等。同时还指出，社团经济象征着横店区域上空的“太阳”和“月亮”，为人民普照光和热，给老百姓带来欢乐和幸福。

1993 年，由何伟和魏杰主编的《中国经济改革文库》给我来信，约我为该文库写一篇文章。我从横店的实践和理论探索角度，对横店社团经济的历史成因、发展过程、性质特点，以及当时产权制度改革中出现的问题等，作了归纳梳理，写出了长篇论文《社团所有制：产权制度改革模式的选择——横店集团的实践和理论探索》。后来，这篇文章被收进了由中华工商联合出版社出版的《中国经济改革文库》第三卷《中国著名企业家论改革》一书。

也就在 1993 年底，我收到了北京大学经济学院的聘书，他们聘我为北大经济学院客座教授。不过，说来惭愧，我只是徒有虚名，也没给他们上过一堂课。

1994 年春天，我进京参加“两会”，带去了这篇文章，本想给几个关心横店的理论界、新闻界朋友看一看，征求他们的意见、听听他们的看法。没想到，一下子搞出了大动静。许多媒体都要采访我，大会和分组会议一结束，都来找我，我的房间常常挤满人，搞得与我同房间的代表和工作人员都觉得很奇怪，都问怎么会有那么多记者找你。

1995 年，徐文荣（中）出席第八届全国人大第三次会议。

几天后，中共中央党校的刊物《中央党校通讯》以整版的篇幅，刊登了记者对我的专访，全面介绍了我对产权制度改革的看法和观点。

《农民日报》以整版的篇幅刊登了我的文章，同时配发农业部乡镇企业司按语说："享誉全国的横店集团在产权制度改革中独树一帜，创造了新的企业产权组织形式和公有制实现形式——社团所有制。横店集团 10 年的实践证明了这一改革是成功的，希望引起大家的关注、讨论、评判和借鉴。"同时，《人民日报》《光明日报》《经济日报》中央电视台等数十家媒体争相报道了横店社团经济模式。

社团经济模式也称为"四共模式"，后来我总结"四共模式"的成功，更重要的在于：共有，培养了干部群众，利用共有财富创造更大财富的理念；共创，培养了一批艰苦创业的骨干队伍和管理队伍；共富，处理好了水与船的关系，解决好了群众关系和社会矛盾；共享，解决好了改革发展的最终目的，是共同享受改革发展成果，共同创造更加美好的幸福生活。

三、横店模式

实际上，横店被人学习还是比较早的。在 20 世纪 80 年代末 90 年代初，横店独特的发展之路就引起了各级政府部门的重视，吸引了省市和中央媒体的关注，进而引起了各级领导人的重视。

从 1987 年 4 月，东阳县委、县政府作出"关于广泛开展学横店活动的决定"，并在横店召开学横店现场会起，到 1991 年 4 月的这 4 年当中，东阳县（市）几乎每年都在横店召开一次学横店现场会，后来被称为"四学横店"。应该说，这对于推动东阳乡镇企业的发展，还是起到了积极的作用。

在同一时期，金华市委、市政府，也掀起过 4 次学习横店的活动，并 4 次到横店召开现场会，但相比之下，其效果就不如东阳学横店。虽然组织了金华各县

（市）有关领导和乡镇企业负责人，把各地的人带到了横店，声势搞得蛮大，我们也投入相当精力和物力来搞接待，安排经验介绍、现场参观等，但从事后我们得到的反馈来看，效果并不是很好。

有人总结说，金华第一次学横店，是吃横店。学横店，只是把横店的产品学了去，变成了横店的竞争对手。第二次学横店，是学横店、吃横店、骂横店。为什么骂横店？他们说，有限的资金，银行都给横店了，我们想贷贷不到了，太不公平。银行的人说，你们如果像横店一样拿出发展项目来，一样贷给你。可你拿不出项目来呀！第三次学横店，是学横店、吃横店、空谈横店。说横店有什么稀奇，他们有银行的支持，有政府的支持，发展得快不奇怪。第四次学横店，是学横店、吃横店、空抬横店。说横店好是好，但是横店的经验学不了；横店有徐文荣，我们那里没有，学不起。

只有义乌市，在金华市组织的第三次学横店现场会以后，提出了“学横店，赶东阳，争取五年翻一番”的口号，并且做出了扎实的部署，改革和发展步步推进。几年以后，义乌的确超过了东阳。

1992 年 6 月，金华市在横店组织召开乡镇企业第四次学横店现场会。

所以，当金华市有领导对我说，要组织第五次学横店时，被我拒绝了。我说，省省吧，你们不要来了，来了也没有用。如果真要学，早就学去了。不过，对横店来说，通过东阳、金华两个“四学横店”，横店的声势造出去了，舆论影响力出去了，横店的名声也打出去了。

因此，在这期间，全国人大常委会副委员长，中国企业家协会会长，国家体改办、农业部乡企局负责人，浙江省委书记、省长，省委政策研究部门、省体改部门负责人，先后来到横店考察调研。于是，横店开始引起中央和地方媒体的关注。

1992 年 5 月，中央新闻纪录电影制片厂到横店集团，拍摄了新闻电影纪录片《横店钟声》，并在全国各地发行放映。横店老百姓第一次在电影银幕上看到自己家乡的美丽景象，感到非常高兴和自豪。

6 月 19 日，中央电视台在《祖国各地》栏目，播出了反映横店集团创业历程和业绩的专题片《牵金牛的人》。片中把徐文荣称为“牵出八面山金牛的人”，而我只是觉得，这是对我这头老牛扬起的鞭子，督促我为横店的老百姓做更多的好事。

7 月 1 日，《中国乡镇企业报》以《横

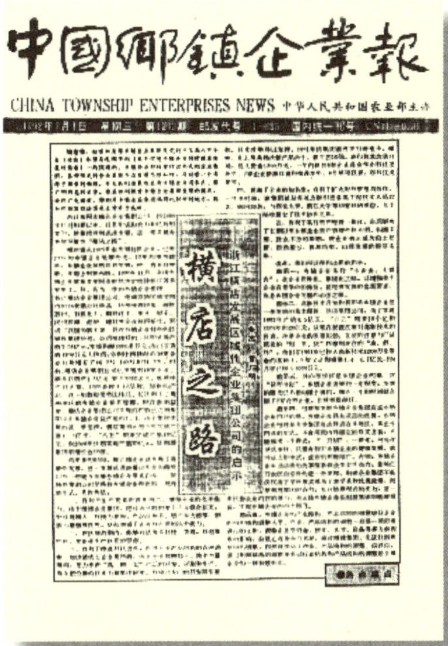
CHINA TOWNSHIP ENTERPRISES NEWS
横店之路

《中国乡镇企业报》发表《横店之路》长篇报

老一辈革命家陆定一题写书名的《横店模式》一书，由人民出版社出版。

店之路》为题，发表长篇文章，首次提出“横店之路”这个概念，介绍横店集团和横店的发展经验。从此，“横店之路”经常出现在各种媒体上。

10 月底，新华社、《人民日报》、《光明日报》、《经济日报》、《工人日报》、《法制日报》、《科技日报》等在京新闻单位派出记者，组成首都新闻记者采访团，联合采访横店集团。这一集体采访，各个新闻单位从各个不同角度，对横店集团的创业历程和横店在中国农村改革中所取得的成就进行了充分的报道，使得横店这个名不见经传的乡间小镇开始被全国人民所认识。

这年 12 月，中共浙江省委办公厅、省委政策研究室和浙江省社科院部分理论工作者组成了“横店模式”课题组，他们对横店的人文历史、地理环境、横店集团的创业历程、产业发展、发展特点和发展前景，进行了深入的调研，并在此基础上，进行了理论概括和探索，提出了横店模式的特质和内涵，将横店模式与当时的苏南模式、珠江三角洲模式和温州模式作了比较研究。

1993 年 2 月，作为课题成果，《横店模式》一书由人民出版社出版。值得一提的是，一直以来支持乡镇企业发展，并发出“谁打击乡镇企业，就是打击革命”的铿锵之声的老一辈革命家、中顾委常委陆定一，亲笔为《横店模式》题写了书名。

《横店模式》一书指出，苏南模式、珠江三角洲模式提供了一个大区域的发展经验，温州模式提供了一个市地的经验，横店模式则是提供了中国乡镇工业经济的范式和一个乡镇发展的经验，是前三种模式替代不了的。

这本书第一次总结了横店模式的内涵和特点，指出，“大胆地走出土地，利用一个乡镇固有的文化传统和工商业基础，把整个乡镇的乡、村、户、联办企业联合起来，不用太多的时间等待资金的积累而在短期内形成规模，以最先进的企业集团形式加以组织整合，有力地开辟农村经济发展新路子——这就是‘横店模式’”。同时指出：“横店模式的主要特点是：以集团规模经济为根基，发挥能人权威型经济领导机制，走开放型的路子，科技与产业一体化发展，跟随市场步步移。”

那时，课题组采访我时，曾向我提问，您认为横店模式对于乡镇企业的发展有什么指导意义？

我回答说，“指导意义不敢说。但如果说，所有乡镇都把分散的企业联合起来，对经济的发展肯定有好处。这样，有中国特色的社会主义新农村就能早日建成。有中国特色的社会主义新农村有什么特点呢？其一，这个地方很富。其二，这个地方的文化素养很高。其三，这个地区的环境很美丽。其四，这个地区的工业化、电气化程度很高。这样就消灭了城乡差别”。

《横店模式》进一步阐述了横店模式对我国乡镇一级经济发展的指导意义：横店模式走出了一条建立社会主义新农村的康庄大道，为我国乡镇企业的新发展指明了一条可供借鉴的道路，为开创我国社会主义现代化建设新局面指出了光辉前景。横店模式向我们昭示了一个真理：农村城市化、农业工业化、农民工人化，这是中国走向现代化的唯一出路。

1993 年 4 月 29 日，国务院发展研究中心、光明日报社、经济日报社，联合在北京钓鱼台国宾馆举办“乡镇企业横店集团之路研讨会”，全国人大常委会副委员长严济慈、卢嘉锡，国务委员陈俊生，国家体改办主任高尚全，国务院发展研究中心主任马洪，副主任、党组书记陈清泰，中国企业家协会会长袁宝华及国内著名经济学家于光远、吴明瑜、童大林、周叔莲、王梦奎、魏杰等 100 多名专家学者出席研讨会，对横店集团的发展路径、发展模式及其对我国农村经济改革的指导意义，进行了深入的研讨，对横店的发展经验作了充分肯定。

国务委员陈俊生为横店集团题词：“中国农民实现小康之路”。马洪认为，横店的发展道路为不发达地区发展乡镇企业提供了成功的经验。周叔莲认为，横店之路为国有企业改革提供了有益的启示。

与会专家学者指出，横店模式之路，就是社会主义市场经济之路，坚决实行政企分开之路，多层组合的农村企业集团之路，集体壮大的共同富裕之路，这是继苏南模式、珠三角模式和温州模式之后的又一种经济发展模式。

1993 年 4 月，“乡镇企业横店集团之路研讨会”在北京钓鱼台国宾馆举行。

研讨会期间，还举行了《横店模式》一书和《走出土地》电视专题片的首发、首映式。

第二天，中央电视台在《新闻联播》中播出了“乡镇企业横店集团之路研讨会”的新闻。随后，新华社、《人民日报》、《光明日报》、《经济日报》等几十家中央媒体和地方报刊，先后报道了横店集团的发展经验和横店艰苦创业的事迹。自此以后，横店现象、横店之路、横店模式在全国被叫得越来越响。

四、对横店模式的理论总结

一年后，国家体改委、光明日报社、经济日报社，又联合在北京人民大会堂举办“横店集团发展模式研讨会”。全国政协副主席孙孚凌，全国政协常委芮杏文，著名经济学家刘国光、魏杰等 80 多名党政领导和经济界、理论界、新闻界的专家学者出席了研讨会。

这次研讨会，重点研讨横店的社团经济产权模式。会议期间，还举行了中央电视台拍摄的电视专题片《横店纪实》首映式，以及人民出版社出版的《横店社团经济模式研究》《著名专家学者论横店》《横店之路》《横店的精神文明建设》

1994 年，由国家体改委、光明日报社、经济日报社联合主办的“横店集团发展模式研讨会”在北京人民大会堂举行。

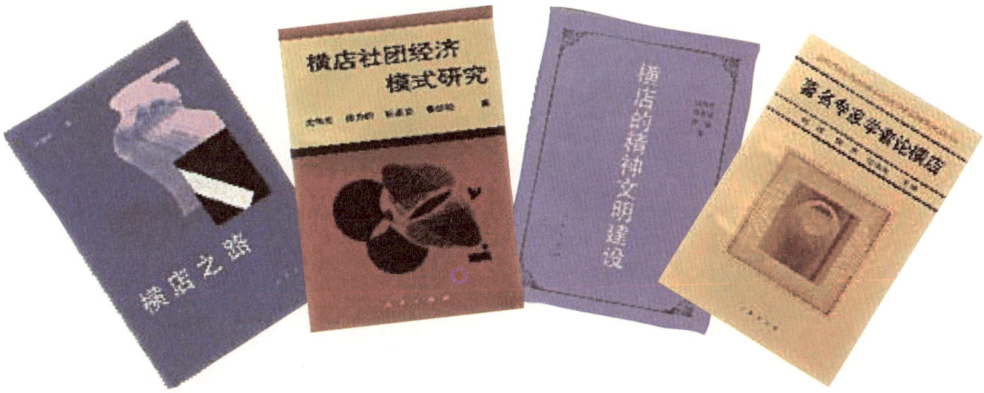

人民出版社出版的横店研究系列著作：《横店之路》《横店社团经济模式研究》《横店的精神文明建设》《著名专家学者论横店》。

四本书的首发式。其中,《横店之路》算是我的专著,他们把我的文章、讲话编在一起,做成了一本书。不过我想,国家级的人民出版社一下子为一个地方企业出四本书,恐怕也是少见的。

同样,研讨会后,中央和地方各类媒体,采用各种方式,从不同的角度,对研讨会的情况和横店集团的发展经验,进行了跟踪报道。

这一年年底,由国家科委、科技日报社等单位主办的“第四届全国科技实业家创业奖”揭晓,我被评为10个金奖获得者之一,并且是唯一一个来自乡镇企业的金奖获得者。这一年,我还被评为当年唯一的“中国农村新闻人物”。我因为横店集团出名,横店集团也因为我出名。

此后,横店模式、横店社团经济不但引起了各大新闻媒体的持续关注,同时,也引起了理论界的连续关注,浙江省委党校、浙江省资本论研究会等单位,先后多次召开过专题研讨会。

1996年,浙江大学和横店集团社团经济文化研究院合作,把横店社团经济模式作为课题研究对象,共同申报国家社会科学基金资助研究课题获得成功。这也是全国第一个乡镇企业获得国家社科基金资助的研究项目。第二年,作为课题成果,《市场型公有制——横店模式产权制度系统考察》由上海三联书店出版,在全国形成一定影响。

1997年,由中国社会科学院经济研究所《经济研究》编辑部组织,著名经济学家樊纲、周其仁、马建堂等经济学家及浙江大学陈湘舸教授等人,专程到横店集团考察。后来,国内经济学权威杂志《经济研究》以专栏形式,发表了上述经济学家对横店模式、横店社团经济研究的理论文章。他们从不同的角度,对横店模式及其产权制度进行了深入的理论分析。

从创办丝厂开始算,20多年时间里,我大概办过700多家工厂和公司,倒掉的有70多家,但是,能留下来的都是成功的,它们在市场的风风雨雨中茁壮成长,都成了横店集团的支柱。

1994 年 12 月，徐文荣获“第四届全国科技实业家创业奖”金奖，国务委员宋健为徐文荣（右一）颁奖。

1996 年，徐文荣（前排左三）被评为中国乡镇企业十大新闻人物。

在长期的企业经营管理实践中，通过总结成功的经验和失败的教训，我把人才作为企业的大脑，把资金作为企业的血液，把质量作为企业的心脏，把科技作为企业的筋骨，把信息作为企业的耳目神经，把市场营销作为企业的手脚，把信誉作为企业的形象，把文化作为企业的灵魂。我提出来，企业就像一个人一样，如果要想身体健康少生病，体格强壮，永葆青春，就必须注重养生保健。不同的器官，有不同的养生保健方法。我把这些方法进行了系统的总结，并把它称为“企业养生法”。

我总结的“企业养生法”先后获得了浙江省企业管理现代化创新成果一等奖和中国企业联合会、中国企业家协会评定的“中国企业管理杰出贡献奖”。1996年，中国管理科学院、光明日报社等单位，在北京人民大会堂举办“全国企业管理创新研讨会”，我应邀在会上作了“企业养生法”的专题报告。此后，在企业管理界引起了较大的反响。第二年，华龄出版社出版了《徐文荣的企业养生法》一书，并作为该出版社推出的《中国跨世纪希望书系》之一。

1998年，人民出版社推出《中国企业家经营管理丛书・徐文荣集》作为该丛书第一批企业家文集出版。虽然，这本书是我发表过的文章和在集团内外的

人民出版社出版的徐文荣著《一个企业家的心声——关于横店的哲学思考》《中国企业家经营管理丛书・徐文荣集》，华龄出版社出版的张洪霖著《徐文荣的企业养生法》。

1996 年 11 月，“横店杯”企业管理创新研讨会在北京人民大会堂举行，徐文荣（右三）作主旨发言。

1998 年 8 月，徐文荣的论文获“怎样发展乡镇企业集团研讨会”优秀论文奖，全国人大常委会副委员长、著名社会学家费孝通为徐文荣颁奖。

一些讲话汇编，但是，也真实地反映了我在几十年创业过程中的一些理论思考和实践经验的理性总结。这本22万字的文集，包括了对横店创业之路的回顾；对横店集团发展战略的理论思考和实践总结；对企业依靠科技进步，实施科学管理的总结。当然，里面不少篇幅涉及产权制度改革和横店社团经济的内容。我想，这本书和我的“企业养生法”一样，也可以算是我的一个理论方面的收获吧。

1999年12月18日，《光明日报》头版头条，刊发了题为《浙江东阳横店镇，创造了有别于苏南、温州的“社团经济模式”，展现了——农村城市化的曙光》的长篇特写，从理论和实践两个方面介绍了横店社团经济发展之路。

同年年底，“中国农业、农村、农民问题理论研讨会暨全国典型县、乡（镇）村、乡镇企业经验交流会”在北京召开，我受到了大会组委会的特别邀请。我的论文《农村工业化和城市化是解决“三农”问题的根本出路——浙江省东阳市横店镇解决“三农”问题的实践和探索》在大会上交流后，受到了与会领导和代表的好评。横店镇成为浙江省唯一列入全国首批解决“三农”问题的实践基地。我则被中共中央党校“中国三农问题研究中心”聘任为浙江省唯一的特约研究员。

我虽然文化程度不高，但我是个爱思考的人。我认为，只有把道理想明白了，为人做事才有方向、有准绳；只有把道理讲明白了，别人才会理解你、支持你，群众才会跟着你干。2001年，结合我的人生经历、工作实际，我把平时思考的心得体会，整理出来，编成了一本书。这本书也在人民出版社出版。出版时，他们给起了个书名，叫《一个企业家的心声——关于横店的哲学思考》。其实，我不懂什么哲学，我更不是哲学家，我只不过把自己的所思所想所感所悟说出来，如果这些也算是哲学思考的话，那么哲学真的就在我们的生活当中，哲学真的就伴随在我们的身边。

进入新世纪后，“三农”问题越来越引起中央领导和各级政府的重视，横店解决“三农”问题的成功经验，也引起越来越多人的关注，许多人到横店考察，来取经，向我索要材料。为了满足各方面的需要，我对横店如何走出一条解决“三农”问题的成功之路，进行了系统的总结，写出了一本《破解世纪难题——横店解决“三农”问题的探索和实践》小册子，作为内部资料，赠送给各有关部门和来横店考察的有关人员。看过这本小册子的人，对这本书都有比较高的评价。

2004 年，多年跟踪研究横店模式的浙江大学教授陈湘舸与人合作，写出了 25 万字的《东方太阳城——企业社会责任运动个案研究》一书，并由中国社会科学出版社出版。这本书全面系统地介绍了横店社团经济的产生、发展历程，结合国内外的发展模式比较，从理论和实践两个方面，对横店发展模式进行了总结，对横店发展模式的指导意义及发展前景进行了阐述和展望。这本书把横店称为“东方太阳城”。

书中说，社会责任运动扫除了盲目性这块乌云，从而让社团所有制这个“横店人的太阳”放射出灿烂光芒，普照了横店的山山水水，照亮了每个横店人的心田，使横店人获得从未有过的莫大幸福与光明，并还将给他们更大更多的幸福和光明。这一段话，正是我多年来所做的，同时，也是我多年来一直所希望的。

五、小镇纳入国家视线，横店成了改革试验田

过去，横店是个无人知晓的偏僻乡村，由于横店集团的迅速发展，特别是横店集团“立足横店，为民造福”的理念和实际行动，给横店各个领域带来了深刻的变化，使横店变成了国内外闻名的明星镇。

飞速发展的横店，得到了各级政府和部门的重视和肯定。20 世纪 90 年代初开始，横店先后被国家有关部门评为：中国乡镇之星，全国民政工作全优镇、全

国造林绿化百佳乡镇、全国村镇建设先进镇、全国小康建设明星乡镇标兵、国家卫生镇等。这些荣誉称号，虽然是给横店镇的，但是，政府领导和老百姓心里都知道，没有横店集团的发展，就不会有这些荣誉的取得。

正是因为横店集团的发展，带动了横店方方面面的发展变化。我认为，这是横店集团区别于任何一个公司企业的重要特征之一。可以这么说，没有一个企业或集团的发展能像横店集团这样，与一个乡镇的发展变化如此紧密地联系在一起。

由于横店的全面发展，从20世纪90年代初开始，横店就先后被国家有关部门确定为全国乡镇企业示范区、国家星火技术密集区、国家科技成果转化服务示范基地、2000年国家小康型城乡住宅示范小区、全国小城镇综合配套改革试验区、国家社会发展综合实验区、全国首个影视产业实验区，还被评为社会主义新农村建设示范镇、全国首批小城镇建设示范镇、全国小康建设明星乡镇标兵等十多个国家级示范单位。横店，变成了国家各项改革的试验田。难怪有的媒体说，中国改革看农村，农村改革看横店。

在众多实验区中，最值得一说的是国家社会发展综合实验区和国家影视产业实验区。国家影视产业实验区我们放到后面去说，这里先说说国家社会发展综合实验区。

1992年6月，在巴西里约热内卢召开了联合国环境与发展大会，通过了《里约环境与发展宣言》《21世纪议程》等文件，要求各国政府根据本国情况制定各自的可持续发展战略、计划和对策。中国政府做出了履行《21世纪议程》等文件的承诺。

随后，中国政府制定了《中国21世纪议程》，提出了可持续发展战略，并把国家科委、国家体改委、国家计委等国务院28个部委及团体共同开展的国家社会发展综合实验区，作为实施《中国21世纪议程》和贯彻中国可持续发展战略的试验基地，为不同类型社区提供示范，为我国城镇的可持续发展探索经验。

以上是大的背景情况，说明这个实验区的设立，意义非常重大，条件要求也非常高。

第二年年初，我通过科技部的朋友得知这个消息以后，马上同横店镇党委书记汇报商量，希望镇里积极申报。镇党委班子非常重视，研究后决定马上准备相关材料，积极上报。

几个月后，国家社会发展综合实验区专家考察组到横店考察，实地了解将横店列为国家社会发展综合实验区的条件是否具备。我同镇党委书记、镇长一起，陪同考察，并向专家组作了详细汇报。

镇党委在汇报中认为，由于横店集团的迅速发展，极大地推动了横店经济社会各个方面的发展，横店已经初步形成了以经济社会综合协调发展为目标的 8 个良性循环：(1) 政企分开，实现了政府与企事业关系的良性循环；(2) 以横店集团为主导，实现了集体与个体经济发展的良性循环；(3) 以工业为主体，实现了一二三产业互相促进，共同发展的良性循环；(4) 以科技为先导，实现了投入与产出的良性循环；(5) 以经济发展为基础，实现了城镇建设与经济发展的良性循环；(6) 以规划为导向，实现了规划和建设管理的良性循环；(7) 以改革开放为动力，实现了建设资金与发展资金的良性循环；(8) 以"两个文明"为目标，初步实现了经济建设与社会发展的良性循环。

经过实地考察，专家组认为：(1) 从自然条件、地理位置上看，横店属于内地丘陵山区的传统农业乡镇向高技术的工业化城镇发展的类型，这种自然条件在我国是比较普遍的。因此，该镇的发展经验对我国农村工业化、城镇化道路的探索，具有较大的示范作用。(2) 该镇在体制改革上的探索对于我国农村社区组织模式和社会管理体制的创新有较普遍的启示作用。(3) 该镇在以科技为主导，促进乡镇企业发展和新型农村的建设上也有较大的典型意义。

因此，专家组建议国家社会发展综合实验区协调领导小组批准将横店镇列为国家社会发展综合实验区。

后来，国家科委村镇建设司司长、国家社会发展综合实验区办公室主任甘师俊和国家科委社会发展综合实验区办公室政策调研组，又先后来到横店作进一步的考察了解。可见，他们把关是很严的。

1993 年 7 月，经由原国家科委、国家体改委、国家计委、建设部等 28 个部委联合组成的国家社会发展综合实验区协调领导小组的评审，横店成为全国首批国家社会发展综合实验区。据说，当时全国一共只有 11 个实验区。

原建设部的有关领导、省和金华、东阳市有关领导亲临横店，出席横店国家社会发展综合实验区的挂牌仪式。我在会上，代表横店集团表态，一定按照国家社会发展综合实验区的要求，一如继往地本着共有共创共富共享的社团经济宗旨，在政府的领导下，加大为民办好事的力度，努力推进横店经济社会的全面发展和可持续发展。

20 世纪 90 年代，横店被列为国家社会发展综合实验区、国家星火技术密集区。

1995 年 3 月，由省科委、省体改委、省计经委、省教委、省民政厅、省建设厅、省农办等部门组成的检查组，对横店进行了全面的检查、座谈、调查，横店顺利通过了国家社会发展综合实验区第一阶段省级验收。

后来，大概是在 1997 年年底，国家社会发展综合实验区协调领导小组，根据国务院的文件，正式把“国家社会发展综合实验区”更名为“国家可持续发展实验区”。

客观地说，国家可持续发展实验区的设立，对横店经济、社会、文化的综合发展是起到了积极的推动作用的。不过，有的示范区、实验区或试点的设立，只不过挂牌时热闹一阵，过后，就再无声息了。

2002 年年底，由国家科技部、中国 21 世纪议程管理中心等 10 多个国家有关部委领导、专家和浙江省科技厅领导组成的国家可持续发展实验区检查验收组，对横店国家可持续发展实验区进行验收。

领导和专家听取了实验区的工作汇报，实地考察了教育、科技、城建、环保、影视、旅游等项目，对横店 10 年来的工作和经济社会全面发展取得的成就给予了充分的肯定，横店国家可持续发展实验区通过了验收。

六、五周年大庆，兑现当年一个承诺

从前面一章我谈的内容，大家可以知道，1990 年集团成立时，我们的家底还很薄，住宿、开会，连个好一点的地方都没有，只好借东阳城里的影剧院开集团成立大会，借城里的宾馆开新闻发布会。那时，我就在会上说过，到集团成立五周年的时候，我一定请大家到横店开会，一定在横店招待大家。

集团成立五年来，当年的这一个小小许诺，我没有忘记。当然，一直深藏在心的“要让横店老百姓尽快富起来，要把横店建设得像西湖一样美”这个大梦想，我更是一刻也没有忘记，天天为着这个梦想而努力工作。

1994 年 8 月，我们就成立了横店集团五周年大庆筹备委员会。我的想法是，要把五周年大庆作为一个契机，推动横店高科技工业再上一个新台阶，特别是利用这个机会，大上一批城镇基础设施和文化娱乐场所，使横店的面貌来一个大的改变。通过“迎大庆”“我爱横店”知识竞赛等一系列活动，激发员工热爱横店、立足横店、建设横店、为横店人民作贡献的热情。

我的想法得到了镇党政领导的全力支持，镇里则配合大庆活动，发动全镇人民，全面开展整治镇容镇貌、争做文明横店人的活动。

事实上，横店集团成立后的五年中，尽管我们遇到了宏观经济形势的各种复杂变化，但由于我们采取了有效的应变策略和调整措施，坚定不移地实施“高科技战略”，坚持“非高科技项目不上”的方针，充分地发挥了集团化的规模优势，使集团一直处于超常的跳跃式发展之中。

集团成立以后，经过三次产业结构大调整，三轮技改大投入，实施技改项目60多项，其中，属高科技投入占80%以上。以高科技产品为龙头，建成了20多个出口产品生产基地，80%以上骨干企业转为外向型出口企业，使横店集团过去以劳动密集型为主的传统产业，成功转型为技术密集型的高科技产业和外向型企业。

五年当中，横店集团的工业产值几乎以每年翻一番的速度增长，经济效益也同步增长。集团成立之初，还只是一个省批集团，两年后就升格为国家级集团。在集团成立五周年之际，横店集团就名列农业部首次公布的全国乡镇企业集团之列，其核心企业资产名列首位，同时，还跻身于全国工业企业500强的行列。

横店集团发展了，带富了一方，横店富起来以后怎么办？我提出来，不能像有些地方那样，小富即安，不思进取，怕背包袱，在小圈子里自乐。先富带后富，帮贫带富，这是先富起来的地区和人们的责任。于是，我们和镇党政领导一起，主动向上级政府提出，横店要以富带贫，向周边辐射。这个想法得到了上级政府的赞赏和大力支持。

因此，集团成立以后，经过省市政府有关部门批准，横店镇经历了两次大扩镇。第一次是1992年，把相邻的屏岩乡全部并到了横店镇。第二次是1995年，又把相邻的南马、大联、湖溪三个乡镇的48个行政村划入横店镇。两次扩镇，使横店从最初的40个行政村扩大到了108个行政村，区域面积从原来的

39.7 平方公里扩大到了 97 平方公里，人口也从原来的 3 万多人，增加到了 6 万多人。

每次扩镇以后，我们集团就要出资，对新并进来的村，进行交通、电力、通信等基础设施建设，把横店原有的城市设施向周边延伸和辐射。同时，在就业上对新并进来的村给予优惠，在工业项目上对他们给予扶持。到 1995 年，全镇 70%以上的劳动力从农业转移到了工业。就这样，并进一乡，带富一方，政府满意，百姓高兴。

集团成立这五年，是横店变化最大的五年。为了迎接集团成立五周年大庆，我们建起了一大批文化娱乐设施。那时，我提出了“五村”建设，就是建文化村、度假村、娱乐村、民俗村、天堂村。到大庆前夕，这五个村建成了，横店不但变大了，变富了，也变得更美了。

度假村占地 700 多亩，有山有水，山上树木葱郁，竹林青翠，山头上有石亭相望，湖中亭台水榭，一应俱全，是一座按三星级标准设计建造的涉外大型古典园林式宾馆，除了有 6 幢三至五层的庭院式标准客房外，还有一幢独立的“总统别墅”和 34 幢形式各异的别墅，同时，还建有一座能容纳 400 多人、具有五国语言同声传译设施的国际会议厅。

文化村占地 800 多亩，包括金佛庄烈士陵园、文化街和文化村内的赏月园、水上舞台、百亭公园、中华神话荟萃园、封神宫、灯城等景点，集楼、台、亭、阁为一园，是典型的江南园林建筑，是蕴含着中华文化的特大型旅游休闲活动场所。

天堂村主要是重建大佛寺，让信佛的百姓有一个活动的地方，同时，也是一处旅游景点。横店大佛寺又称大智禅寺，始建于南梁大同十年（544），是一座千年古刹，后因各种灾患，逐渐败落，直到解放初期，只剩几间断壁残垣，在“文化大革命”中最终彻底毁灭。老百姓都希望把大佛寺修回去，认为这也是一个盛世的标志。

娱乐村有多功能影剧院、2700 座的现代化体育馆、国际标准游泳池、网球场和大型儿童游乐场。

民俗村，原计划是把 56 个民俗和各地不同的民俗风情，用景点的方式表现出来，后因故没上，只利用整治以后的南江水面，建起了一个水上乐园和一个小飞机场，并开展了小飞机旅游活动，创办了浙江横店航空运动学校，后来我们还收购了浙江东华通用航空公司。

除了五个村之外，我们还建起了东阳人才博览馆、东阳木雕博物馆、东阳竹编博物馆、邵飘萍纪念馆、横店集团展览馆和金佛庄烈士陵园。金佛庄烈士是横店良渡村人，是中共早期优秀军事干部、黄埔军校教官、北伐革命军总司令部少将警卫团团长，1926 年被军阀孙传芳杀害于南京雨花台。修建金佛庄烈士陵园是家乡人民的一个心愿。

严济慈副委员长是横店下湖严村人，他逝世后，我们根据横店老百姓的心愿和严老家人的意愿，在横店按严老在北京住所的样式修建了严济慈陈列馆，展出

金佛庄烈士陵园

横店集团职工运动会场景

横店全民健身运动广泛开展

横店马拉松比赛场景

了严济慈一生经历和他保存的遗物。我们并没有以国家领导人的身份来纪念他，而是把他作为一个科学家、教育家和横店的杰出乡贤来纪念。

五村六馆一陵园的建成，极大地改变了横店城镇的面貌，给古老的横店注入了文化活力。这是横店第一批公共文化、体育、休闲娱乐和旅游设施，为日后发展横店的文化旅游产业打下了基础。可以说，如果没有这些文化设施的建设，恐怕就没有今天横店影视城这个5A级国家旅游区。

在乡镇一级建大型现代化体育馆，这在全国也是极少见的。1995年11月11日，横店集团成立五周年庆典，就在新落成的横店体育馆举行，来自北京国家机关和省外的1000多名贵宾和1500多名来自省市各部门的嘉宾，以及集团各单位代表，出席了庆典大会。

当年率领大军解放金华、东阳、横店的李德生将军应邀出席了集团五周年庆典。李将军已记不起当年横店的样子了，因为当年他带领的部队，以摧枯拉朽之势，打下一地，又向前推进，一路穷追猛打，哪里顾得上一时一地之景呀。不过，李将军却对今天横店的景象赞叹不已。他说，中国农村要是都像横店这样就好了。庆典前一天，我陪同李将军参观刚刚开光不久的横店大佛寺，将军在大雄宝殿内28.8米高的释迦牟尼佛像前，久久驻足凝视。回到住处，李将军挥毫泼墨，题写了“江南大佛”四个大字。

在庆典前一天晚上，我在新落成的度假村国际会议厅召开新闻发布会，《人民日报》、新华社、《光明日报》、《经济日报》、《工人日报》、《农民日报》、《法制日报》、《中国青年报》、《中华工商时报》、《中国乡镇企业报》、《香港文汇报》，以及中央电视台、上海电视台、浙江电视台等几十家新闻媒体的记者出席了发布会。

会上，我说起了五年前集团成立时的承诺，五周年大庆时，一定在横店招待大家。我说，这个小小的承诺，在今天兑现时，我要特别感谢五年来新闻界朋友对横店集团的关爱和支持，希望各位朋友继续为横店集团的发展，提出宝贵的意见和建议。

横店集团五周年庆典活动，除了有群众喜闻乐见的文艺晚会、民间文艺大踩街外，还有横店人从未见到过的航空跳伞活动，同时，还举办了横店集团成就展览，开展了全国摄影大赛。可以说，五周年庆典不但是兑现了当年的一个小小承诺，更是横店集团向横店人民交出的一份完满的答卷。

七、开发文化力，促进生产力，提高经济效益

横店集团的成功，引起了方方面面的关注，五周年庆典以后，来横店参观考察的人越来越多，不但有各级政府的官员、企业界的同行，更多的是新闻界和理论界的人士，他们纷纷来到横店，来探寻横店之路成功的奥秘。

改革开放以后，我国珠江三角洲、长江三角洲和沿海地区，凭借优越的地理区位优势，得风气之先，经济迅速发展。许多理论工作者，以为横店属于沿海省份的浙江，一定也有某种区位优势。但他们到横店来一看，竟然发现，横店既不靠海，也不靠边（境），完全是一个沿海省份的内陆区；既无铁路，也无港口，更无机场，毫无交通优势可言。

再仔细一了解，横店也没有侨眷侨胞，更没有外资侨资的支持；横店既不是特区，也不是什么重点地区，那些示范区、试点、实验区，也只不过挂挂牌而已，根本没有什么特殊的优惠政策。

有人说，是不是横店有什么独特的资源优势，可他们到横店实地一看，横店的山，除了过去用来打猪槽、现在用来铺路的石头外，别无什么地下资源。横店集团下属企业生产的产品，其原材料没有一样是取之于横店本地的。

经过一番实地了解，他们发现，原来横店的地理环境和基础条件，就同我国70%的农村地区差不多。那么，横店到底是靠什么发展起来的呢？

又有人说，靠的是党的改革开放政策。我说，你说得对，横店在过去很长一

段时间里，一直很穷，想发展，也发展不起。横店的确是靠党的改革开放政策才发展起来的。但是，党的改革开放政策，对全国是一样的。同在蓝天下，为什么有的地方发展得快，面貌日新月异，有的地方却山河依旧，变化不大？其实，新闻界、理论界朋友也一直想探寻这个问题的答案。

我们自己也在总结。解放思想，敢闯敢冒；从实际出发，不管人家怎么说；政企分开，面向国内外市场；走集团化、高科技之路；企业办社会，把企业发展和社区发展融为一体；“四共”宗旨，社团经济，走共同富裕道路；等等。这些确实也是横店集团发展的特点，也可以说是经验。但是，俗话说事在人为，这些事都是人去做的。人才是根本。

于是，我想到，在这些经验特点背后，还隐藏着一股强大的内在驱动力。这就是人的强烈的发展愿望，人的价值观念，人的信念、信条，人的精神素质，人的思想境界，人的志气、勇气，人的智力、智慧，等等。这些是什么？它看不见，摸不着，但是，力量大得很。这是不是就是文化的力量呢？

当我把这些想法告诉贾春峰教授时，这位中宣部理论局的前局长、局级研究员、我国最早研究论述文化力的专家，竟然非常兴奋，与我一拍即合。他的理论研究，在横店找到了一个现实的标本。他希望我们进一步总结，拿出自己的东西，让更多的人和企业认识文化力。

于是，我组织人撰写了《文化力：横店的启示》一书，由中共中央党校出版社出版。这本书从实践和理论角度，对横店集团开发文化力、促进生产力、提高经济效益的发展经验进行了总结，并通过文化力分析，回答了横店是靠什么发展起来的问题。

实际上，我从办丝厂开始，就一直非常注重人的能动作用。我对员工说，我们没有什么东西好依靠，要改变生活，只有靠我们自己艰苦创业、艰苦奋斗。要创业，前面必然有许许多多的困难；要奋斗，也会遇到种种挫折。所以，我提出来，要有“拼命三郎”的精神，要有“永不服输”的精神。那个时候，我们做工作，真正是发扬了“四千”精神：就是想千方百计，说千言万语，跑千山万水，经千辛万苦。

后来，企业发展了，艰苦创业的精神并没有丢掉，“永不服输”的“拼命三郎”精神，成了我们横店集团的“企业精神”。

但是，随着企业不断做大，行业不断增多，面对的市场越来越复杂，我意识到，光靠埋头苦干，光靠吃苦或者有拼命精神，那是不够的。关键是员工整体素质要提升，要依靠员工队伍自身的素质优势，不断改革创新，创新观念，创新产品，创新科技，创新制度，创新服务，创新文化。这样，企业才能越做越大，越做越强。为此，我们制定了“请、买、租、纳、育”的人才方针，用各种方法引进和培育人才。

引进人才是改善员工队伍知识结构的重要方面，特别是改善和提升各级领导层、技术和产品研发部门结构档次的重要途径。请人才、买人才、租人才、纳人才，都是属于不同形式的引进人才。从20世纪90年代初，我们就开始了大规模的人才引进，不但引进了大批科技人才，还引进了许多高学历的高管人才；不但引进国内人才，像东磁等单位还通过国务院外国专家局引进了一批批国外专家。同时，东磁等单位还设立了博士后科研工作站。

但是，引进人才毕竟只是一个方面，整体素质的提升还有赖于多数职工的素质提高。为此，早在1991年，我们就开办了横店工业技校，并且开设了与企业发展紧密相关的专业，意在每年把毕业生充实到企业，逐步改变职工的文化结构。

由此，我又想到，集团下属企业员工的主体是横店本地农民或农民子弟，除了要抓好在职员工的培训外，从长远看，更根本的还是要提高横店人的文化素质。然而，横店连好一点的正规幼儿园都没有，虽然有地方办的中小学，但是，没有高中，更没有大学。许多初中毕业的小孩进不了高中，我们的技校又因规模有限不能全收，这样他们一部分进了工厂，一部分因年龄不够进不了工厂，只好在社会上混。我看了很心痛。

那时，在引进人才的同时，我们还把员工送到大专院校去“代培”。从20世纪90年代初开始，我们每年都要花大钱，先后选送了600多个优秀青年员工到大学里深造或“代培”，那个时候，浙江师范大学、浙江大学、浙江工业大学、西安交通大学等高校，都专门为我们开设过“横店班”。开始还不错，比较正规，比较注重质量，到后来却变了，有的学校变得只收钱，马马虎虎，忽悠你了。

在这种情况下，我就想到，与其“借塘养鱼”——送出去“代培”，还不如“挖塘养鱼”——自己办大学来培养。

1994年年初，我请来了刚退休不久的东阳中学老校长俞鉴康，请他帮我创办一所横店大学，我亲自担任名誉校长。我说可以利用原有停产厂房、仓库、宿舍等设施，稍加改造、整修，就可以用上。办学初期可以先采取合办的形式，一切从实际出发，从横店的需要出发，因陋就简，先办起来再逐步完善。

1994年9月16日，横店大学举行开学典礼。

经过不到半年时间的筹备，横店大学一切筹备工作就绪。1994 年 9 月 16 日，横店大学正式开学。在开学典礼上，我说，企业发展靠科技，科技进步靠人才，人才培养靠教育。企业要投入，人才的培养更要投入。

横店大学先是采取同浙江工业大学、杭州电子工业学院联合办学的形式，根据集团的需要，设立了工业外贸、机械设计与制造、精细化工三个全日制大专班，企业管理、财务会计两个大专函授班和一个厂长经理高级培训班。

这是中国农民办的第一所大学，许多新闻单位纷纷进行了报道，中央电视台和省市电视台也播出了新闻。

两个月后的一天，俞鉴康校长给我领来了一位特殊的客人，经他介绍，我才知道，这位客人名叫陈友旺，是台北中国文化大学的教授，是国民党元老陈立夫先生的侄子。他此行是受陈立夫先生之托，专程来拜访我的。

我觉得很是诧异，我说，我同陈立夫先生素不相识，陈立夫先生是如何知道我的，先生又为什么派您来见我，有什么事吗？

陈友旺先生说，伯父是从大陆中央电视台的节目当中知道你的，他很钦佩你为家乡的父老乡亲办了那么多好事，更钦佩你创办了中国农民第一所大学。伯父亲笔写了一个条幅，嘱我奉交给您，并嘱我一定要代他老人家，当面向您表达敬意。

我同陈友旺先生一起打开已经装裱好的卷轴，只见上面写着两排十分苍劲有力的行楷：“人生最大的乐趣是为他人解决困难解除痛苦　文荣先生雅属”，落款是“陈立夫时年九十四（钤姓名章）”。

我连忙说“谢谢！谢谢！”并请陈友旺先生一定代为转达对陈立夫先生的敬意和谢意。没想到陈友旺先生爽快答应后又问我，伯父让我问问，他能不能为横店大学题字？我说，好啊！怎么不能。我们还欢迎陈先生回大陆，到我们横店大学参观指导呢！

不久，陈立夫亲笔题写的“横店大学”四个字又送到了横店。

国民党元老陈立夫先生致赠徐文荣的题词

五年后，即1999年3月，经浙江省教委批复，在原横店大学基础上建立的浙江横店科技专修学院正式成立。几年后，随着浙江横店影视产业实验区的设立，经省教委批准，浙江横店科技专修学院正式改名为横店影视职业技术学院。

实际上，按照我内心的想法，就是想让横店的子弟，初中毕业后，除了少数考上高中，一部分进入我们的技校，剩下的不要直接进入我们的企业，更不能让他们在社会上游荡，要设法让他们继续上高中读书。读了高中，考不上大学的，全部到我们的大学里来读。我办学校的目的，不是赚大钱，而是为了培养下一代。

所以，创办横店大学后，我就一直在筹备，要办一所高级中学，填补横店无高中的空白，让那些初中毕业生，不管成绩好坏，就是分数线不够的学生，也都让他们进高中读书，这样读3年，就扫了高中的“盲”，再读3年的大学，就更加提高一步。我提出来，要打破按照国家规定按分数线招生的框框。对那些家庭有特殊困难的学生，也要资助他们进学校读书。

本来，我是不想去办审批的，自己办起来就行了，反正都是为横店本地服务的。但是，真正要办，却又不能不报上去批。最后，只好一边建，一边按着条条框框来报批。经过了许多的波折，横店高级中学终于经省教委审批并验收合格，于2002年正式招生开学。省教育厅厅长来考察，看完了全校的规模和设施，连连称赞：真是浙中第一校，这是全省规模最大、校舍最好、设施最全的民办高级中学。

经过近10年的努力，我们完善起了从幼儿园、小学、初中，到技校、高中、大学的教育体系。我觉得这是发展文化力的最基础的也是起长远作用的文化工程建设。

开发文化力，我们经历了从自发到自觉的过程。当我们意识到文化力对经济的巨大推动作用，认识到了文化力的重要性，我们就从实际出发，有意识地去开发文化力，提出了“弘扬民族文化，培育现代文化，注重企业文化，发展商业文化，强化道德文化”的文化力开发总思路。

横店集团报

HENG DIAN JI TUAN BAO

中国·横店集团主办（创刊号）

1994年6月23日 农历甲戌年五月十五 星期四

高擎精神文明旗帜

（代发刊词）

徐文荣

横店社团所有制：在华夏大地引起强烈反响

徐总裁访谈录

为有源头活水来

“碧云小筑”购者如云

——记横店集团金华发达房地产公司

企业文化成为横店集团“凝合剂”

徐文荣亲自题写《横店集团报》报名，并撰写了题为《高擎精神文明旗帜》的代发刊词。图为《横店集团报》创刊号。

除了抓长远的教育外，我们还更重视企业自身的现实文化力培育。例如，我们早在1994年6月就创办了《横店集团报》。我在代发刊词中明确指出办报的宗旨是：“倡导横店文化，弘扬横店精神，创造横店名牌，广交横店朋友，宣传横店模式，让横店走向世界，让世界了解横店。”这份报纸从四开小报发展到对开大报，近20年来，在全国和省市得了许多奖，成了员工不可或缺的精神食粮，也是外界了解横店的一个窗口。

除此之外，企业文化建设、企业精神培育、企业CI设计、企业品牌建设、企业名牌创建、企业规章制度建设、企业执行力建设、职工文化体育活动等等，都更加自觉、更加扎实地开展起来了。

在开发文化力的实践中，我们认识到，除了以上这些内在的、间接的、长远起作用的文化软实力外，其实，文化还可以有直接产生经济效益的硬实力，这就是文化产业。

其实，早在20世纪90年代初期，我就意识到了这一点。当时，五村六馆一陵园的建设，除了改善横店城镇面貌的想法以外，我还想通过这些设施的建设，加上横店原有的八面山、屏岩洞府等自然景观，以此为基础，培育出文化旅游产业，作为横店集团新的经济增长点。所以，那个时候，我们就成立了文化旅游集团公司。

当时，我就提出了口号，不但要把横店建成高科技工业城，还要把横店建成中国农民兄弟旅游城。我还到北京，找到了当时的国家旅游局局长何光暐，向他汇报了我的规划设想，并请他为我们题写了“中国农民旅游城”。可以说，当时我真是有些雄心勃勃的。

八、横店文化旅游产业的艰难起步

可是，因为当时没有找准突破点，没有鲜明的特点和个性，又加上外部交通等支持条件不够，所以，横店早期的文化旅游产业起步后，发展却非常艰难，许多景点刚搞起来时很热闹，过不了多久，就冷清下来了。到底怎么搞，我在苦苦求索。

尽管如此，我认准的事，一定要干，困难越大越要去干，并且一定要干成功。

有一次，我跑到省旅游局，想请他们给我出出主意，帮我们把文化旅游产业搞起来。没想到被他们当头浇了一盆冷水。

局长问我，你横店有山没有？我说，横店别的缺，就是不缺山，到处都是山。他说，我问的是有没有什么名山大川？我说，太有名的没有。不过，横店八面山、屏岩山，在东阳也还是蛮有名的。

局长又问，你横店有水没有？我说，有啊！有一条南江就经过横店。他说，我问的是你横店有什么大江大河或者是否靠近大海。我说，那没有。

局长又问，你横店有天有地吗？我说，那还能没有，没天没地，横店人还怎么生活啊？局长说，我是问，横店有机场、通铁路吗？我说，我们正在搞小机场，准备发展航空体育旅游。他笑了，又问，横店有什么风景名胜和名人圣地？我说，屏岩洞府是省级风景区，圣地没有。

局长说，什么都没有，你搞什么旅游嘛！还是老老实实搞你的工业吧！我不服气，心里想，没有就不能让它无中生有？搞起来，不就有了嘛！

后来，一个偶然机会，我得知北京一个电视台退下来的老台长，在筹拍多集电视连续剧《镜花缘》，正忙着到处找景。我找到了这位老台长，请剧组到横店来拍戏。台长问，横店有小桥流水、亭阁楼台吗？我说有。我们的文化村赏月园就有，那是典型的江南园林建筑。后来，这位台长真的被我请到了横店，我陪着她转了所有的景点。最后，她的结论却是，你这里的景好是好，就是不适合拍我这部片子，用不上。

那个时候，中央电视台在无锡搞了个唐城，拍了电视剧后，去参观旅游的人很多，我也去看了，确实火得不得了。我心里想，要是在横店也建几个拍摄基地，旅游不也很快会火起来了吗。

后来，我到北京办事，就去找了中央电视台的杨伟光台长，过去我们就熟悉，所以见了面，我就直说，你们中央电视台能不能到横店来建几个拍摄基地，资金我们出也可以。

没想到，杨伟光也给我浇了一盆冷水。他说，你横店在哪里啊？地图上都找不到，没有机场，不通铁路，也没高速公路通过，从杭州到你那里，都要四五个钟头（当时去杭州的省道正在改造加宽），交通那么不方便，建拍摄基地，谁能到你那里去拍戏啊？你别异想天开啦！

我心里真不舒服，照你那么说，我们什么也别干了，就这样一直落后下去？我对他说，好，你不来建，我们自己建。你小心点，我建起来，有一天就要打倒你，打倒你那个无锡影视拍摄基地。你信不信？

杨伟光笑了，虽然不是轻蔑的笑，但看得出来，他以为我在负气、在开玩笑。

有趣的是，四五年后，无锡影视拍摄基地真的被横店影视城打倒了。2000年，我在杭州召开新闻发布会，宣布横店影视城对国内外剧组免收场租费。从那以后，到横店拍戏的剧组越来越多，到无锡拍戏的剧组却越来越少。开始他们不知道什么原因，后来听说剧组都跑横店去了，因为横店不收场租费。他们不相信，还派出人员，以普通游客的身份，买门票进入到横店影视城各景区拍摄现场，暗中向剧组人员打听，横店是不是真的免收场租费？在得到一个个剧组的肯定回答后，他们看到了横店影视城的规模，终于明白了，为什么一个个剧组都往横店跑的原因。后来，虽然中央电视台利用自己的优势，在中央台大做无锡影视基地的广告，但是，除了他们中央台投资的电视剧外，其他剧组很少再往无锡跑。

再后来，杨伟光从中央电视台台长位置退下来了，他自己也组织人到横店拍戏。有一次，他来到横店，我陪同他参观了横店影视城的各个拍摄基地。他看着一个一个规模庞大的拍摄基地和摄影棚，真的是非常吃惊，他笑着对我说，老徐啊，你真厉害，我真的被你打倒了。看得出，他说这个话是真诚的。

当然，这是后话，当时说要打倒你，也是脱口而出，并不是说我真看到了这一天，只是表达了我那时的一种信心和勇气。

我想发展文化旅游产业，被人浇冷水，还算是小事，毕竟还是朋友之间的一种善意劝说。更可气的是有些人，借横店搞旅游而进行恶意攻击。

我们重修横店大佛寺，既是一个旅游项目，又得到了老百姓的拥护。省里有几个退下来的老领导，对当时的省委书记有意见，就借横店大佛寺来说事，说省委书记支持横店徐文荣大搞封建迷信，他们还把横店重修大佛寺这个事告到了中纪委。上面下来调查，找到我。我说，这大佛寺历史上就有，重修大佛寺是老百姓的愿望。又问报批过没有。我说，宪法里就有宗教信仰自由。他说，没有报批过，就得敲掉。我说，好啊，你们来敲，敲之前先问问老百姓答应不答应。我说，我这是搞的旅游项目。大佛肚子里是空的，游客可以顺着楼梯，一直爬到大佛的脸部，从大佛的眼睛往外看。我还要让大佛开口，天天在讲“一个中心、两个基本点好！”“邓小平好！”你说，这是不是迷信？

后来，他们说，不管怎么说，你这是寺院，还是要报上去批好。那么，好，我们就组织材料，通过县里，再报到省里。经过省委常委会审议，总算办完了审批手续。不过，还有一个条件，这件事必须要在全省通报批评。我说，通报就通报，只要批下来，怎么都可以。

省里那个退下来的老领导依然认为徐文荣搞迷信、搞十八层地狱，还说徐文荣把同领导人拍的照片挂在寺院里，影响很坏，说这都是省委书记在后面支持搞的。后来，中纪委过问了这个事，省委很重视，派了一个省委副秘书长带了几个人到横店来调查。他们到横店大佛寺实地一看，根本没有这回事。

来调查的人半认真半开玩笑地问我，徐总，你拜不拜佛？我说，我出钱造了他，我不拜他，他应拜我。我不拜佛，但是有很多人来拜佛。我是共产党员，我不信佛。但是，我相信，信佛不是简单的认为那就是迷信。宗教是一种独特的文化，自古以来，对治国安邦、惩恶扬善、安抚民心，都起到了很大的作用。开发宗教文化，应该是文化建设的一部分。

后来，省里在横店召开全省老年协会工作会议，这位老领导也来了。这次他不但看了大佛寺，还看了其他许多景点。开会时，在主席台上他坐在我的边上，他对我说，啊呀！我过去讲的话错了。

他回去以后不久，省政协领导打电话给东阳市政协的领导，问能不能同意他们省政协老同志到横店来参观考察？市政协领导跑来跟我说，我说，为什么不同意呢？他说，只怕你们对原来那个领导有意见，不欢迎。我说，没意见。我们老百姓地方大，肚量也大。欢迎他们来，肯定会热情接待他们的。

现在，回过头来总结，不管怎么说，1996 年之前建成的横店五村六馆一陵园，为日后横店文化产业的发展打下了基础；那时的艰难起步和探索，对以后横店的文化产业的发展，提供了思想准备和极其宝贵的经验。可以说，没有当年的五村六馆一陵园建设，没有当年的起步和探索，就不会有今天名扬海内外的横店影视城，就不会有今天横店的文化产业。

俗话说，机遇总是为有准备的人准备的。正是因为我们一直在不断努力，千方百计为发展文化旅游产业寻找突破口，所以，一旦有了机会和可能，就会被我们迅速抓住。

九、谢晋的《鸦片战争》给了横店历史机遇

1995 年 12 月 14 日，谢晋导演为拍摄迎接香港回归的历史巨片《鸦片战争》，到东阳卢宅选外景。当时谢晋并不知道横店，我也不认识谢晋，因为那时在农村是很难得看到一场电影的。当然，我也不知道谢晋到了东阳。

后来才知道，陪同谢晋选景的是当时的浙江省电影公司副总经理赵和平，他陪谢晋看完卢宅后，建议到横店看看。赵和平当过东阳市委宣传部部长，他了解

横店，他说，横店搞了不少旅游景点，有许多古典园林建筑，很不错的，也许能用上。于是，谢晋一行意外地来到了横店。

我陪同谢晋参观了横店度假村、文化村、娱乐村、大佛寺等景点。谢晋对横店景点称赞有加，特别对文化村里的赏月园、百亭公园、神话荟萃园和大智禅寺的古典建筑工艺赞不绝口。但是，他说，徐老总，你的景点好是好，确实好，可惜我要拍的片子用不上啊！

晚上，我陪谢晋一行客人在度假村吃饭，席间，谢晋谈起中央领导对《鸦片战争》这部片子非常重视，已列入香港回归重大活动计划，但时间非常紧迫，特别是外景基地建设，虽然上海、广州两地都在争，但至今都没落实，时间却一天天飞快地过去，心里非常着急。谢晋对政府部门和国营单位十分低下的办事效率很是恼火，很失望也很无奈。

我当时就说，就建到我们横店来，我出钱给你建，人家用一年时间，我们用半年，人家用半年，我们用 3 个月，保证按你要求建好，绝不耽误你一天的拍片时间。谢晋只是客气地笑笑：好啊！好啊！

其实，当时谢晋并不相信横店能建拍摄基地，直到用完餐上车回东阳，有人向谢晋提出，是否可以考虑在横店建，谢晋说，酒席上的话，你们也当真？横店有这个条件和能力建吗？那不是开玩笑嘛！

但是，我哪里是在开玩笑。我是真心实意想帮谢晋完成好这部历史巨片的拍摄，因为迎接香港回归是全体中华儿女的事。再说，建影视拍摄基地，以此带动旅游和第三产业发展，这是我们多年的愿望。机会是可遇不可求的，既然机会来到我们面前，我们岂能轻易放过。

就在谢晋离开东阳不到一星期，我就派我的副手赶到上海，与谢晋具体商谈合作的事项。直到这时，谢晋还半信半疑：你们徐老板真有这个意思？当他知道了我们的诚意，确认这是真的以后，可以说是喜出望外，结果，不到半天时间就谈定了整个事情。

我的副手向我汇报了事情经过和商谈的结果，我很满意。我组织有关人员，观看了他从上海带回来的拍摄基地模型的录像，大家认为，这些个房屋和街道建设，完全没有问题。大家的信心都很足。

1996年，新年钟声响过没几天，摄制组的美工师们便来到了横店，为建设外景基地选址。因为要选一块尽量少占耕地，又能避开高压线等现代建筑物，适合营造150年前老广州街景的地方很不容易。我亲自陪着他们跋山涉水，上坡下坎，整整走了两天，终于找到了一块相对理想的地方。尽管土石方工程量大了些，我说，为了节省耕地，我们宁可多花钱。

建设地址选定了，美工师们经过几年考证和精心设计制作的“广州街”拍摄基地模型也运到了横店。

“广州街”其实并不只是一条街，它的正式名称叫“十九世纪南粤广州城市街景”，它的模型就整整装了4辆大卡车。整个拍摄基地总面积达319亩，建筑面积达6万多平方米，大小建筑物160多座，另外，还有3万多平方米的水面。景区由3部分组成：一是作为珠江口的人工湖；二是包括官府、民宅、银楼、茶楼、酒肆、商铺、当铺、赌馆、妓院、烟馆等在内的、体现当时南国风情的人字街、黑灯区；三是珠江畔十三夷馆、天字码头及市内小河叉等。十三夷馆是当时西方列强驻广州的领事馆、商务机构，建筑物要体现出各国的风貌。

1996年1月24日，搭建历史巨片《鸦片战争》外景基地——十九世纪南粤广州城市街景签字仪式暨新闻发布会在横店度假村隆重举行。我与谢晋导演郑重地在有关协议文本上签了字。《人民日报》、新华社、《解放日报》、《文汇电影时报》、《新民晚报》、《南方日报》、《浙江日报》、《钱江晚报》、上海东方电视台、浙江有线电视台、香港无线电视台等30多家媒体的记者到会采访和见证了这一历史时刻。

第二天，横店集团“搭建电影《鸦片战争》拍摄基地‘十九世纪南粤广州城市街景’工程总指挥部”正式成立。随后，我们组织了120个施工队、数千名施

1996 年 1 月 24 日，徐文荣（右）与谢晋导演（左）在历史巨片《鸦片战争》搭建外景基地——十九世纪南粤广州城市街景签字仪式上签署合作协议，开启了横店影视文化的先河。

1996 年，徐文荣（右）在《鸦片战争》拍摄现场看望剧组人员，与谢晋导演（左）亲切握手。

《鸦片战争》拍摄基地“十九世纪南粤广州城市街景”建设工地

建成后的“十九世纪南粤广州城市街景”

工人员，日夜奋战在工地。

3 月 5 日，全国“两会”在北京开幕，我作为第八届全国人大代表赴京出席八届人大四次会议。其间，我与作为全国政协常委的谢晋再次见面，实现了我们在横店签订协议时许下的在北京“第二次握手”的约定。谢晋见到我，最关心的当然是外景基地的建设情况。我说，虽然受到低温和雨雪天气的影响，但工程进展顺利，请谢导放心，保证按期完工，不耽误你一天拍摄时间。

到 7 月底，整个工程基本完成，除去风霜雨雪等恶劣天气的影响，横店人实际只用了 3 个多月的时间，就完成了这项浩大的工程，创造出了令人惊叹的“横店速度”！

谢晋导演和《鸦片战争》总美工师邵瑞刚，对拍摄基地建设极为满意。因为我们用的是真材实料，按永久性建筑建造的。邵瑞刚说：“这个景区不是园林建筑，它比园林更丰富，它就是 1840 年的广州城市街，是一件古董，是文物。建设这个实景保证了影片制景的质量。”他说：“这个景是按照谢晋导演的质量标准建设的，它比其他地方类似的影视外景基地艺术效果要更胜一筹，对其他的剧组会有很大的吸引力。”

的确，谢晋对拍摄基地建设的要求近乎苛刻。比如，街道上铺设的石板，谢晋要求必须用旧石板。这上哪儿去找那么多旧石板啊，这不是用钱多少的问题，实在是难度太大了。但谢晋导演坚持每一块石板必须是旧的、是用过的。我们只得听谢导的。我们派出员工，到远近乡村去收，花钱买新石板去换村里的老石板，另外再贴钱；到偏僻田野去找，甚至把无主坟的石板也拆下来用。最后，终于达到了谢晋导演的要求。

1996 年 8 月 8 日 8 时 8 分，“十九世纪南粤广州城市街景”建成开业暨影片《鸦片战争》开机仪式新闻发布会在横店外景基地举行。谢晋导演非常兴奋，感谢横店人帮他把想象中的场景变成了现实，并邀请我与他一起，坐在监视器前观看在横店第一场戏的拍摄。此后，摄制组先后在横店进行了近两个月的拍摄。横店集团则尽自己所能，为剧组提供了各个方面的服务和支持。

12 月 2 日，影片《鸦片战争》在横店外景基地完成了最后一个镜头的拍摄。谢晋导演激动地邀请我，与他一起点燃了庆贺关机的鞭炮。

1997 年 7 月 1 日，在举世瞩目的香港回归中国的历史时刻，历史巨片《鸦片战争》同时在全球公映。荣幸的是，我本人因为建造拍摄基地，支持影片《鸦片战争》拍摄这个原因，获有关部门邀请，赴香港参加了回归喜庆活动，亲自体验了香港回到祖国怀抱的历史性时刻。

香港回归 3 天后，谢晋带着剧组主创人员回到横店，在横店体育馆举行答谢暨庆功大会，感谢横店集团和横店人民对《鸦片战争》拍摄的大力支持。谢晋导演说，横店集团对历史巨片《鸦片战争》获得巨大成功功不可没，没有徐老总的支持，就没有影片的成功；没有横店“广州街”那么好的拍摄基地，就没有电影《鸦片战争》这么好的艺术效果。我说，要感谢谢导，是谢导为我们打开了影视文化的大门，是谢导带着《鸦片战争》到横店，实现了影视文化与企业文化的联姻。

《鸦片战争》在横店拍摄期间，中央部委、省市各级领导纷纷到横店看望剧组人员；各级新闻媒体争相来横店采访报道；各地追星族纷纷追到横店一睹明星风采；远近群众纷纷赶来看新鲜看热闹。可见一个拍摄基地，一部片子，它的吸引力是很大的。可以说是起到了巨大的广告效应。

同时，为了配合影片的拍摄，我们为剧组提供了大量的群众演员，提供了住宿、餐饮、运输、服装道具制作等等的配套服务。这说明影视拍摄，可以提供大量的就业机会，可以带动许多第三产业的发展。

随着影片《鸦片战争》的公映，横店的影响力越来越大，不但到横店旅游的人越来越多，而且到横店来拍摄的影视剧组也开始多起来。随着新剧组的进入，不少剧组又向我们提出了新的要求。紧接着，我们又建起了表现 150 多年前老香港风貌的“香港街”拍摄基地。为了满足剧组的需求，也是为了形成影视拍摄基地的规模效应，从此以后，一个个规模更大的影视拍摄基地在横店拔地而起。

十、《荆轲刺秦王》让“秦王宫”再现

《鸦片战争》剧组走了，横店影视文化的大门却打开了。

谢晋他们走了没几个月，由福建电视台、福建电影制片厂和香港东方电影出品有限公司合作的长篇电视连续剧《归航》剧组，就来到了横店，著名演员潘虹和港台、新加坡的名演员黄百鸣、袁咏仪、赵文瑄、伍咏薇等在横店拍摄了好几个月。

紧接着，日本朝日电视台《香港的故事》来到了横店。73 岁高龄的旅日华侨陈舜臣先生是这部片子的主角。他说，是在看了谢晋导演的《鸦片战争》部分镜头后，才决定把横店作为主要外景基地的。

再接着，由何冀平等编剧，卢伦常导演，赵文瑄、潘虹、张延、黄磊等加盟演出的 30 集电视剧《千秋家国梦》又在横店开机。上海东方电视台音乐电视《回归》到横店拍摄。宁波电视台《天要落雨娘要嫁》，浙江电视台《哪壶不开提哪壶》《万金油》又先后在横店开机。

由金韬、刘月执导，程前主演的 20 集电视连续剧《南方有嘉木》刚刚结束在横店的拍摄，由何群、马中骏任编导，由香港著名演员赵雅芝、汤镇宗和大陆著名演员巍子、史兰芽等出演的 29 集电视连续剧《百年沉浮》剧组又浩浩荡荡开进了横店影视城。一部反映太平天国农民起义的长篇电视连续剧《天国传奇》刚在横店摆开了“战场”，著名导演胡玫带着唐国强主演的《雍正王朝》剧组又来到了横店。

总之，《鸦片战争》的拍摄和放映，使影视界越来越多的人知道了横店，越来越多的剧组慕名到横店拍戏。

当年在《鸦片战争》剧组里担任道具陈设的北影厂资深陈设设计师张先春在拍完《鸦片战争》后不久，就到了退休年龄，本来他受合肥一家单位邀请，准备过去帮忙。我知道消息后，亲自到北京当面请他到横店来，当我们影视拍摄基地艺术总顾问。我说，横店帮助你们拍摄了《鸦片战争》，你们也得了百花奖，你为什么就不能帮帮横店呢？我们本来也熟，见我这么说，他也就同意了。后来，他在横店一干就是20多年。

那个时候，大导演陈凯歌酝酿和筹备了8年之久的历史大片《荆轲刺秦王》，正为主场景“秦王宫”的建设而陷入困境。一天，他遇到了张先春，他们是老朋友，在陈凯歌拍摄《霸王别姬》时就合作过。

张先春对陈凯歌说，你为什么不去找找横店的徐老板，你去找徐老板，这事准行。后来，陈凯歌真的就来找我了。我听了他对这部片子和主场景“秦王宫”的介绍后说，好吧，到横店来，我们帮你建。

据说，为了追求历史的真实和表现秦王朝的磅礴气势，这部片子的总美工师霍廷霄做了4年时间的考证和设计。秦王宫占地800亩，由四海归一殿等27座宫廷建筑组成，中宫门和复道暗门机关，把整个王城分成前广场和后广场。前广场有正门门楼、甬道、角楼、雀楼；后广场能容纳十几万人，甬道尽头是99级台阶，主殿四海归一殿就耸立在高台上。主殿又分前殿、中殿和后殿，纵深达600米，有142根大柱，支撑起大跨度、大构造的三重屋顶。正殿两侧有东西长廊、东西偏殿、东西望楼、东西城门楼；主殿后有王城御花园。整座王宫以几十米高的城墙来围护。为了影片拍摄需要，秦王宫西侧还有同时期的燕国王宫华阳台。整个拍摄基地总建筑面积达11万多平方米。

我们在荒山野岭上炸平了8个山头，为了赶时间，雨季也不停工。为了防水，保证爆破效果，工人们想出办法，在一管管炸药外边套上避孕套。结果，据说周边市县的避孕套，竟一时之间都被他们买脱销了。

那段时间，我只要不出差、不开会，几乎天天往工地上跑。那时，为了抢时间，几十支施工队一起上，工地上是遍地开花，所以里面地形变化很快，临时道路有时一天就变几变。一次，我下班后又开着车子进了工地，结果，在工地上转来转去，转迷了路，转不出来了。家里人到处找我，找不着，很着急。等我转出去，回到家，已经很晚了。后来，老伴怕我出事，下班后，她总是陪着我一起到工地上去转。

1997年夏，徐文荣（右一）在影视拍摄基地建设工地检查指导。

经过8个月的连续奋战，一座再现2000多年前建筑风貌的宏伟王城宫殿，屹然耸立在横店的登龙山下。据说，《荆轲刺秦王》剧组的总美工师霍廷霄，看到眼前这一气势磅礴、宏大无比的建筑时，禁不住热泪满面。他简直不相信自己的眼睛，自己4年的心血，真的被横店人变成了现实！

刚刚送走1997年，陈凯歌就迫不及待地带李雪健、张丰毅、王志文等主要演员和剧组其他人员来到了横店。陈凯歌和剧组人员对秦王宫的建筑，全都赞不绝口。他们的制片主任说，横店的秦王宫非常完美地再现了2000多年前的建筑风格，为把《荆轲刺秦王》拍成精品提供了一个高品质的外景基地，是对我国影视发展的重大贡献。

陈凯歌衷心感谢横店对他的支持，他说，8个月前，这里还是一个个荒山坡，而今却再现了2000多年前气势恢宏的秦王宫，这是令人钦佩、空前绝后的“横店速度”，是一个奇迹。他说，徐老总有超前眼光，到下个世纪（他的意思是再过几年），即使用10倍的钱，也可能建不起来了。他这个话真是说到点子上了。

1998年1月5日，陈凯歌在秦王宫“四海归一殿”前，举行了开机仪式。简短的仪式后，他邀请我在监视器前观看了第一场戏的拍摄全过程。

毕竟是国际级的名牌大导演，非常善于造势。开机15天后，陈凯歌在横店度假村国际会议厅举行了“电影《荆轲刺秦王》 中国·横店中外记者新闻发布会”，来自《人民日报》、中央电视台、上海电视台、浙江电视台、《大众电影》、《银幕天地》及来自日本、法国、德国、芬兰等国的数十家媒体200多名中外记者出席了新闻发布会。

我虽然不懂拍戏，但陈凯歌和他的剧组人员的敬业精神，是很令人感动和敬佩的。1998年春节，陈凯歌和他的剧组人员，就是在横店秦王宫的片场度过的。

这部电影是陈凯歌的大投入、大制作，被新闻界看作是中国乃至亚洲的世纪末大片，也是陈凯歌踌躇满志冲击世界大奖的片子。可是，放映以后的反响和票房并不理想。听说，这部被改名为《刺杀皇帝》的片子在日本还是有比较大的影响的。虽然，这部片子冲击法国戛纳国际电影节，没能如期获得大奖。但是，却因为影片宏大的场景制作，意外地获得了戛纳国际电影节的“艺术贡献奖”，影片美工师屠居华获最高技术委员会技术大奖。多少给了陈凯歌一点安慰。后来，这部片子还获得了国际影评人联盟大奖“费比西奖”和第51届电影全球最佳外语片奖。

影视界和娱乐媒体说，张艺谋和陈凯歌是中国第五代导演的两面旗帜。又说，他们俩互相较劲，“暗战”了20多年，而且还将继续“暗战”下去。令我没有想到的是，横店无意之中，竟成了他们“暗战”的战场和PK的舞台。

陈凯歌在横店拍完《荆轲刺秦王》三年后，张艺谋筹拍电影《英雄》，他去了很多地方选择外景地，都不满意。最后，他来到了横店，看到了气势宏伟的秦王宫后，脱口而出：“就是它了！”

电影《英雄》拍摄现场

横店秦王宫里游人如织

电影《英雄》讲的其实还是“荆轲刺秦王”的故事，只是用不同的理念、不同的角度、不同的人物和故事情节，去演绎同一个历史故事。张艺谋来到横店秦王宫，除了把“四海归一殿”里秦王宝座前的“水天一色”“天桥水池”，用木板覆盖以外，就是把整座宫殿的颜色基调全部变成黑色，连长长的甬道、广场上的诽谤柱和 99 级台阶，全部都漆成了黑色，其他再也没什么改变。所以，有人说，张艺谋捡了陈凯歌的一个便宜。

《英雄》拍成后，在全国创下了 2.4 亿元票房收入新高，而《荆轲刺秦王》在全国的票房收入只有 1000 万元。尽管陈凯歌说，他不喜欢《英雄》，这个电影很有问题，这部片子是空的。但是，毕竟难以改变票房收入数字这个事实。

陈凯歌毕竟是大导演，他不会只靠口舌之争取胜，最终还是要靠拍出来的电影片子来说话。他的新片就是《无极》。有记者说，以陈凯歌的性格，他似乎再没有比在横店拍摄《无极》更适合的路可走。他必须在自己耗费心思设计、却被张艺谋用作《英雄》主场景的秦王宫中重新站起来。

陈凯歌真的回来了。就在张艺谋拍完《英雄》后两年，也是陈凯歌拍摄《荆轲刺秦王》六年后，他带着《无极》剧组，再次踏上了横店的土地。

陈凯歌面对横店这六年的巨大变化，感慨地说，哪怕这次场景不选在秦王宫，我也会把主要拍摄场地放在横店！我要用《无极》打开好莱坞的市场，更要带好莱坞的电影人到横店来，把横店打造成“东方好莱坞”。

陈凯歌回到了六年前我为他建造的秦王宫，但是，这次他的主要拍摄场景，不再是气势逼人的秦王宫主殿“四海归一殿”，而是要求在大殿前的大广场上搭建出一座圆环套圆环的“魔幻王城”。

为了支持他拍《无极》，我同意他在秦王宫里建“城中城”，甚至后来还冒着游客的强烈反应，宁肯损失 300 万元门票收入，答应他的请求，对秦王宫景区实行了封闭，不许游客进入，专供剧组使用。但是，后来我却听到了一些不愉快的事情。

横店影视城下属的专业制景装修公司，为陈凯歌在秦王宫大广场搭建“魔幻王城”。因时间紧，又逢雨季，可能某些地方没有处理好。为了某些局部的漏雨，陈大导演就对我们的工人大发雷霆。如果说，这是艺术家为了对艺术追求的精益求精，那倒好理解。但是，后来他居然以此为理由，对制景公司的劳务费用结算进行卡扣，闹得很不愉快。我联想到，有人说，陈导拍《无极》，对场景有一个特别的要求，坚决不用《英雄》留下的。我觉得，一个国际知名的大导演，未免也太小气了点。

陈凯歌的《无极》上映前后，正好张艺谋的《千里走单骑》也上映。我不知道他们这一个回合的较劲，谁胜谁负，也不知道陈凯歌的《无极》进军好莱坞最后的结果如何。

后来，陈凯歌想拍《李自成》，希望横店能建紫禁城。我们也真 1∶1 的建起来了。只是，陈凯歌后来再也没来横店拍戏。倒是张艺谋，在陈凯歌拍《无极》两年后，又带着他的《满城尽带黄金甲》剧组，浩浩荡荡地开进了横店影视城“明清宫苑”拍摄基地。

十一、横店影视城，成败谁人知

实际上，我们为陈凯歌建造秦王宫的时候，以及陈凯歌导演在横店秦王宫拍摄《荆轲刺秦王》那段时间，正是我们集团内部对建影视拍摄基地意见不统一、外部对横店集团议论甚至非议最多的时候。

由于横店在影视界的影响越来越大，许多导演、制片来到了横店，希望我们帮着建拍摄基地。那个时候，秦王宫还没完工，十九世纪南粤广州城市街景、清明上河图、横店老街等又相继开工，许多项目都是交叉平行进行。这样一来，集团领导班子中有的人就认为对工业这条线重视不够，下面工厂的领导，也认为他们被冷落了，有意见。所以，内部出现了各种不同的议论和看法。

随着横店影视城在外边的影响越来越大，也引起了金融系统的关注。有些人本来就对横店有意见，这时就添油加醋地造舆论，说横店拿银行的贷款搞影视拍摄基地。其实，我们搞拍摄基地建设，没用银行一分钱贷款，全是用我们自己工业的积累。但是，还是有些不明真相的人，以此为借口，对横店工业项目贷款设置障碍。

影视拍摄基地的投入一般都比较大，回收周期却比较长，加上国内各地的影视拍摄基地的经营普遍陷入困境。因此，不但集团领导班子内部的人担忧，连我的老伴也为我担忧，她劝我，都那么大岁数了，少搞几个，把现有几个拍摄基地和景点经营好就好了。

我的想法是，横店影视城必须尽快形成规模优势。国内许多影视基地，死就死在场景单一，没有规模。横店影视城要想生存下去，要想发展，就要尽可能满足各类剧组对各类场景的拍摄需要，要让剧组进到横店后，所需的场景都能在横店找到，不需要转场，还要发展和完善对影视拍摄的各项配套服务。我当时就提出，横店影视城发展的目标，就是让导演带着本子进来，带着片子出去。

横店清明上河图景观

2006年12月7日起，以横店集团创业发展为背景，以徐文荣和徐永安两代企业家为原型的22集电视连续剧《农民代表》在中央电视台一套黄金时段播出。图为徐文荣与剧中男主角扮演者修宗迪合影。

有人说我徐文荣一意孤行。虽然没有人站出来公开反对我搞影视拍摄基地，但我知道，是有一些人反对的。可是，我这个人向来就是，只要我认准了的事，不管谁反对，我都要干到底。

不过，我知道，必须要把道理给我们的干部骨干讲清楚，特别是我们集团领导班子的思想必须统一起来。再一个，地方党政领导也必须理解我的想法，只有理解了，才能更好地支持。

为此，1998年8月下旬，我在金华宾馆组织召开了一次重要会议，叫作“横店集团二次创业研讨会”，集团和下属企业中层以上干部全部参加，同时，我还邀请了东阳市委书记、市长和横店镇党政领导参加会议。为什么要到金华去开会，不是因为横店没地方开会，而是为了不受干扰，让大家安心开会。

在会上，我一口气讲了3个多小时。我从横店集团发展经济的根本目的，讲到横店集团发展的方向定位，重点讲发展以影视文化为龙头的文化产业，带动第三产业发展，对横店的现实意义和长远意义。

首先，我讲了横店集团发展经济的目的是什么？尽管我们平时都讲了，但要再一次认识。我说，我们横店集团发展经济的目的，是为社区人民作贡献，要让社区人民生活水平走在全国农村的最前面。

接着，我讲了横店集团发展经济的方向定位，就是工业高科技，影视旅游高水平，依托第三产业致富是主目标。一句话，将来横店的富，不是富在工业，而是富在第三产业上。为什么？我讲了以下这些理由。

第三产业不但能使我们横店集团集体致富，还能够带动横店所有老百姓富起来。现在横店很多人在集团企业赚钱，但还有很多人不能到集团上班。第三产业发展以后，才能够让每家每户每个人（除了小孩），都有赚钱的机会。

在横店办工业，特别是高科技工业，是有条件限制的，有人才制约、土地限制、水资源限制、环境容量限制。所以，在横店，想把工业规模搞得很大很大是不可能的。

如果企业都办到外地去了，让本地的老百姓都到外地去工作，这是不可能，也是不现实的。要共同致富，不可能把我们赚来的钱，白白分给他们，这也是不可能的。

办工业的风险很大，特别是高科技、大企业，企业越大，风险越大。再说，任何工业产品都有周期性，产品生命没有了，要发展新的产品，必须要有新的投入。不是说不要发展工业。而是现在我们要千方百计克服困难，发展高科技工业，获得更大的利润，来发展我们的第三产业。

发展第三产业以什么为龙头？当然要以影视产业为龙头。影视文化产业能够带动文化旅游，带动商贸、餐饮业、运输业和其他服务业。第三产业是无烟工业，就业门槛低，适应面广，劳动力的文化素质差一点也没关系。影视产业发展起来，只要景好，总有人来，有钱就会有人来旅游。现在，我们走到前面去了，以后别人不可能再来造你这个东西了。

即使将来发生战争，你工厂可能原材料进不来，产品出不去，要瘫痪，几年后，工厂就是一堆废铁。但是，我这些景点在，大不了我关门，打完仗，人们还是要过生活，我打扫干净，打开城门，元宝就会送进来。

所以，我说，有这么一个强大的物质基础，将来我们横店人民的生活水平是永远倒不了的。换句话说，就是全部工业倒掉，横店人民生活还是非常富裕的。我们现在做事，要为子孙后代着想，要从长远的观点来考虑。

我说，秦始皇统一中国这是大功劳，但是，真正留到现在，看得见，还能创造效益的，只有一个长城，一个兵马俑。现在，长城、兵马俑，一天有 10 几万中外游客去旅游，最多的时候是 30 几万人，光门票一天要收多少啊！

美国最热闹的是拉斯维加斯、迪尼斯乐园、好莱坞，他们每天门票要收多少钱啊！那里本来是一片荒漠地啊，带动了多少人富起来！

所以，我提出来，我们发展经济的方向定位，从短期来说，是以高科技工业为主，从长远来看，应该定在以第三产业为主。

在一段时间里，有许多人对这个问题不理解、不认识，有的是嘴巴不讲，心里在骂；有的是嘴巴也在骂，在公开场合攻击；有的甚至说，横店集团深层次的问题，首先要停止文化建设，搞工业，如果再这样搞下去，横店非垮台不可。

我严厉批评了这些不正确的观点和指责。实际上，他们对第三产业缺乏知识，缺乏了解，只站在小天地里看问题。我提出，不说人家，就说我们内部，首先要提高认识、统一思想。

经过两天会议的讨论，可以说，大家接受了我的想法和思路，提高了对影视文化产业和第三产业的认识。同时，东阳市和横店镇党政领导，也都明确表示支持我的发展思路。

现在回过头来看，这次会议，对于横店经济发展，特别是对横店以影视为龙头的第三产业的发展，具有非常重要的意义和指导作用。

认识提高了，内部思想也统一了。因此，也加快了各拍摄基地和配套设施建设的进度。

不过，这样一来，却引起了许多上级领导和外面朋友的担心和忧虑。有一次，我到省政府办完事，顺便去看望一位副省长。他既是领导又是我的老朋友，还是我们东阳老乡。在他当省计委主任的时候，我们就很熟悉，彼此说话都很直爽，没有客套，也不拐弯抹角。那时，他就提醒我，要我注意投资方向，把工业实体做好。我对他说，文化产业是新兴产业，是朝阳产业，前途无量。那个时候我们就争吵过。

那一天，我到了这位副省长的办公室，他一见面就对我说，老徐啊，现在对你的议论很多，你要注意啊！我说，你都听到一些什么议论啊？好像多严重似的。他说，你知道吗？在省府大院里，有一半人说你好，有一半人说你不好，说你瞎搞、乱来。我听后，禁不住笑起来。我说，我是个农民，是个老百姓，这么大一个省府大院，有一半人说我好，我高兴都来不及。另有一半人说我不好，这有什么关系，这有什么好担心的呀？

见我这么说，他看出来，他的话根本没引起我的重视。于是，他接着说，老徐啊！我不是给你开玩笑，我是作为朋友提醒你哩！有不少领导说，横店徐文荣瞎投资，搞那么多非生产性建设，真是乱弹琴。你搞工业，特别是高科技工业，我支持你，银行不给你贷款，我可以找他们去说。可是，你搞什么影视拍摄基地，我就不能支持你。

我说，我们工业没有放弃呀，每年都有高科技新项目上马。搞影视拍摄基地，我们是开辟新的产业，培育新的经济增长点。我看准了，你支持，我要干；你不支持，我照样也要干。

就这样，你一句，我一句，声音也越来越大，谁都有自己的道理，弄得秘书和工作人员以为副省长办公室出了什么事，好几次推门进来，副省长都把他们推出门外，我们又接着“吵”。可是，我们“吵”了一个上午，谁也不能说服谁。

好几年以后，他从副省长位置上退下来了，我请他到横店来看看。他来了，看到横店那么多拍摄基地，到处都有剧组在拍戏，到处都是成群结队的游客，看到横店新的电子工业园区、磁性工业园区，看到横店一派欣欣向荣的景象。他说，老徐啊，你是对的！还是你有眼光，我服了你了。

当然，他说这话是在看到了横店影视城成功以后说的，而在我们初创、前景不明朗时，其实大部分人是持怀疑态度的，就连一直关注和支持我们横店集团发展的经济日报社的朋友也是如此。

1999 年元旦过后不久，经济日报社副总编辑带着几个记者，到横店重点采访和了解影视文化旅游产业发展情况。我陪着他们参观了已投入使用的影视拍摄基地和正在建设的影视拍摄基地，并谈了我们以影视为龙头，发展文化旅游和第三产业的规划，回答了他们的提问。

不久，《经济日报》以整版的篇幅刊登了副总编辑和另一记者写的长篇署名文章。标题十分的抢眼：眉题是，“浙中偏僻乡村，8 个影视基地，投资已达 5 亿，还要再投 7 亿”，主标题是特大号字体：“横店影视城　成败谁能知”。

文章一开头，就是“这是一项充满风险的投资。也是一项颇有争议的投资”。接着是，“能成功吗？有人怀疑。失败咋办？有人担心”。

从头到尾，通篇文章充满着疑问，整个基调是怀疑的、否定的。从它的小标题就可以明显地看出这一点：第一个小标题是“身临其境，你不能不为之感叹，感叹之余，脑子里不由冒出一个又一个疑问”。接着是四个带问号的小标题：“企业做大以后，该向何处扩张？”“投资如此巨大，资金从何而来？”“投入须有产出，能否产生效益？”“成功还是失败，此事谁能把握？”文章的结论是，目前，对横店影视城的成败是非作出判断，显然为时过早。

文章写得不错，可是，从根本上来说，还是不相信横店人，不相信徐文荣，没有理解我的思路和想法。

还有新闻界的人在《中国报刊月报》发表文章，说，美国好莱坞是资本主义社会的产物，我们是社会主义国家，不应以美国好莱坞作为效仿的榜样。指责横店在“说大话”，是“天方夜谭”，还武断地说，横店影视拍摄基地“没有什么实用价值和历史价值，也没什么艺术价值，只不过应景一时而已”。说这个话的人，就不是不理解我们的人，而是抱着极左思想不放，根本看不起农民，睁着眼睛说瞎话的人。

有时我觉得奇怪，我们中国的记者，天天在国内跑，没有语言文化的障碍，但眼光却赶不上一个外国学者。就在经济日报社记者来横店之前，我还接待过一个中文名字叫“顾尤勤”的美国人，他是美国一所大学的社会学者。他听了我的介绍，参观了横店影视拍摄基地，拍了一些照片。回美国以后，他在美国权威杂志《好莱坞报道》，发表了长篇图文报道，详细介绍了横店影视城，并且把横店称为“中国的好莱坞”。

我相信，现在任何一个来过横店，或者没来过横店的人，都不会再有这些疑问了。实际上，就在《经济日报》这篇文章发表后没几年，就已经没有人再怀疑横店影视城的成功了。

十二、创办中国农民旅游节

中国是一个农民占绝大多数的国家，但国家的绝大部分文化资源、行政资源、权力资源，都集中在城市。长期以来，农民被认为是文化低、素质差、思想保守、目光短浅的落后群体，他们被社会边缘化。许多从农村出去的人，进了城，就看不起农民，甚至也看不起还在农村的父母。

虽然我从 1974 年开始办厂以后就没种过地，当的是厂长、经理、总裁，还有全国人大代表、全国优秀企业家等头衔，但是，我从不忌讳自己是农民。每当人家要给我戴什么什么“高帽子”的时候，我总是说，“我是个农民”。我觉得，要想人家看得起你，首先你不能自己看不起自己。我认为，中国农民是伟大的。

早在1995年11月，我们横店集团就与中华全国农民报协会、《农民日报》和《湖北农民报》联合发起，举办面向全国的“我是农民”歌曲征集活动。为什么要搞这个活动？因为，我们觉得各行各业都有自己的歌，占中国人口大多数的农民却没有自己的歌。改革开放中的农民，更应该有自己的歌，唱出自己的心声。

征集活动引起了广大农民和社会各界的强烈反响。新华社播发了通稿。《人民日报》《新华每日电讯》《经济日报》等10多家全国性大报都刊登了征歌活动的消息。

这项活动得到了中宣部的肯定和支持，指出“举行‘我是农民’征歌及其系列活动，是新形势下吸引农民群众参与农村精神文明建设的一项重要形式，应该纳入当前正在开展的文化下乡活动，予以大力支持”。

在近一年的时间里，组委会共收到应征歌词13400余首，应征谱曲3500余首，评出入围歌曲35首，入选歌曲25首。组委会精选出《“我是农民”征歌优秀词曲集》正式出版，同时出版了《中国农民之歌》音乐磁带。我应组委会的邀请，题写了“中国农民之歌”，并出席了在湖北电视台演播大厅举行的《我是农民》电视晚会。

尽管农民的歌没有在全国长远地传唱开来，但是，作为一项活动，是成功的，而且是非常有意义的，至少体现了中国农民自主意识的觉醒，反映了改革开放以后，中国农民富而思文、富而思乐的文化诉求。

的确如此，富裕起来的农民，既有求文艺之心，也有求文艺之力。那些年，横店文旅集团和娱乐村，根据群众的需求，每年都要组织若干场文艺晚会或明星演唱会。李谷一、蒋大为、宋祖英、那英、六小龄童、江珊、杨钰莹、毛宁、林依轮、老狼、胡小娥、赵本山等明星大腕，都曾到横店登台献艺。他们高兴而来，满意而归。唯独韦唯，却在横店惹出了一场轰动全国的风波来。

那是1996年9月，集团下属娱乐村，为庆中秋、迎国庆，策划组织了一台名为“中秋之夜”的演唱会。之前，娱乐村作为甲方，与乙方——浙江奥托康歌舞团、广州太平洋艺术团签订演出合同和补充协议，明确了乙方应邀请到的演员和演出场地等，并办理了有关报批手续。

可是，9 月 27 日，韦唯出了杭州机场，当她从前往迎接的娱乐村工作人员口中得知是在横店体育馆演出后，非要把报酬从 6 万元增加到 10 万元，不然，就坐飞机回北京。其实，横店娱乐村从未与韦唯或她的经纪公司直接签过任何协议，是邀请她到横店的人没告诉演出场地。本来责任不在横店，但她却逼着娱乐村的工作人员与她签订一份追加 4 万元的协议。不然，她就不去横店。无奈之下，娱乐村工作人员只好与她签了追加 4 万元出场费的协议书。

可是，到了横店，在演出前，韦唯非要拿到 4 万元现金才肯从度假村去体育馆登台，谁劝说都没用。那天是周六，银行和单位财务人员早已下班，娱乐村负责人没办法，只好到处凑钱，凑来的钱其中有 1 万元是面额较小的小票。当把钱送到她手中，她不顾已经冷场多时，仍要在度假村的房间里一张一张数钱，不但自己数，还要随行的丈夫麦克再数一遍。确认无误后，才肯上车前往体育馆演出。这时，3000 多观众已经等待了 40 多分钟。

这件事被知情的记者披露出去，《钱江晚报》最先作了报道，接着全国的晚报和文化娱乐报刊纷纷报道“只顾热心数钱，哪管演出冷场，韦唯，你心中有观众吗?”讨伐声一片，形成了轰动一时的“韦唯横店风波”。

没想到的是，“横店风波”三年后，“波澜”再起。1999 年 7 月，上海一位作者出版了一本《悲欢沉浮话韦唯》，用长达 4 章的篇幅叙述横店风波，其中，文字充满了对横店和包括我本人在内的多名集团员工的污蔑和诽谤。

我没看过这本书，是身边的工作人员告诉我的，他们要组织文章，全面进行反击，让我挡了下来。

我说，再去炒作三年前的旧事，实在没味道了。我相信，韦唯也不愿意看到。对于书中对横店集团、对我和其他人的不实之词，我们要通过法律途径解决。我们农民不仅是讲理的，而且是讲法的，我们要通过讲法来讲理。

我们把作者和出版社告上了法庭，一审后，对方不服，提起上诉。二审法院驳回上诉，最终判决作者和出版社败诉，判令一审被告立即停止对原告名誉权的侵害，在法院指定的全国性报刊连续三天刊载向原告的道歉声明，作者和出版社分别向原告赔偿精神损失费 2 万元和 1 万元。

这件事说明，富裕起来的农民，对文化娱乐在内的精神消费有着强烈的需求。另外，也说明社会上确有一些人看不起农民，不以平等之心对待农民。农民必须像争取自己的经济权益一样，通过自身的努力，来争取自己的文化权益。

我认为，如果不了解农村，不理解农民，就很难说得上了解中国的国情。有些政治家、理论家，有些党政官员，有些所谓的“专家”“学者”，其实他们不懂国情，与农民隔着一层。

还是邓小平真正懂得中国的国情，他说，中国有百分之八十的人口在农村。中国社会是不是安定，中国经济能不能发展，首先要看农村能不能发展，农民生活是不是好起来。翻两番，最重要的是这百分之八十的人口能不能达到。

1998 年是改革开放 20 周年，1999 年是新中国成立 50 周年，2000 年是世纪交替之年。在这些历史节点的年份里，从上到下，都在总结成就，展望未来。自然有人将目光投向农村。

长期关注我国农村发展的费孝通老人家来到横店，我陪他四处转了转，还到了农民家里。晚上，我与费老在他入住的横店度假村促膝长谈。他说，我 88 岁了，看到了今天的横店，又从今天的横店看到了今天的中国农村和中国农民，我真的很高兴。临走前，他高兴地为我们题词“横店是中国农村经济发展的探路人”。

新华社《瞭望新闻》周刊记者杨桃源对我专访后，发表了《为中国人的能量作注——徐文荣为何能够释放能量》。还有记者写出了“中国改革看农村，农村

徐文荣（左）与全国人大常委会副委员长、著名社会学家费孝通（右）在横店度假村促膝长谈。

改革看横店”的文章。

杭州电视台，选取了浙江8个最有代表性的农民企业家，拍摄了系列电视专题片《8个农村20年》，浙江人民出版社出版了同名书籍。我是“8个”之中的一个，他们侧重反映了我建横店影视城的事情。

我则在想我自己的事，做我自己想做的事。我从横店20多年的变化，想到全国农村、农民的变化。感到农民富而思乐、乐而思游，这是个必然趋势。怎么乐？过节最乐。中国传统有各种各样的节，这些年又引进了不少西方的节，就是没一个农民的节。我想办一个中国农民旅游节，既是旅游节，又是丰收节，大家一定高兴，也能大大推动横店影视旅游的发展。

我的想法得到了政府和各有关部门的大力支持。最后确定，由农民日报社、中国旅游报社、浙江省旅游局、金华市人民政府主办，由金华市旅游局、东阳市人民政府、横店集团承办。

1999年11月1日，首届中国农民旅游节在“秦王宫”主殿前广场隆重开幕。国家旅游局发来贺电，称赞说：“农民是我国最大的潜在消费主体，本届旅游节以农民为市场定位，响亮地冠以‘农民旅游’的称号，是积极探索扩大客源市场的一个创举。”

在开幕式上，3000多名全部由横店集团员工表演的大型广场歌舞，特别是民间传统文艺“板凳龙灯”“杨店台阁”“横店走马”“九龙闹海”震撼了现场几万名来宾和观众。

在为期三天的旅游节里，除了大型广场表演外，还有民间文艺大踩街、焰火晚会、飞行表演、全国旅游商品交易会、全国摄影艺术大奖赛、东阳市旅游产品推介会等活动，横店影视城各个拍摄基地也都推出了自己的特色活动。那三天，横店吸引了来自全国各地的游客，真是人山人海，热闹得不得了。

第二年，既是世纪交替之年，又是横店集团成立10周年的大庆之年，我们把集团10周年大庆和第二届中国农民旅游节的筹备合在一起，成立了双庆活动筹备工作指挥部。

首届中国农民旅游节的成功举办，检验了横店集团承办大型节庆活动的能力，同时，引起了国家旅游局和上级政府的关注和充分重视。因此，当我们申办第二届中国农民旅游节时，很快就得到了上面的肯定和支持。为提高档次，第二届中国农民旅游节升格为由国家旅游局和浙江省人民政府主办，金华市旅游局、东阳市政府和横店集团承办。同时，还有一大批的协办单位。其实，大家心里都知道，主要还是横店集团在具体落实各项筹备工作。

第二届中国农民旅游节开幕前，国家旅游局副局长孙钢专程到横店考察，我陪他考察了影视城各个拍摄基地和农民旅游节开幕式主会场。他说，原来只听说有个横店影视城，想不到规模这么大。

听了关于第二届中国农民旅游节筹备工作的汇报，孙钢说，农民办旅游，是横店集团为中国农民做出的一大创举。横店集团办旅游，无论是规模、档次、水

首届中国农民旅游节在横店“秦王宫”主殿前广场隆重开幕

横店举办中国农民旅游节期间，民间文艺踩街活动的热闹场景。

1999年10月31日，徐文荣（右）与应邀前来横店参加首届中国农民旅游节的江苏省华西村党委书记、华西集团董事长吴仁宝（左）亲切交谈。

平、发展态势，在全国都是一流的。农民旅游节是推动农民旅游的一大途径。办农民旅游节，这个点子抓得好。

第二届中国农民旅游节以“新时代、新农民、新风采”为主题，开幕式后举行的《龙腾盛世》大型文艺晚会由朱军、白翎主持，宋祖英、阎维文、冯巩、黄宏、王向荣、胡小娥、含笑、孙楠、臧天朔等一大批当红明星登台献艺。近两万名观众形成了欢乐的海洋。

这届农民旅游节，文化活动丰富多彩，除了开幕式晚会，还有焰火晚会、水上灯展、花式跳伞表演、民间龙灯、农技比武、民间绝活表演、民间文艺大会串、全国摄影大赛等几十个项目。这些项目充满乡土气息，趣味性浓、参与性强，深受农民朋友和广大游客的欢迎。

同时，我们还把商贸、科技与旅游、文化融合在一起，在农民旅游节期间，举办了国际磁性材料技术信息交流暨订货会、国际商贸城项目洽谈会等4个经贸活动，仅东磁就签订了4亿多元的订货合同。

每一届农民旅游节，都是对横店集团的发展，对横店城市化建设的一个极大的推进；特别是对横店的文化旅游，对东阳、金华直至全省的旅游，都是非常重要的推动和促进。

中国农民旅游节从1999年举办首届开始，至2009年已连续举办了8届。每届都有不同的主题，前两届已介绍过，第三届主题是“发展影视文化，推动农民旅游”；第四届是“快乐横店——中国乡村休闲与影视文化旅游”；第五届是“快乐横店——中国乡村休闲与民俗文化”；第六届是“坚持四共精神，提升影视旅游品牌”；第七届是“快乐、参与——新农村、新城镇、新文化”；第八届是“热闹、吉祥——盛世横店，再创辉煌”。

中国农民旅游节的创办，体现了改革开放后中国农民的新风采，展现了中国农村经济改革的巨大成就，展示了新农村建设和农村城市化的发展轨迹。横店中国农民旅游节，既是旅游节，又是丰收节，更是文化节，它已经成了横店影视文化旅游的著名品牌。

十三、善待人生，心系事业，多做奉献

首届中国农民旅游节不久，就是世纪之交的2000年。新世纪的第一个春节很快就到来了，虽然，横店也是和往年春节一样，张灯结彩，贴红纸对联，舞板凳龙，烟花鞭炮此起彼伏，一派传统佳节的欢乐祥和气氛，但是，还是比不上农民旅游节热闹欢腾。

春节，我照例要开着车子，到下属各个工厂去看望仍坚守在工作岗位的工人和干部，但更多的时候，我心里还要谋划节后新一年的工作。

按照集团成立10年来的习惯做法，春节过后上班的第一个大会，就是法制教育大课。参加会议的人员是，各行业子集团、直属企业，车间主任以上干部、

供销人员，以及集团总部全体工作人员。

通常是在年度总结工作、表彰先进以后，由集团法纪中心负责人，或邀请东阳市法制部门的领导，以案说法。这些案例，有的是集团内部发生的，有的是市里其他单位发生的，总之是实际的案例。这样，对我们的干部更有警醒作用。同时，我还要把一些潜在的或刚露出苗头的问题，如回扣、干部渎职、侵占集体利益等问题提出来，对干部员工起到预防和提醒作用。

为什么要这样做？因为，我认为，法制建设是乡镇企业的“保护神”，没有这个“保护神”，乡镇企业就是有了财神也保不住，企业发展起来了，也还是要垮掉。但是，乡镇企业法制教育，不能光讲大道理，空对空，必须要有自己的话语，实打实。这样才有效果。

在内部管理上，我提出来，“开前门，堵后门”，该你得的，不管多少，光明正大，理直气壮地得；不该你得的，一分钱也不能拿，坚决把“后门”堵死。在人际关系上，“只搞竞争，不搞斗争”，对背后搞小动作，整人的人，必须严肃处理。在对外经营中，“绝不让人家骗走我们一分钱，也绝不允许我们去骗人家一分钱”。

实践证明，我们一年一次的从实际出发、各有侧重的法制教育大课，结合平常的法纪常规工作，效果是非常好的。所以，多年来，我们一直这样做。当时，中央提出要开展“致富思源，富而思进”的“双思”教育。我想，法制教育和廉洁教育也是“双思”教育的重要内容。

就在思考2000年春节后的法制教育大课的主题和内容时，我联想到了不久前，我送我的阿婶（即我的继母）去殡仪馆火化时的心里感悟。望着阿婶的身躯在火光中化作一缕青烟、一撮灰烬，我想到，无论地位高低、身份贵贱，最后的终结都一样。我又想到，终点虽都一样，但生命过程却不一样，绝大部分人虽苦于人生苦难，却是心无懊悔地走完了平凡的一生。但是，有的人却误入歧路，进了不该去的地方，带着无法挽回的懊悔离开人世。我感到，如果一个人想明白了这个道理，他就知道了人生在世，该做哪些，不该做哪些。

这样，一个新的法制教育、廉洁教育的方式在我的脑子里形成了。

春节之后上班第一天，事先我让办公室准备了几辆大巴车。然后，要他们通知下属各子公司、直属企业厂长以上干部和总部机关部长以上干部开会，没通知具体开会地点，只要求统一到集团总部大楼前坐车，并规定不得请假，不得自己开车。

那天，除了我和极少数几个人知道底细外，绝大部分人事先并不知道去哪儿开会，不少人上了大巴车后，就问我到哪里开会？我说，到了你们就知道了。

大巴车队出了横店镇，往东阳市区方向开去，大家以为去市里某个单位开会，谁也没想到大巴车开进了殡仪馆。

一时之间，大家疑惑不解，没听说有谁去世了啊，今天来送哪一位呀？下车后，我对大家说，平时大家难得到这里来，今天不是请大家来送哪一位，而是让大家来参观一下这个以后谁都要来的地方。

告别堂里正好有一批人在向逝者举行告别仪式，我要求大家保持肃静，大家缓步从大堂前走过。接着，我领着大家参观了整容室和焚烧炉。在焚烧炉前，有几个胆子小的干部不敢看，我拉着他们说，你们不要怕，怕也没有用，不管是谁，都要过这一关。

从殡仪馆里出来，大巴车子上少了往日的说笑，多了几分凝重和肃穆。突然，大家发现，车子没往横店方向回去，而是向另一方向开去，大家又纳闷了，这又要到哪里去啊？

等车子停下来了，大家才知道，这里是东阳市看守所。市公安局和看守所的领导在门口迎接我们。

进去以后，看守所负责人向大家介绍了基本情况，这里关押的，都是贪污受贿、盗窃、诈骗、抢劫、杀人、组织卖淫或打架斗殴的人，大部分已判了刑，也有等待审判的。接着，他们领我们参观了监舍、伙房以及罪犯放风的地方。在监舍，我还见到了3个我以前认识的人，隔着铁窗，我与他们做了简短的交谈。

回到横店，我把大家集中到大会议室，语重心长地讲了一番话。讲话不长，办公室的人根据录音整理出来，作为内部文件发给集团各单位和部门，所以，今天我们还能看到当年这个讲话：

今天，我带大家去参观平时最忌讳的殡仪馆和看守所，目的是进行一次人生教育，是要大家懂得人生的路应该怎么走，是平稳地走，还是曲折地走？是走向大道，还是走向悬崖？是走向希望，还是走向绝望？是让人生重于泰山，还是轻于鸿毛？

人活一世，总有一死。无论是昔日的皇帝老子，还是如今的领袖人物，虽然面对一片山呼万岁声，但还不是照样呜呼哀哉！有谁长生不老?!

我说这个话，不是要大家悲观失望，而是要大家正视人生，善待人生。一个人双手空空而来，双手空空而去，最终总要见马克思。所以，任何事要想得通，不能无止境地追求私欲。人活着，就要光明磊落、坦坦荡荡；干事业，就要辉辉煌煌、轰轰烈烈。

简单地说，就是一要遵纪守法，二要多做贡献。中国有句老话，叫作人为财死，鸟为食亡。做人没有钱是不行的，钱太多也容易惹来麻烦。今天在看守所，我见到3个熟人，一个原来是警长，受贿2万多，判了两年多；一个原来是党支部书记，拿了几万元，要坐好几年牢；还有一个女人，组织卖淫，被判了5年多。3个人坐牢，全是为了钱！我可以肯定地说，进看守所的人，百分之九十五以上都是为了一个“钱”字而进去的。

所以说，我希望大家不要把钱看得太重。我们都是搞经济的人，特别是在座的老总、厂长们，千万别把钱看得太重。人生要注重的是为老百姓多办点事。公家的事，门槛要松点；私人的事，门槛要紧点。总之一句话，要多为人民办好事，少为个人谋私利。在我们横店集团，对有碍企业经济发展的都要坚决打击，严肃处理。

这几年，企业发展了，但抓经济违法问题反而松懈了。所以，经济违纪事件有所回潮。具体表现在几个方面：

一是假公济私，最突出的是前店后厂，拿着公司的工资、奖金，办着私人的工厂、商店，身在曹营心在汉，人在公司上班，精力放在家里。这决不允许！

二是有些干部利用职权谋私利、拿回扣。现在听到不少反映，究竟有多少，有关部门要排查。有的，要处理；没有的，要接受教育。

钱要赚，但要合法地赚。赚了钱，要多行善事，为社会做点贡献。上次我到四川扶贫，和20名学生结了对子，帮助他们从小学到念完大学，这实际上花不了多少钱。希望大家多做这样的事。就是资本主义国家的大老板，赚钱表明自己有本事、有能力，但也是生不带来、死不带去，就是留给后代，也反而多些矛盾，还是贡献给社会好。

跨入新世纪，我们的任务更艰巨，要求更严格。目前在进行的机构调整，资产重组，公司的每一个人，都要自我加压，多讲贡献，包括引进的人才，不能有“丢了铁饭碗，捧了金饭碗”的思想。如果没贡献、没成绩，连泥饭碗都没有。只要有贡献，收入就会越来越高，钱就会越来越多。所以，我希望大家，要脚踏实地、放眼未来，老老实实做人、踏踏实实工作。

这一特殊的法制教育、廉洁教育和人生观教育，收到了很好的效果，引起了各方关注，《检察日报》和省市多家报纸都作了报道。

这年春天，经过层层的选拔评审，我被授予了“全国劳动模范”称号，并于“五一”前夕去北京参加全国劳模和先进工作者表彰大会，受到了党和国家领导人的接见。

说实话，我得过的很多各种各样的荣誉称号，到底多少，我自己也记不清，但是，我最看重的是“全国劳动模范”这个荣誉，因为，这是国家授予普通劳动者的最高荣誉，是社会对一个人所作出奉献的肯定，也是人生达到的一个最高境界。

从北京回来后，我把国务院发给全国劳模的5000元奖金和赴京参加表彰会的差旅补贴费，全部捐给了横店康复医院老年公寓。后来，我又把东阳市委、市政府奖励的2万元奖金，捐给了横店小学。

在参加金华、东阳组织的全国劳模巡回报告会上，我讲得最多的话就是：我是一个普通劳动者，获此殊荣，感到无上光荣。但光荣属于大家。劳模的本质是奉献。我信奉的是为老百姓办好事，所追求的是所做的工作能为社会所理解，所担心的是时间不够用，所苦恼的则是知识的不足。为此，要勤于学习，加倍努力工作，力争为人民作出更多贡献。

后来，我专门把集团总部和下属子集团的领导骨干，集中到磐安花台山宾馆，举行“致富思源，富而思进”的“双思”演讲会。我说，致富思源，这个“源”，不要只归到我徐文荣一个人头上，归到我一个人头上，你们就错了。应该归到党

2000年5月1日，徐文荣在北京参加“全国劳动模范”表彰会后留影。

的改革开放政策上。

“致富思源”，从大道理上讲，就是现在我们富起来不要忘记党中央的正确领导，不要忘记各级政府对我们的支持，不要忘记人民群众的努力创造，但也不要忘记我们自身所起到的作用，没有自身的创业，横店今天的局面也不可能形成。政策是一样的，为什么有的地方富起来，有的地方富不起来呢？就是这个原因。所以，致富思源这个“源”，是许多因素综合起来的。我提出，更重要的是“富而思进”，要知道“进”哪些？怎么“进”？我讲了包括影视文化产业在内的十二个方面要“进”的内容。

十四、全国首个国家级影视产业实验区

进入 2000 年后，除了当时还在建设的规模宏大的明清宫苑拍摄基地外，那时，横店影视城已经形成了广州街、香港街、秦王宫、清明上河图、横店老街、明清街、江南水乡、古民居和枪战片、武打片等十大影视拍摄基地，以及两个国内最大的摄影棚。为影视拍摄配套的拍摄器材租赁、服装道具制作、运输住宿餐饮服务、群众演员提供等，也逐步完善起来。

我们的目标，还是我说的那句话，“带着本子进来，带着片子出去”。要让横店真正成为中国乃至亚洲最大的影视拍摄和制作基地；同时，使横店成为吸引国内外游客的知名旅游区，以此带动整个文化产业和第三产业的蓬勃发展，使横店老百姓致富有稳定的靠山。

丰富的外景基地，不断完善的配套服务，吸引了越来越多的影视剧组。横店影视城里，摄制组扎堆，热闹得不得了，还出现了两个剧组争抢一个场景的现象。我问过许多导演，我们的拍摄基地寿命会多长？他们说，你们建得很好，是永久性的，是万寿无疆，一百年不过时，正面、反面、侧面都可以拍。

旅游设施也不断完善，为适应剧组和游客不断增加的需要，我们又陆续新建

了贵宾楼、旅游大厦、国贸大厦、影视城宾馆等一批新的宾馆，新增了休闲娱乐健身等活动项目，开发出了有横店特色的旅游项目和旅游产品，到横店来旅游的游客也越来越多了。

这样一来，我们就形成了影视拍摄、旅游观光、餐饮住宿、娱乐健身、休闲度假、经贸洽谈等相互促进的全方位的经营格局。

2000 年 11 月，《旅游区（点）质量等级的划分与评定》国家标准正式实施，经国家旅游局评审组实地考察评审，横店影视城成为全国首批国家 4A 级旅游区，后来，又升格为 5A 级国家旅游区。

这件事，说明我们从 20 世纪 90 年代初期开始，进军文化产业的决策是正确的。在不到 10 年的时间里，从艰难起步，被泼冷水，遭人白眼，受到非议，到站稳脚跟，发展壮大，得到社会肯定，国家承认，虽然一路风雨，困难多多，但是，最后是成功的。

更让我感到欣慰的是，作为民营企业发展文化产业，我们是超前的，但最终却是同党中央的改革开放总体战略相符合的。我们所探索的，正是党中央所希望的。

1996 年 11 月，横店集团与北影厂影视投资座谈会在北京召开，图为与会人员合影，前排左五为徐文荣，右六为邵华泽，右五为谢铁骊，右四为韩三平。第三排左四为张国立，左九为冯小刚，左十为葛优。

2002年11月，党的十六大作出深化文化体制改革，发展文化事业和文化产业的战略部署，提出“顺应时代要求，深化文化体制改革，推动社会主义文化大发展大繁荣”。文化产业第一次作为一个产业门类被提出来，并且同文化事业相提并论。

事实上，尽管有一些人对横店搞文化产业有这样那样的议论和责难声，但是，浙江省委、省政府的领导却一直都是关心和支持我们的，几届省委、省政府领导都到横店视察，给予肯定、鼓励和指导。

李泽民书记多次到横店视察指导，在横店文化产业受人指责非议时，给予了坚定的支持；张德江书记到任浙江后，第一次下基层，就到了横店。后来，他又多次到横店视察指导，对横店的发展给予充分肯定，给我很大的鼓励。后来，他到广东任中央政治局委员、广东省委书记，还多次在有关会议上，宣传介绍横店发展文化产业的经验，要求广东向浙江学习、向横店学习。习近平担任浙江省委书记时，陪同中央政治局委员、书记处书记、中宣部部长刘云山，视察了横店影视城，把横店影视城作为浙江文化体制改革的一个重要典型予以介绍，并对横店影视城的发展作出了重要的指示。

全国人大、全国政协的许多领导人也都十分关心横店影视城的发展，他们多次到横店视察，给予我们很多鼓励和指导。中宣部、中央文化体制改革领导小组、国家广电总局、文化部、国家旅游局和省委宣传部、省广电厅、省文化厅等更是对横店影视城十分关心，有关领导经常到横店视察并给予指导。我觉得，横店影视城的成功，是与各级领导的关心、爱护和指导分不开的。

特别是2003年6月，浙江和广东被确定为全国两个文化体制改革综合试点省份以后，省委、省政府更是把横店影视城列为浙江省文化体制改革的试点项目，重点予以指导。

那个时候，横店影视城已经在国内外小有名气，经过探索创新，在影视文化方面已经打下了很好的基础。浙江省委、省政府经过讨论，一致通过，把实验区

外国友人参观横店影视城

外国记者在横店影视城拍摄现场采访剧组人员

放在横店，争取把横店影视城打造成国家级的影视产业实验区。但是，好事多磨，申报工作一波三折，办得很不顺当。

虽然，省委对这项工作非常重视，领导小组组长由省委副书记梁平波兼任，操作机构由省委宣传部、省广电局等部门组成。但是，最后需要以省政府的名义往上面申报。

没想到，这项工作被一位分管的女副省长卡住了。她不同意上报。梁平波副书记和周国富副书记等省领导帮助做工作，可惜也没有做通。搞具体工作的省委宣传部和省广电局的人更没办法，他们说，算了，不报了。

我知道了这个情况，就说，我来做点工作。我和省广电局有关领导商议，我能不能直接到北京国家广电总局跑一趟试试，看是不是有审批的可能。

当时的国家广电总局局长徐光春是我多年的老朋友。我先给徐光春打了一个电话，说明天要到北京找他。他问来干什么？我说有事找你。他说，明天要开会，要开到 6 点。我说，没关系，我在办公室等你。

结果，第二天，我在徐光春办公室等到下午 6 点半，会议才结束。他说，你有什么事啊？我说，就是影视产业实验区的事，省政府这里报不上来。他说，这个事是有些难。难在土地，只怕土地难批准。国务院今天开会，还拍桌子严厉批评乱用土地。我说，一分土地都不用，全部都建好了，还要什么土地啊！不需要土地，就不需要国务院批吧。他说，你不用土地，我就不怕，那就广电总局批吧。

后来，徐局长问我，取什么名字好。我说，就叫中国横店影视产业实验区吧。他说，不行，“中国”不能挂，挂“中国”要国务院批。我说，那好，少麻烦，就叫横店影视产业实验区好了。这时，副局长赵实来了，我们也是老朋友了，她多次到过横店。我说了这件事，说到起名字，她说，直接叫横店影视产业实验区也好。后来，她走了，半路又折回来，说，想想不对，浙江应该加上去，浙江不加上去，人家会有看法的。我说，好，叫浙江横店影视产业实验区，就这样定了。请局长打电话给浙江省广电局，叫他们马上报上来。前后不到 20 分钟。我

2004 年 11 月 11 日，时任中宣部副部长、国家广电总局局长徐光春（右三）考察浙江横店影视产业实验区，徐文荣（左一）向徐光春汇报实验区发展规划。

说，好了，事情办完了，我回去了。

我回来，把消息告诉省广电局，他们都很高兴，但又都不敢相信。那么难的事，怎么一下子就变得这样简单了。正当他们在议论，半信半疑的时候，徐光春局长秘书的电话打过来了，叫他们不用经过省政府，直接把方案报上去。

没几天，国家广电总局就以正式文件批复，设立浙江横店影视产业实验区。这是全国首家国家级影视产业实验区。

一个星期后，国家广电总局副局长胡占凡考察横店。在听取实验区基础建设和发展规划汇报，参观了各拍摄基地和相关设施以后，胡占凡说，实验区建设要高标准、高质量，要利用好横店的影视资源优势，吸引更多的影视公司进驻横店，吸引游客带动旅游业。

胡占凡副局长还提出，总局研究决定，可以给实验区专门一个上天频道，支持实验区生产的影视片播出。同时，还希望横店创办一所影视艺术学院，初期可以同北京电影学院合作办学。

后来，我们商量，给一个卫星频道，我们要拿出3000多万元钱，还有一系列麻烦的事，我们就推掉先不要了。但学校要办。我们同北京电影学院接触，商谈合作办学的事，他们也很支持。

但是，我们的方案报到省里，那个分管女副省长又不同意，说不能同北京电影学院合作，必须同浙江传媒学院合作。我真弄不清楚，这位女副省长为什么老是同横店过不去，我同她没什么接触，更不会有什么冤仇。那到底是为什么呢？

我想，可能是，这个实验区是文化体制改革的一个新东西，上面也没怎么理清楚，管是省委宣传部主管，省委一位副书记挂帅，具体工作是省委宣传部会同省政府有关厅局在做。我分析，可能他们向分管文化教育的这位女副省长汇报很少，我也没到她那里跑过，所以，她有意见了，生气了，就来卡我们。如果真是这样，那也太小女人气了。如果不是这个原因，我真想不出还有别的原因了。

后来，我们放弃了与北京电影学院的合作，转而同浙江传媒学院合作。结果，省教育厅又将方案报到女副省长那里，她又不批，还说省长不同意。我同省教育厅厅长说，不需要她管，她来管什么。不管她批不批，我们就自己办了。我们将原横店科技专修学院进行了调整，把它转变为浙江横店影视职业学院。

有一次，徐永安从北京回来，正好在杭州萧山机场遇到吕祖善省长，就向他汇报了办学这件事。经过吕省长的直接过问，学校批下来了。但我实在想不明白这位老是卡横店的女副省长不同意的原因。后来，一说到这件事上我就愤愤不平。

不过，说归说，该怎么做，还是怎么做。2004年4月2日，浙江横店影视产业实验区授牌仪式暨新闻发布会在杭州世贸大饭店举行，我们还是邀请了这位分管的女副省长和国家广电总局领导、省委领导等一起坐在主席台上。

事实上，浙江省委对横店文化产业的发展一直是非常重视的。省委梁平波副

2004 年 4 月 2 日，浙江横店影视产业实验区授牌仪式暨新闻发布会会场。

2005 横店 · 中国影视高峰论坛在横店举行

书记指出，横店集团由于注重影视产业的规模化发展，为国家广电总局批准建立浙江横店影视产业实验区奠定了基础。这是件好事，也是我省文化体制改革的一个重点和亮点。我们要把好事办好，就要真抓实干。他强调，为创造有利于实验区发展的政策环境，各级部门要积极行动，不在权限范围内的事要跑得勤，在权限范围内的事要办得快，以加快启动、举全省之力来共同建好名副其实的国家影视产业实验区。

浙江横店影视产业实验区更是得到了中央领导的直接关怀和支持。2008 年“两会”期间，中共中央政治局常委李长春同志充分肯定了横店影视文化产业。转年 6 月，他又亲临横店视察，并作出了“进一步探索影视制作基地化、社会化、专业化、产业化发展的新路子，促进影视业生产方式的变革”的重要指示。

在各级党政领导的关心和支持下，浙江横店影视产业实验区建设稳步推进，成果显著。

省里设立了横店影视产业实验区工作协调小组；东阳市成立了实验区管委会，管委会办公室就设在横店，还增挂了市影视产业发展局的牌子；实验区成立之后，确立了“一城三带四区”的整体规划，确定以横店为中心，周边 365 平方公里为实验区规划范围。

实验区以“高起点、高标准、高品位”为要求，加快了“要素构建、策划制作、展示交易、影视后产品开发和实验区服务”等“五大体系”建设；加快了“影视投资、行政服务、影视剧本创作、高科技后期制作、影视人才教育培训、影视后产品研发、影视终端发行、高科技特色影视娱乐、影视生产服务、影视产业信息研究”等“十大中心”的建设。

据粗略统计，横店已累计投入 130 多亿元，已建成投入使用的实景拍摄基地有 21 个，截至 2019 年年底横店影视城自建摄影棚达 39 个，收购社会摄影棚达到 76 个左右。下一阶段目标在 2023 年左右摄影棚总量达到 200 个。

2004 年，经国家广电总局批准，浙江省电影审查中心正式落户横店，这是全国最早挂牌运行的地方电影审查中心。之后，实验区又成立了中国影视文学创作中心、电影电视剧审查工作站，组建了演员公会、影视产业服务中心。

自 1996 年拍摄《鸦片战争》以来，截至 2019 年，累计接待剧组 2800 多个，平均每天有三四十个剧组在横店拍摄，高峰时多达六七十个剧组。年平均 300 多个影视剧组在横店取景拍摄。

截至 2010 年 10 月，实验区已吸引了唐人电影、华谊兄弟、光线传媒、保利博纳等 370 多家影视企业入驻，经营项目涵盖影视制作、器材租赁、群众演员代理、广告、动漫及出版等多个行业，形成了从剧本创作到影视制作、发行、后期产品开发“一条龙”的较为完整的影视产业链。

浙江横店影视产业实验区自成立以来，先后被评为“中国最具特色影视拍摄基地”“中国文化创意产业最佳投资环境园区”“浙江省文化产业示范基地”“浙江省文化建设示范点”“浙江省改革开放 30 周年典型事例 100 例之一”“中国广

今日繁华的横店万盛街，华灯初上。

播影视十大年度榜样”“浙江省现代服务业集聚示范区”。

影视产业的发展，有力地带动了旅游业的蓬勃发展。1998 年，我在金华会议上提出，到 2010 年，要实现接待游客 500 万人次的目标。当时谁都不相信，因为那时的游客才几十万人次。结果，到 2007 年就突破了 500 万人次，提前 3 年实现了目标。2009 年接待游客达到 600 万人次，2010 年达到 700 万人次。2018 年接待游客达到 1916 万人次，2019 年接待游客达到 1918 万人次。

影视旅游业的发展又带动了其他第三产业的快速发展。横店影视城自营或租赁经营的酒店共 52 家，客房 1.01 万间，床位 1.98 万张，餐位 2.1 万位。截至 2019 年，横店镇区酒店客房总量为 1.8 万间，注册餐饮企业约 1100 家。由影视带动的相关就业岗位有 2 万多个，从事第三产业的劳动力占就业总数的 48%。另外，由于影视业的特殊性，有 3700 多人超过劳动力就业年龄，但仍旧在就业赚钱，使横店出现了劳动力就业率超过了 100%的奇特现象。2009 年，横店全镇第三产业收入达 35 亿多元。横店老百姓从文化产业和第三产业中得到的好处越来越多。

几年前，杭州的一位女企业家朋友对我说，你知道不，那时你大搞拍摄基地，我们都叫你什么呀！我问，给我戴什么帽子？她说，大家都说徐文荣是“魔鬼”，弄不清他搞什么名堂！其实，后来她也涉足文化产业了，而且搞得也很不错。

新华社记者写文章，说我徐文荣是“异想天开”“无中生有”的高手。我说，是改革开放、解放思想，才使人间创造出了奇迹。

十五、年轻人肯定比我干得好

2004 年以来，从经济界到理论界，从中央媒体到地方媒体，有不少人写文章探讨横店发展文化产业的成功因素，应当说，他们说得都很对。但是，人们往往忽视了一个最重要的因素，这就是，横店文化产业的成功，是因为有横店集团强大的工业实力支撑的结果。

实际上，工业经济特别是高科技工业，一直是横店集团的主体，集团对高科技工业项目的投入，要远远大于对影视文化产业的投入。直到今天，在集团的经济总量中，影视文化产业所占的份额仍然是很小的一部分。要实现我在 1998 年金华会议上提出的，使文化产业包括其他第三产业，在经济总量中超过工业产业，那恐怕是若干年以后的事。

为什么人们大多只知道横店影视城，而少有人知道横店集团除了文化产业以外，还有磁性材料、节能照明、电子电气、制药化工、期货证券等支柱行业？这是因为，横店集团的工业产品，除了节能灯和一部分成药以外，大多数产品是中间产品，不是直接面向消费者的终端产品。说实话，如果没有高科技工业支撑，横店的影视文化旅游产业绝对不可能成功。

另一个成功的因素是，横店集团与时俱进，随着市场经济的纵深发展，不断深化社团经济改革。同时，根据国内外经济环境的变化，及时调整结构和转型升级。

1999 年下半年，根据公司法的要求，我们成立了横店集团控股有限公司，并对横店集团公司以及下属的子集团、子公司进行全面的公司制改造，改制成有

横店集团下属得邦照明的现代化厂房

限责任公司。

在这个过程中，北京的一些专家和省里面的人又提出来，这次要帮我彻底改清楚，要把应得的资产量化给我个人。按照当时集团的总资产，量化到我名下的可能就是十几个亿。我说，不行！我还是不愿意这么做。他们又说，人家都在那么干，这也是政策允许的。我说，你们不要再劝我了，我们的社团经济是要走到底的，但我们的社团经济也是要深化改革的。到一定时候，我们增量资产要量化，存量资产不量化，并且量化的部分要加大力度，这样对下面的干部员工都有好处。

有趣的是，第二年，美国《福布斯》杂志把我排入了“中国大陆最富有50人”，名列第八名。许多媒体来采访我，我对他们说，我个人的财富没有这么多，而集团的财富又远远比排名的多，不知道他们的数据是从哪里来的。我希望胡润到横店来，我当面问问他。

转年7月，这个中国名字叫胡润的高个子老外真的来到了横店，听说，他来是想当面听听我对排名的看法。与他同行的有上海《新民晚报》，杭州《都市快报》《浙江青年报》《东阳日报》及几家电视媒体的记者。

毕竟是外国人，提问题也同国内记者不一样。他直来直去，我也是直来直去。于是，就有了一场有趣的对话。事后，许多媒体都作了报道。至今，我还记得起一些当时的主要对话。

我问他，你们的数据是从哪里来的？他说，我们想从税务部门了解一个企业家的真实收入，但这在中国不太可能。唯一可行的，是收集一些公开的数据，譬如说从介绍中国乡镇企业家的报刊上。

他问我，您重视我们的排名吗？我毫不犹豫地说，不重视。不过，我说，你们的两届排行榜在中国引起震动，因为在中国有许多民营企业，但有些民营企业的资产不是个人的，就像横店集团不是我徐文荣的。我还是那句话，我个人的财富远没有那么多，横店集团的财富远比那个排名多。

他接着问，如果我们把您排第一呢？我说，也不重视。我只管自己做事。我

2004 年 11 月 5 日，徐文荣（中）与徐永安（右）接受中央电视台《新闻联播》栏目采访。

想做的事，就努力去做。我主张为国家做，为自己做，最终为老百姓做。我接着说，但我非常感谢你们，因为你们的排名，来信、来电话、电传要与我们合作的外国公司不少于 30 家。因为你们的排名，我们在国内外的影响更大了。

我告诉他，横店集团的资产是员工共同所有，集体资产不分割才能保证企业有实力，拳头的力量始终大于手指头。

他突然问，您能准确描述自己与横店的关系吗？我也几乎是脱口而出：血肉相连。夫妻可以离婚，但血肉不可分。我把生命都给了它。

胡润离开时说了一句话，我听不懂，问翻译。翻译告诉我，胡润说，这里像梦一样！

对于以“共有、共创、共富、共享”为宗旨的横店社团经济，许多人认为，好是好，只是担心徐文荣不在了怎么办？换句话说，就是如何接班的问题。我对他们说，我相信年轻人肯定比我干得好！

其实，我不是没考虑，我多次在大会小会上明确地讲，接班人不是一个，是多年培养出来的年轻企业家群体；接班的人不是我个人来指定，而是大家来推选；接班人是有条件的，而且明文规定，这就是5条：1.拥护社团经济；2.大专以上文凭，有真才实学；3.拥有管理企业的实际经验，年创利2000万元以上；4.能处理好上中下、左中右各方面关系；5.必须有宏观调控能力和国际操作能力。

从我自己来讲，我是一点一点卸担子，一步一步退后台。先是退掉了集团党委书记的职务。再是通过成立横店社团经济企业联合会，实行投资者与经营者分离的改革，退出横店集团控股有限公司总裁的职务。根据大家推选的意见，由集团常务副总裁徐永安接任总裁职务。虽然他是我的儿子，但既然大家推选了他，我也没有意见，而且，我相信他能干好。

2002年，横店集团控股公司和社团经济企业联合会，经过反复酝酿、讨论，正式提出了横店集团"第三次创业"的目标、理念和战略、方针，让年轻的领导团队站在一个新的起点上，带领全体员工，向着更高的目标前进。

第三次创业的目标是："打造国际化的横店"。围绕这个目标，提出了"用天下人，聚天下资，谋天下利"的三大理念；"人力资源、市场运行、资本运作、公司管理、横店品牌"五个方面的国际化战略；"价值观念、产权制度、科技研发、管理手段、用人机制"五大创新。同时，提出了"权力、理性、智慧、善良、团结"的"十字方针"。

事实证明，年轻一代比我干得好。永安上任后，横店集团在资本市场上空前活跃，不仅收购了南华期货、参股浙商银行、控股西藏证券，还通过收购青岛东方、太原刚玉两家上市公司，实现横店东磁在深交所上市，打造出了资本市场的"横店系"，业界称徐永安是"资本市场的快枪手"。

再一个，年轻一代国际化的眼光和思路，远比我们老一代强。横店集团不但扩大了国际市场，还以各种形式开展国际合作，"引进来"，"走出去"，在美洲和欧洲设立了境外公司。同时，积极探索文化产业的国际化发展，不但吸

2006 年，横店东磁股份有限公司在深圳证券交易所上市。

引了美国、加拿大、韩国、越南等国的影视剧组到横店拍摄，而且与澳大利亚、新加坡、日本等国际知名影视公司合作，实施中国影视“走出去”战略。横店影视制作公司投资的首部中澳合拍影片《寻龙夺宝》销售全球50多个国家。

在新的领导团队带领下，横店集团的经营业绩连续保持两位数增长。2009 年，主营收入突破 200 亿元，达到 215 亿元；利税突破 20 亿元，达到 22 亿元。2010年，实现产值285亿元，同比增长了23.38%；实现利税总额达到26.96亿元，同比增长了 28.75%。看到他们比我干得好，我很高兴。

辞掉总裁职务几年后，我又退掉了控股公司董事局主席的职务。再后来，我把作为投资者主体的社团经济企业联合会会长也交给了徐永安。多年的实践证明，横店集团领导班子的新老交替是顺利的、平稳的，也是成功的、完全可以放心的。

当然，我也要为永安的工作创造条件。民营企业中有很多家族企业，就是因

2008 年 10 月 12 日，中澳合拍电影新闻发布会在横店国际会议中心大酒店举行。图为签字仪式后，徐文荣（右）与澳大利亚工党主席、南澳州州长阮迈克（中）及东阳市市长江跃进（左）合影留念。

为家族关系处理不好，使企业垮掉了。横店集团虽然不是家族企业，但也必须处理好家族关系。在这一点上，我们家里的人觉悟都很高，处理得也很好。

为了能让徐永安不受干扰、没有顾虑、放手大胆地工作，在他担任总裁之前，我就要女儿、女婿和小儿子退出横店集团，让他们自己发展。他们都很听我的话。现在，女儿、女婿和小儿子，他们都经营着自己的公司。这样可以避免不必要的矛盾，永安也好干。我自己呢，则不参与，更不干预；有困难，找我了才帮忙。

交班了，不等于我没事干了。在辞掉集团总裁的大会上，我讲了一番心里话。我说，20 多年来，我一直为横店山河改造殚精竭虑，横店集团也一直以解决“三农”问题为己任，从而使横店的城乡一体化走在了全国的前列。现在我虽然退下来了，但是，我仍然壮志未酬，心愿未了。这个心愿就是，要把横店建设成为“城在山中，水在园中，房在林中，林在草中，人在花中”的现代化小城市。

第五章
伤感暮年

横店圆明新园是我一生最大的文化梦想，可是，它却给我留下了一生最大的遗憾和伤感。

我退下来了，许多人看我没有空下来，有时反而比过去更忙，他们就跑来劝我，你功成名就，不愁吃不愁穿，孩子都很有出息，这么大岁数了，你还图什么呀，歇下来，好好保养身体，享受生活多好啊！有的还帮我安排生活，说，趁老两口现在还走得动，先到国内各地走走，再到世界各国去看看，就算是出去考察嘛！

他们说的也不是没有道理，我妻子也劝我，既然退下来了，就歇了，不要再去操什么心了。儿女们一致的愿望和意见是："爸爸，你不要再去搞这搞那了，现在的任务就是，保养好身体，快快乐乐过好每一天。"

可是，我心里装着想做的事太多太多了。曹操有一首诗："老骥伏枥，志在千里。烈士暮年，壮心不已。"我虽然从年龄上讲已进入暮年，但我不但不觉得老，不害怕死，反而感觉越活越年轻，我的思想也许比年轻人还要跟得上时代，我还要为实现我的心愿，继续努力去奋斗。

我对家里人说，我不想事、不干工作，就要生病。你们如果要让我身体好、不生病，就不要不让我工作。

他们知道，我的个性强，拗不过我，就采取柔性政策。后来，妻子提出来，不是不让你工作，毕竟年龄不饶人，保重身体也要紧，能不能半天工作，半天休息？我说，好啊！他们就找人专门做了个牌子，在我办公室门上挂出来，是休息时间，还是上班时间，意思是休息时间，让人不要来找我。但是，实行了没多少天，结果还是不了了之。

实际上，从集团领导岗位退下来后，我没有一天歇下来，有时候就是身体歇下来了，脑子还在想事。我这边和你在说话，可能脑子里还同时在想着别的事。

我从小吃过不少苦，所以不怕苦。别人做不到的事，我就越想去做成它；困难越大，我劲头也越大。暮年之中，尽管我仍能继续享受到奋斗之后成功的喜悦，但有时也会感受到内心的苦痛、伤感和遗憾。

我心中的苦，是不被人理解；我心中的痛，是因某些在台上不为老百姓做事的官员，而为我们的党感到痛心；我的伤感和遗憾，就是那些明明能给老百姓带来很大好处的事情为什么就不让你做成？

一、实施山河工程，用文化手段建山城

横店山多荒坡多，由于土质差、自然条件不好，搞种植业成本高，得不偿失，更无法形成产业化。如何充分利用荒山荒坡，甚至荒滩荒水，让它既产生经济效益，又改善生态环境？我一直在思考这个问题。

“广州街”“秦王宫”“明清宫苑”等一系列拍摄基地的建成，以及所产生的经济效益和社会效益，给了我很大的启发。

我想，如果把横店的一个个荒山坡改造过来，建成一个个适合拍摄各种影视片的外景基地或文化旅游景区，既有利于保护和改善环境，又可以促进文化产业发展，并能带动其他第三产业的发展，这是一举多得的好事，也是农村从实际出发的产业化的新途径。

俗话说，“石韫玉而生辉，水怀珠而川媚”，意思是，山，之所以倍增光辉，不是因为它本身绽放光彩，而是因为其中蕴藏着美玉；水，之所以更加秀媚，不

是因为它本身清秀，而是因为里面蕴含着珍珠。

我觉得，“文化”就是宝玉，就是“怀珠秀水”，用“文化”来改造荒山，荒山就能变成诱人的宝藏。横店虽然没有名山名水，但是，我们利用丘陵山坡，建设人文景观，赋予它文化内涵，这些荒山就有了灵气。

通过改造山河，把自然风光、生态保护和人文景观、休闲娱乐结合在一起，就能使横店变成既有历史性、知识性、教育性和纪念性，又有观赏性、参与性、趣味性和体验性的文化旅游胜地。

于是，改造山河工程开始了。我提出来，先移坟，后修路，再造林、造水(修小水库)、造景、造房。过去，荒山上到处是坟墓，叫“青山白化”，而且因为上坟烧香烛，每年都要发生山火。早些年，我们配合殡葬改革，出资4000多万元，按照政府规划和方便群众原则，建起了4个公墓，交政府民政部门管理。接着，按每穴200元提供补贴，动员群众迁坟，先后已补了1000多万元，迁移坟墓4万多个。这样，山林得到了保护，再加上人工植树绿化，使过去的“瘌痢山”变成一座座青山。然后，再来修路、造景。

2003年闹“非典”，上面会议少了，来横店的领导少了，我的应酬也少了，真是难得的消停。我利用这段时间，带了一帮人，天天跋山涉水，几乎走遍了横店及周边的山山水水。我爬山的本事，连年轻人也比不过。他们都很奇怪：这老头的劲头到底是从哪里来的。

一边爬山，一边思考和酝酿上哪些项目。先是应急。“非典”疫情最紧张的时候，集团下属一个单位有十多个人从北京考察回来，不准他们回家，就在后岭山一个空厂房里把他们隔离起来做医学观察。当时，不知道病情还会怎么严重下去，我就学北京，以最快的速度，在离镇区七八里远的山坞里搞了一个设施齐全的“隔离房区”。

虽然这个“隔离房区”没用上，后来“非典”疫情也解除了。当然，我们也希望它不要用上。但是，没有白建，“隔离房区”很快变成了“休闲山庄宾馆”。

2003 年 6 月，徐文荣（中）带领有关人员在横店野外考察。

后来，又利用周边的山地，开发出了专供汽车、摩托车越野赛用的赛车场，成为横店新的一景。

经过前前后后一个来月的爬山野外考察，我想了好些个方案，比如，中华历代皇帝大观园、中华历代美人观赏园、中国影视名人荟萃园等等。后来，根据情况的变化，这些园没在山里建，而是建到了在建和已建好的华夏文化园和横店明清民居博览城里边。

后来，我们根据具体的地形地貌，在白竹湖村北侧的起伏山峦中建起了“合欢谷”——横店青年联谊中心；在其东南侧利用 9 条山沟峡谷，建起了“九龙文化博览园”，金木水火土东西南北九条巨龙，龙头高 22—26 米，龙身长 200—400 米，神态各异，游动在九条山坞峡谷之中，壮观得不得了。每条龙身里分别有历史文化知识、地理知识、生物知识、神话故事、娱乐项目等，很受游客的欢迎。

在建这些项目时，也有各种各样的议论，遇到过各种各样的困难，但是都没有动摇我的信心。我坚信文化产业威力巨大、前途无限，所以有感而发，写出了《文化产业建设有感》："项目难找，投资艰难；创业艰苦，守业更难；理清财路，增收节支；齐心协力，迎来光明。"

后来，中央提出"大力发展红色旅游，开展爱国主义教育"。我想起了我的一个老朋友，当时担任《经济日报》常务副总编辑的罗开富。

1984 年，罗开富用了一年多时间，按红军长征的路线，徒步采访长征路，后来写出了两本书：《来自长征路上的报告》和《红军长征追踪》。他的这一壮举得到了许多参加过长征的老红军的肯定和赞扬，胡耀邦等中央领导同志接见了他。他曾经同我谈过，他徒步采访长征路后，最大的夙愿，就是能建一座红军长征的主题公园，因为当年红军长征时的历史遗迹，许多已经没有了，有的正在消失，他感到很可惜。他的这个想法，曾引起中央军委有关领导的重视和支持。但是，很多年过去了，由于种种原因，他的梦想没有变成现实。

我想，长征精神是中国革命的宝贵财富，但是，红军长征经过 11 个省区，非常分散，一般人是不可能去重走长征路接受教育的。如果，把红军长征的主要遗址按照历史的原貌集中建起来，配合历史资料、图片介绍，这样就能让人们在一天或几天时间内，了解和体验红军长征的精神，让长征精神世世代代传下去。

我找到罗开富，对他说，我们响应中央关于发展红色旅游的号召，准备在横店建一个红军长征博览城，想请他帮忙。他听后，激动万分，高兴得不得了，多年的夙愿，终于要在横店变为现实。他满口答应，一是感谢横店；二是提供资料，随叫随到，全力以赴支持横店红军长征博览城的建设。

我对罗开富说，你用 368 天走完红军长征路，我要用 368 天把横店红军长征博览城建起来。罗开富说，徐老总，你一定能，我相信你。

我们以红军三大主力（红一、二、四方面军）和一支劲旅（红二十五军）长征路线和罗开富《红军长征追踪》一书为基本设计依据，按照红军长征中重大事件、重要战役发生的顺序，在9000多亩的荒山地上，建造了再现历史原貌的红军长征重要会议会址、重大战役遗址等40多处，如红都瑞金、血战湘江、通道会议会址、娄山关、遵义城和遵义会议会址、乌江天险、泸定桥、大雪山、大草地、天险腊子口、三军会师会宁城等。还建有红军长征沿途经过的江河、山川、村寨20多处，如于都河、赤水河、侗瑶寨、布依寨、夜郎坝等。各种建筑170多幢，总建筑面积4万多平方米。

为了完善国防教育的功能，我们在“会宁城”一侧的山麓里，修建了横店国防科技教育园，园内设有国庆50周年阅兵馆、海陆空兵器馆、天地一体化战争演示馆、太空探索馆，航天发射测控指挥中心以及航天发射场等6个场馆。同时，设立了人民防空展览馆、东阳横店民兵青少年军事训练基地，修建了长征宾馆等配套服务设施。

横店修建红军长征博览城引起了各方面的强烈关注，中央和地方许多媒体作了报道。新华社发出通稿：《横店建设大型红军长征博览城》，文中引用了我说的话：“将红军长征途中有象征意义和代表性的地点和场景集中再造到横店红军长征博览城中，一则可全景式体现长征波澜壮阔的历史，方便游客对这段历史的全面了解；二则也满足了周边游客就近游览和集中接受红色革命教育的要求，更好地宣传中国共产党光辉的革命历史。”

2005年10月19日，在红军长征胜利70周年的纪念日，横店红军长征博览城举行落成暨基地授牌庆典。老红军王定国、毛泽东之孙毛新宇、董必武之子董良翮，来自红军长征所经过的11个省份的代表和中宣部、中国人民革命军事博物馆以及11个省份有关领导出席了庆典活动。新华社、《人民日报》、中央电视台等50多家中央和地方新闻媒体到场采访。那段时间，横店掀起了红色旅游的高潮。

后来，我们又在长征主题公园西北边的山岙中建起了中国革命战争博览城，从历史年代上与红军长征主题公园相衔接。中国革命战争博览城主要内容，包括

1∶1 仿建的中共一大至七大会址的党史长廊；包括延安古城、八路军总部、新四军总部、地道战、地雷战和沙家浜等抗日战争景区；同时，还设有抗日英烈祭奠区，协助人们举行祭奠先烈等活动；包括西柏坡、北京双清别墅旧址等在内的解放战争景区。各景区采用遗址建筑复原、军事人物雕塑、图片文字资料、影视播放、现场互动表演等形式，表现了中国共产党领导人民进行革命战争的辉煌历史。

横店红军长征博览城、横店国防科技教育园和横店中国革命战争博览城，加上横店原有的金佛庄烈士陵园、邵飘萍纪念馆等，构成了横店规模庞大、主题鲜明、内容丰富、形式多样、寓教于游的红色旅游城。

横店红色旅游城先后被国家和浙江省市有关部门命名为“国防宣传教育基地”“国防教育基地”“爱国主义教育基地”“全国青少年国防教育活动实践基地”“青少年爱国主义教育示范基地”“廉政文化教育基地”“民兵及青少年教育基地”“党员教育基地”“浙江省青少年红色之旅经典景区”等。

2005 年 10 月 19 日，东阳横店·红军长征博览城落成典礼。

横店红色旅游城不但得到了各级领导的支持，而且也得到了人民解放军的大力支持，他们向我们提供了大量退役飞机、大炮、坦克、战车等武器实物和模型。2005 年 11 月 1 日，国家国防教育办公室召开国防宣传教育的总结表彰会，我与金华市委常委、东阳市委书记蒋永志应邀参加。中央军委领导充分肯定了横店建设红色旅游城，重视对人民群众开展革命传统教育和国防教育的做法，勉励我们要发扬成绩，不断开创国防教育工作新局面。

但是，也有不同的声音。我在省里，就听到有人指责我，说，徐文荣乱弹琴，红军长征又没经过横店，横店搞什么长征博览城，这不是乱来嘛！我们搞起来后，又有人出来说，横店的长征博览城不完整，缺了什么什么内容。还有一些人从别的方面给你挑毛病。尽管如此，绝大多数领导都是支持我们的。

不过，领导支持，一般只是原则上的表态支持，最多也只是正面地肯定你几句。如果一个领导答应或者许诺某一具体的事项，哪怕他是认真的，多半也会因种种繁杂的客观原因而落空。你的希望越大，可能失望也越大。

横店红军长征博览城还在建的时候，我向省里分管旅游的副省长汇报了我们发展红色旅游的规划设想。他很支持，催我们赶快搞起来，作为他的蹲点单位。他说，你抓紧搞，我每年在全省组织 300 万人，到横店来旅游，接受革命传统教育和爱国主义教育。

我很高兴，回横店后，一方面要求加快施工进度；另一方面组织力量，把镇区至长征博览城的公路改道拓宽，因为一年 300 万人来横店旅游，一天差不多就要万把人，就得一二百辆大巴车进出景区，路不修好不行。

后来，路修好了，红军长征博览城也建好了，落成典礼时，这位副省长因为忙别的事没有来横店。我同省旅游局的几位朋友说起这位副省长答应一年组织 300 万游客的事，我说要找他落实兑现。几位朋友说，算了吧，你就别提了。

一个星期后，浙江省旅游规划工作座谈会在横店召开，这位副省长也来了。我们见了面，也陪他参观了长征博览城。会议总结时，邀请我去听听。这位副

2006 年 1 月，徐文荣陪同航天英雄杨利伟在参观横店红军长征博览城后参观横店国防科技教育园中的太空探索馆。

横店国防科技教育园现代战争馆和航空航天馆

2004年，革命老区电影放映队的启动仪式在横店召开。

2006年11月，徐文荣在横店红军长征博览城接受《金华晚报》小记者们的采访，鼓励小朋友们继承和发扬红军长征精神，好好学习，将来为报效祖国作贡献。

2007年7月28日，徐文荣在“庆祝建军80周年‘重走长征路，重温建军史’纪念活动”启动仪式上讲话。

省长讲了三句话：一是感谢横店把会议安排得很好；二是横店是民营企业发展旅游的典型；三是横店红军长征博览城建得很好，一定要带自己的小孩来体验一下。你看，300 万游客变成了自己的小孩。

其实，这类说话不算话的领导，不止这一个，我还遇到过另外好几个，当你的面都说得好好的，一转身又不认账了。你小小老百姓，对他们有什么办法。对他们，我除了失望，就是遗憾。

二、是谁为农村城市化"加锁"

横店大规模的改造山河工程，引起了方方面面的关注。那时，中央提出建设社会主义新农村，要城乡统筹，构建和谐社会，全国各地都在贯彻。横店的做法，为中国农民致富提供了新的思路：除了工业致富、商业致富，还有文化产业致富。横店的实践，为中国农村城市化走出了一条新路，要城市化，农民不一定都往城里涌，可以就地转化。

新华社连续刊发了多期内参，介绍横店集团通过发展高科技工业和第三产业，推动农村变城镇变城市；农民就地变工人变市民的经验。当时担任浙江省委书记、省人大常委会主任的习近平，在新华社内参上作了批示，对横店的做法给予了肯定，指出可以借鉴。

接着，新华社连续发表了《浙江东阳横店：一个小镇"刷新"了 108 个村》《"从农民到工人"再"从工人到市民"》等文章；《人民日报》也发表了题为《城乡和谐看横店》的文章，介绍横店特色的城乡统筹和谐发展之路。

事实上，横店的城市化并不是从这时才开始的。"农转非，当工人，做市民，过上城里人的生活"，一直以来是农民最大的愿望和梦想。

但是，在过去，城乡分割，农民及其子女，要想改变自己的身份，只有两条路：一是拼命读书考上大学中专，把户口转出去，通过国家分配工作，变成城市户口，从而改变命运；二是参军，到部队好好干，争取提干，提了干部，就可以“转业”安排工作，就不用“复员”回农村。“转业”安排工作，就可以变成城市户口。除了这两条路，就是想方设法搞关系，走后门，花大钱，买户口，把农村户口变成城市户口。对绝大多数农民来说，这几条路都是很难的。

所以，我在当大队党支部书记的时候，就发下狠心，一定要让乡亲们都富起来，一定要把横店建设得像西湖一样美丽，要让横店的老百姓过上跟城里人一样的生活。

后来，我办工厂遇到了改革开放的好政策，工厂越办越多，从轻纺行业，调整到高科技工业。有了工业积累，我们就提出企业办社会，改变农村落后的面貌。那时，许多人劝我到城市去发展，省里有关部门曾提出优惠政策，动员我把总部搬到杭州去。但是，我都没有去。为什么？我自己，我一家人到城市里去，肯定发展得更快，也更加富。但是，横店的老百姓都能搬到城市里去吗？

我认为，都把农村人口向城市集中，这个城市化道路是错误的。它必然造成农村空心化，越来越落后，同时带来城市管理的一系列问题。农民虽然进了城，但他们处于城市最底层，人格尊严得不到尊重，基本权利得不到保障，他们仍然是“乡巴佬”“乡下人”。

横店如果走这条路，过去落后，恐怕过一百年也照样落后。只有把横店建设好了，横店人一样可以过上城里人的生活，甚至还要比城里人过得更好。我提出来，横店要走自己的城市化道路。

我设计了一条路，三个“三部曲”，就是：从农业到工业再到第三产业；从农民到工人再到市民；从农村到城镇再到城市。改革开放40多年，我们横店就是按照这条路走过来的。

农民要解放自己，必须走出土地；农民要走到工人阶段，再走到市民；农民要走到工人，走到市民，必须发展经济。首先，农业要走到工业，再走到第三产业。为什么？工业的要求比较高，起码要有文化的人去参加工作，没有文化的人，许多工作不好安排。那第三产业呢，它的就业面很广。这两个问题解决了，农村要建成城镇，再由城镇进到城市的行列。应当说，我们走的路是比较好的，是成功的。

横店的城市化之路得到了省委、省政府的肯定和支持。1999年，经国务院批准的《浙江省城镇体系规划》，将横店镇定位为到2010年要建成同兰溪、永康同一级，人口超过10万人的现代化小城市。应当说，这个规划，对我们全体横店人的鼓舞是非常大的。因为，横店过去是一个贫穷落后的偏僻小乡村，经过20多年的努力，它被列入了省政府的规划。这个规划把我们多年来的梦想，变成了清晰可见的奋斗目标。

所以，从那以后，我们就为这个目标进行了坚持不懈的奋斗。我们协助政府，委托同济大学城市规划设计院，对横店镇原来的规划进行了修编，并请省市有关专家进行了论证鉴定。集团和镇政府多次召开城市化动员会、报告会，以造成全民参与城市化进程的氛围。

城市化必须要有强大的产业支持，我们加大了高科技产业的投入，工业产值连年大幅度提高；我们大力发展以影视为龙头的文化产业，以此带动整个第三产业的发展。城市化必须有完善的城市基础设施，我们协助政府加大了对城市功能设施的投入，不断提高人口的承载能力。除了产业发展吸聚人口，我们还通过以富带贫，让政府将周边的一些乡村划到横店区域；并通过大力发展教育、医疗和商业、餐饮、宾馆等服务业，来不断增加人口吸聚的能力。

2000年2月29日，我在《人民日报》上发表了题为《城市化：农民现代化的出路》的文章，总结出了“政府规划设计，企业投资建设，社会各界相助，全镇群众共同参与”的横店城市化路子。

国务院发展研究中心和经济日报社等理论界和新闻界的专家学者，对横店的城市化之路非常感兴趣，多次召开理论研讨会来研讨总结。“政府规划设计，企业投资建设”的“政府推动，企业带动”型的城市化之路，被专家们称为“新横店模式”。全国人大常委会农业和农村工作委员会委员、中国农经学会会长杨雍哲说，徐文荣造城是新时期的一大突破，是一大发展、一大成功。

我发现，政府官员往往和专家的意见不怎么一样，官员更多地是从权力的分配和利益的得失来考虑，有时尽管表面上支持肯定，但真要操作，一碰到实际利益，那又是另一回事了。

2002 年初，经批准，东阳市政府决定，横店镇撤镇设办事处，

光明日報
GUANGMING DAILY
浙江东阳市横店镇，创造了有别于苏南、温州的“社团经济模式”，展现了——
农村城市化的曙光

1999 年 12 月 13 日，《光明日报》头版头条刊登介绍横店城市化经验的文章。

經濟日報
ECONOMIC DAILY
农民要圆城市梦
——浙江横店镇的城市化之路（上）
农民进工厂 农村变城市
——浙江横店镇的城市化之路（中）
持续发展关乎未来
——浙江横店镇的城市化之路（下）

2000 年 4 月 10 日、12 日、13 日，《经济日报》连续发表文章介绍横店的农村城市化之路。

新横店模式暨中国农村城市化之路研讨会会场

将横店纳入城区管理，横店街道办事处为市政府派出机构。说这是历史性的跨越，纳入城区管理就是城市化了。

可是，这样的城市化并没有对横店发展和横店的老百姓带来多少好处。许多政府部门在涉及收费等利益时，他仍然把你当农村，不承认你是城区一部分。而农业银行、信用社等一些涉农单位，却说你是城市了，他们不管了。在城市公用设施投入方面，更是没有新的改变。连到横店的路灯，亮了几天也不亮了，只有进入横店范围的路灯，因为有横店集团在付费，所以一直在亮。

原先，我们还同市里达成一个共识，有一个约定，就是东阳打通南山隧道，往南向横店发展；横店呢，向北发展，尽快使横店与东阳城区连成一片。可是，他们说话不算话，隧道没有打通，书记、市长也调走了。新上任的书记、市长，有自己新的一套，哪里还管你向南向北呢？

这种不能给老百姓带来什么好处的“城市化”，老百姓就不欢迎、不接受。一年以后，我们通过省民政厅，把横店街道办事处撤了，恢复了横店镇的建制。

其实，某些官员只知道高高在上，说说大话，是不大愿意为老百姓办实事的。我想起创办横店高中时的一件事。开始我们的项目是东阳论证审批的。后来，根据实际情况，规模扩大了，总投资近 2 亿元，按规定 3000 万元以上，就必须报省里论证审批。但这时，学校早已经按原先规模在建设了。我们立即作为追加规模，向上补报项目。

我们补报上去后，省计委派了一个处长，由他牵头召集省市有关部门的人，到横店实地评估论证项目。没想到，这个处长到横店后，看到已经在施工的横店高中，就大发雷霆，说：你们都在建了，还要我们来论证干什么？不干了，要回去。我们分管副总跑来跟我汇报，急得没办法。

我跑到宾馆，向他认错、检讨，说明补报原因，说：很多孩子上不了高中，我们出发点是好的，是做好事，而不是做坏事，求他无论如何把会开了。论年龄，他同我儿子差不多，可他是官员，我这样求他，他就是不为所动。最后，他这个召集人，还是自顾自跑掉了，把找来开会的其他人撂在横店。我气得破口大骂，真是混账！

后来，我到省计委，找到一个副主任，把这个处长好好骂了一顿。当然，项目还是批了。

连邓小平都说，改革开放是“摸着石头过河”。那些年，我们也是按照邓小平说的，“摸着石头过河”，在实践中摸索出了一套办法：就是“先报后上，边报边上，后报先上，不报也上”。我掌握一条，只要是为老百姓办好事就不怕。说实话，如果不是这个办法，横店那么多影视拍摄基地和城市建设项目怎么能建得起来。后来，上级政府看到了发展文化产业的许多好处，所使用的土地全部都批给了我们。

如果都不能突破规定，那还叫什么改革？如果都按规定来，那还要什么改革？如果一违反规定就来追究，那当年小岗村搞包产到户那几个人都得抓起来坐牢，因为那时法律规定不准包产到户，中央文件也明文规定“不准包产到户，不许分田单干”。所以，我觉得还是邓小平说得对，这就是要看是不是“三个有利于”。

有些当官的抱着“本本”和规定不放，实际上是怕一部分人的既得利益受到损害，说到底是为自己保“乌纱帽”。

比如说，1996 年，我们提出来要办一个医院，因为随着集团的发展，对外交往越来越多，进来的人才也多起来了，各方面名人来得也多，而横店原有一家由乡镇卫生院发展起来的医院，规模小、档次低，适应不了新的需求。但是，市里的官员和部门就说，按规定，乡镇企业不能办医院。实在要搞，只能搞职工疗养院，而且只能面对内部职工，不得面向社会。那么，我们就办疗养院吧。

但是，我们对上说职工疗养院，对外叫康复医院，一开始就按医院的标准来设计建造，全国招聘人才，并高标准采购医疗器械。没想到，你自己出钱买设备也绕不过他们。我们要买双梯度核磁共振设备，行政主管部门不批，就进口不

横店集团康复医院

了，我们层层说好话，做工作，下面通了，省里又卡着不批，说按规定，一个县市只能有一台。

几年后，医院虽然批了，但是，我们招聘的人才，包括原先在横店医院，后来“跳槽”到集团医院的人员，他们要评职称，市卫生局就是卡着不给报。体检、卫生防疫，甚至连妇科接生的业务，卫生局都卡着，不许你来做。一句话，你民营医院在他那里挂不上号。他们直说，就是不能让你们抢了他们的饭碗。

当然，改革的步伐，最终是谁也阻挡不住的。几年后，民营医院在全国到处都有。横店集团医院早已经是全国十佳民营医院了。只是走过来的路，实在是太难了。

同样，横店城市化的路走得也是十分艰难的。到2005年，横店的人口已提前超过了10万人，经济总量和上缴税费，也超过了一般县市的水平。横店年收入6.5万元至30万元的家庭占到了80%以上。到横店参加城市化研讨会的国务院研究室副主任李炳坤说，现在，横店的规模，不是一般意义上的小城镇，而是达到小城市的水平，从规模、实际人口来说，可以说是这样了。

我想推动横店建市的进程。这年春节后，我们在明清宫苑承天门广场，召开了几万人的大会，一是向横店父老乡亲汇报我们的工作；二是进一步动员职工，协助政府，与全镇人民一道，加快推进横店城市化的步伐，早日建成横店市。

可是，东阳市里的书记、市长，对此好像不感兴趣。我们邀请他们出席大会，他们借口没时间，推掉了。事后，我一想，他们不来是对的。来了怎么讲话呢？说支持横店建市，不等于分他们的权、夺他们的利吗？说不支持，又不好开口。还是不来为上策，免得来了尴尬。

后来，我了解到，当时的国家计委宏观经济研究院曾召开研讨会，向国务院提出，拟在沿海经济发达省份进行镇改市的试点。我听后很兴奋，心想一旦开展，横店一定要争取列入试点。但是，让我很失望，最后还是无声无息，不了了之。到横店来开城市化研讨会的专家对我说，可以跳过东阳、金华报上去批。我没同意，说，不行！这是行不通的。

2006年年底，东阳来了新书记，横店镇也换了书记，我把他们请来，召开工作汇报会。会上，我直接提出了我的建议。我说，张德江在浙江当省委书记的时候，提出要把义乌、东阳建成浙中的大城市。根据这一指示的精神，建议东阳市和义乌市合并，建立义东市，这样，东阳南部就可以横店为中心设区，达到横店建市的目标。这样，对老百姓有利，对区域经济发展肯定也有利。横店建市是省政府的规划，我想不脱离东阳，建区是可以的。

书记说，提城镇化比提城市化好，这样面更广，同中央精神对得起来。他特别指出，合并的提法要考虑，建议加快东阳、义乌经济发展融为一体，促进横店城市化建设。到底是领导，说话有水平。

后来，我一想，书记说得对。他是东阳的书记，但同时还是金华市委常委，你说东阳、义乌合并建大城市，不就是要脱离金华市了吗，叫他怎么能表态支持，把金华的书记、市长摆什么位置？再说，你到处喊义乌、东阳合并建义东市，那现在义乌、东阳的书记、市长、局长、主任，他们怎么想，这不影响稳定、妨碍和谐吗？

领导们看问题、想事情，总和老百姓不一样。这也难怪，现在，官员三年四年换一届，有的不到两年又调走了，他怎么知道老百姓想什么、要什么？稳定是第一位的，他管的这一块不能出事情，不能有上访，这样官职才稳定。所以，改革要“稳妥”，发展要“稳定”，政绩只靠表面功夫，搞得真想为老百姓办好事的人，也只能这样“稳”当干部。不然，“官帽”没有了，就连为民办好事的机会也没有了。

所以，这一年的“七一”前夕，当浙江省委组织部主办的《共产党员》杂志要我写一句话，作为党的生日寄语时，我自然而然地想到，现在我们许多党员领导干部，一事当前，先替自己打算，还美其名曰“顾全大局”“维护稳定”“依法行政”“构建和谐”。于是，我有感而发，写下了这样一句话：“共产党员想到的首先应该是人民群众的利益。”

这里面的水到底有多深，老百姓怎么知道。不过，专家们倒是看得很明白。国家发展改革委一位专家型副司长就一针见血地指出，现在的行政体制限制了横店的进一步发展，就是享受不到一级政府的财权和事权。新华社在一份介绍横店城市化路径的“内参”上，更是直接用上了“不要在农民自己缔造的‘天堂’门上加锁”这样的标题。

许多人觉得奇怪，你徐文荣为什么这么不遗余力地去推动横店建市，你图个什么啊？我说，我都是奔八十岁的人了，难道我还想去当横店市长？我是想为横店老百姓的世代幸福，争一个保证横店持续发展的“独立人格”和应有“名分”，从而使横店能够按照城市发展的一般规律做大到应该大的程度，使横店老百姓过上名副其实的城里人的生活。

横店至今仍然还是一个“镇”，2010 年过去了，经国务院批准的省政府规划不知道还算不算数？我们已经努力了，横店老百姓按规划要求，该做的也都做到了。但是，“天堂”门上加着“锁”，钥匙不在我们手里，我们有什么办法。

回顾横店城市化的历程，不免也让我有一丝遗憾和伤感，但也使我愈加认识到一个真理，没有任何人比这个地方的人更加关心这个地方的发展；没有任何人比这个地方的人更关心自己的幸福。

这使我更加相信《国际歌》中唱的：“从来就没有什么救世主，也不靠神仙皇帝，要创造人类的幸福，全靠我们自己。”

我相信，经过横店人的不懈努力，横店镇总有一天要变成横店市。

三、横店圆明新园的来由

2006 年到 2008 年前后，横店要建造圆明新园的消息，在全国闹得沸沸扬扬，甚至西方许多国家也知道了这件事，法国《解放报》、美国的一个什么电视台、英国天空电视台等也派出记者来采访我。有人告诉我，全世界至少有 10 亿人知道你徐文荣想造圆明新园。

许多人不知道事情的来龙去脉，以为我徐文荣突发奇想，某个早晨一觉醒来，突然宣布要造圆明新园。怎么可能是这样呢？我又不是神！趁这个机会，我把事情的前后经过说一说。

事情还得从 2005 年说起。这年 11 月，横店来了四位客人，一位是浙江省外事办公室的一个处长，他是我 10 多年前的老朋友；一位是《浙江日报》的老记者；一位是浙江古籍出版社的社长；还有一位是浙江出版联合集团对外合作部的副主任。当时，我出差不在横店，委托其他领导代我接待。回到横店后，我听了汇报，又把他们请到横店。我们作了深入的交谈。

他们告诉我，法国一个名叫伯纳·布立赛的著名记者、作家和历史学家出了一本书，是专门写英法联军洗劫圆明园的。这本书在法国引起很大的轰动。作者倡议重建圆明园来赎罪。他说，中国如果重建圆明园，相信国际上有很多基金会愿意赞助这个钱。

法国的中文报纸《欧洲时报》，买下了这本书名为《1860：圆明园大劫难》的中文版权，无偿赠给浙江古籍出版社。2005 年 8 月，浙江古籍出版社出版了该书的中文版。法国前总统德斯坦专门为中文版撰写了序言，其中说："我们有我们所称的'记忆'责任，这意味着必须承认和不忘记过去的错误与罪行，不论它们是他人还是自己所犯的。"

这本书参加了当年的北京国际图书博览会，还给中央领导送了书，再一次引起了轰动。浙江电视台为此专门做了《亚妮专访》节目。与此同时，在圆明园学界、历史学界、园林古建筑界，再一次引发了要不要重建圆明园的大争辩。

主张重建的专家学者说，要建，但不能建在北京，北京缺水。要建在浙江，一是江南水乡，二是能工巧匠多。北京圆明园最好的 40 个景，有 6 个是从浙江搬过去的。建在浙江，政府、国企是不会去建的，只有民营企业去建。

他们选来选去，第一选了横店，第二选了宋城。他们来横店，就是来谈这个事情的。

我明确表态，要建。圆明园被英法联军洗劫，这是中国的耻辱。现在，法国人都承认错误了，为什么不重建起来呢。建在横店，我们这里有很好的条件：一是这里有土地；二是有能工巧匠；三是有建古建筑的经验；四是这里的水源很好。

其实，早在差不多 10 年前，我就想建圆明园。那时，有好多影视界的朋友，希望我们建一部分圆明园的景，特别是西洋楼。当时，我想建在八面山，建三部分：一是重建一部分；二是仿建北京圆明园遗址；三是建一部分圆明园西洋楼的景。因为建这个景要很多水，八面山没那么多水，那时财力也不足，所以就没建，但是做了规划。

不过，从那个时候开始，我就关注圆明园，并开始收集圆明园的有关资料。当然，现在要建的圆明新园，绝不是 10 年前想要建的圆明园。那个时候想建，只是一部分，再说那时主要是从影视拍摄角度出发来考虑的。

我说，我 71 岁了，我有信心，如果有钱的话，三年，最多不过四五年，就能建起来。钱从哪里来？我们搞了两个基金会：一个是浙江华夏文化发展基金会，主管是省文化厅，在省民政厅注册；另一个基金会正在办理，在民政部注册，主管是民政部。有了这两个基金会，就可以通过募捐筹集资金。

这个事我向东阳市委蒋书记作了汇报，他说，这个事如果做成是了不起的大事，会轰动世界。能办起来就一定要办起来。我说，我要在有生之年完成这件事。我们一起来做建造圆明新园这件大事吧。蒋书记说，好，我们一起来做！

过了两天，蒋书记就带着东阳市委、市政府相关的领导和 20 几位有关部门的负责人，到横店召开现场办公会。会上，先观看了浙江电视台为介绍法国作家伯纳 · 布立赛《1860：圆明园大劫难》一书而制作的《亚妮专访》。然后由我介绍了相关情况。关于选址，初步选在横店西北米塘以西与大联相接的地块。这个地方大部分是小山坡，三分之一是土地和水面，比较合适。我说，这是振民心、扬国威的事，希望得到方方面面的支持，特别是东阳市委、市政府各部门的支持。

接着，与会领导和各部门负责人先后发表意见，大家一致的意见，是支持横店，把这个项目搞起来，只是在选址问题上有不同的看法，有的提出，应着眼在全市范围内选址。

最后，蒋书记做会议总结，他说，建造圆明新园确实意义重大，一是上级要求发展文化产业，这个项目会起到很大的促进和带动作用；二是这个项目本身可持续性好，它涉及旅游，还涉及文化交流、历史研究、爱国主义教育等等，所以不仅仅是一个景点的问题。如果建起来，文物再收集起来，那是不得了的事情，对提高东阳品位，促进东阳可持续发展，意义非常重大。

书记对市委、市政府各相关部门提出了要求，如果需要政府出面，政府一起出面去跑；如果需要涉及市里哪个部门，哪个部门都要支持。关于选址问题，他说，不仅在横店范围选，还要在全市范围选，最后还要请有关专家来看看，帮助论证。

会后，与会领导还到选址讨论到的区域，作了初步的实地考察。

这次会议过后没几天，我和蒋书记一起到省里，我是为横店红军长征博览城申报省爱国主义教育基地，去向省委领导汇报的。汇报完红军长征博览城的事后，我把建造圆明新园的事情也作了汇报。省委领导说，这件事做好了，对东阳，对浙江的经济、文化发展，都会有很大的促进，会轰动整个中国乃至世界。

实际上，这个事一提出来，确实震动很大。不说外面，就说在我家里，儿子徐永安就反对。他说爸爸，你年纪那么大了，可以过安乐的生活，为什么要花那么大力气去搞圆明新园。父子俩有矛盾，我老婆犯难了，是站在老头一面呢，还是站在儿子一面好呢，真是麻烦了。

儿子反对，自然影响到集团领导层。横店集团总部那边怕了，怕我们到集团那边要钱。我对他们说，你们不用怕，不会到你们那里拿钱。银行听到这个消息，也怕了，怕我们找他们贷款要钱。我也对他们说，你们放心，钱不从银行来。

实际上，一开始我老婆也是坚决反对的。她说，你老了，难道不会享福一点嘛！那天晚上，我把蒋书记在横店现场办公会的讲话记录拿给我老婆看，她怕了，说：过了年你就 72 岁了，能不能过几天安稳日子！别说没有钱，就是有钱，也要有力气去建呀！我说，又不是我亲自去建呀，我建不完，有下一代接着建。她说，你真要干，我就一头撞死！我开玩笑说，你撞死，我去找个小姑娘来！后来，我说，你不用怕，也不用多想，还是睡觉吧。其实，我们都睡不着，后来两个人还是吃了安眠药才睡着的。

当然，后来老婆、儿子都转变了，他们都支持我。建圆明新园，大家都说好啊！

2006 年，徐文荣与夫人何彩仙在黄山。

四、这里有天生的圆明园地貌

转眼就到了2006年。新年第一天，来自北京的王道成（中国人民大学清史研究所教授、博士生导师，中国圆明园学会常务理事）、段宇红（中国圆明园学会办公室主任）、潘从贵（中国圆明园学会会员部主任）、董强（北京大学法语系教授）等专家学者，在浙江省内的一批专家学者陪同下，来到横店实地考察，并和横店方面有关人员座谈，研讨在横店建造圆明新园的相关问题。

我告诉专家们，这件事，我已向政府方面汇报过，如果上面同意我们建，根据各种条件，我们在横店可以建，东阳市里也表示一定要在横店建。至于能不能建，可不可以在横店建，今天你们这些专家都在这里，想听听你们的意见。

王道成介绍，一直以来，专家中就有“废墟派”和“整修派”两派不同意见。“废墟派”认为，“废墟也是一种美”“美是不可重复的”“圆明园的精髓与价值只有两个：一个是‘荒’，一个是‘废’”“复建圆明园是个错误”等等。

“整修派”提出“保护、整修、利用”六字方针，主张在保护好圆明园西洋楼残迹的同时，重点恢复圆明园中国园林部分一些富有特色的景区，再现这些景区的当年风采。

我说，建圆明新园有什么不好？圆明园在北京的遗址不动，这是清朝政府腐败和落后就要挨打的见证；横店建新的，象征和平，再现辉煌。两处形成对比，很有意义。

我还说，横店要建的圆明新园不同于影视城的那些影视拍摄基地，完全是真材实料，而不是以假乱真，从材料到施工工艺，尽可能接近原来的。有些材料实在找不到了，找替代品也要找最好和最接近的。

王教授说，我完全赞成横店重建圆明园。这样做，不仅可以弘扬传统文化，使我国建筑艺术和园林艺术的优秀传统得以传承，增强人民群众的自尊心、自信心、自豪感，而且对于发展文化产业和旅游事业，丰富人民生活，繁荣地方经济也将发挥重大作用。他还认为，易地重建可以避免“破坏侵略者作案现场”的责难。

其他专家也都表示，横店重建圆明园有着积极的现实意义，不但可行，而且适逢其时。提出要从不同的领域和角度，支持和帮助横店，使这一浩大的园林建筑工程、历史文化工程稳步向前推进。专家们还对筹建工作提出了许多好的建议。

当天下午，我领着专家们实地考察了初步选址的区域。专家们看到一片片连绵起伏的丘陵、水塘、山林，大多是荒山、荒坡和荒水，他们惊呼，“这里是天生的圆明园地貌！”

圆明园（包括圆明园、长春园、绮春园）总占地面积约5200亩，横店圆明新园总的规划面积约6000亩，因为要加上道路、停车场等配套设施。其中，山林绿化占44%，水面占40%，建筑、道路占16%，真正用来造房子的用地只有1000多亩。我们主要是充分利用原有的地形地貌和山形水系，因地制宜，对其进行生态优化。充分利用荒山、荒坡、荒地、荒滩及宅基地和三类土地来建设圆明新园。

专家们看到这个区域，有山有水，而且荒山和山塘水面的面积占了大多数，所占耕地不多。所以，他们认为非常适合建造圆明新园。

3个月后，省人民政府批复了东阳市人民政府关于部分行政区划调整的报告，同意将南市街道办事处马山前、富贤塘、五官塘、金马、联盟等5个行政村划归到横店镇区域。初步选定拟建圆明新园的大部分地块，正是在这个区域之内。这也说明东阳市政府和省政府对这件事是非常支持的。

国家档案局、中央档案馆，对横店建造圆明新园也非常支持，他们表示愿意提供大量的圆明园历史档案资料。他们派出有关人员考察横店后，与我们签订了合作拍摄《圆明园》文献电视片、举办《圆明园》展览、出版《圆明园》画册等项目的合作协议。

这期间，我在北京邀请了13位国家相关部门的司局长，向他们咨询，在横店能不能建圆明新园，是否侵权？他们说，可以建，不侵权。你们的圆明新园与北京的圆明园遗址公园是两回事。

同时，我在北京接触了许多圆明园专家、学者，还有许多新闻界、理论界的朋友。凡是我接触到的，都非常支持横店建造圆明新园，鼓励我们大胆地干。后来，我们还专门成立了由100多位我国著名圆明园专家和文史专家组成的横店建设圆明新园专家委员会，作为我们的智库和专业指导。

有大批专家的支持，有地方党政领导的明确支持，我们信心大增。在一次内部会议上，我说，四个要素具备就可以建：一是专家，二是政府，三是土地，四是资金，这四个方面落实了就可以建。现在，专家和政府领导对在横店建造圆明新园的信心很大。土地当然要正式上报审批，我们把国土资源部的有关领导请到横店来考察，与我们省市国土部门一起商量建园土地置换变通的办法，我看问题不大。资金问题，专家们说，大概需要200个亿，其实，基本建设大概只要40个到50个亿，算上装修，也就70个亿，剩下130个亿，是用来回购或仿制圆明园的一部分文物，主要是仿制。如果把流失海外的圆明园珍宝都收回来，专家说要2400个亿，我说5000个亿恐怕也不够，谁能办得到，就是有钱你也办不到。现在有很多企业家表示要赞助，还有国外许多基金会也愿意资助，我们把有关的法律手续做好，资金渠道很多，应当说完全可以解决。

我说，我决心下了，一定要建。为什么要建？第一为国家争光，为人民洗雪耻辱。第二，圆明新园建起来，对横店的影响巨大，她的意义比建明清宫苑（故宫）实在伟大得多；它的经济效益也一定非常可观。农村发展要城市化，后来又说城镇化，现在又说建设新农村，变来变去，不管怎么变，一句话，要靠自己奋斗，不奋斗富不起来。

我们通过“山河工程”，解决了“三农”问题、城镇化问题、新农村建设问题、环保问题、社会和谐问题，还节约了大量的土地。横店真正土地用得多的是修路和公用基础设施建设，以及老百姓的宅基用地。真正用在文化产业上的土地并不是很多。

我认为，为了使农民长久地富起来，就必须要发展第三产业。文化产业1块钱的投入，至少可以带动5块钱的收入。横店经济将来生命力最强的就是这一块。为了子孙后代，也是为了自己生存，必须发展文化产业。横店圆明新园就是一个能为子孙后代带来长久致富的大项目。

他们告诉我，北京有些专家有不同意见，说怕横店建不好。我说，专家意见永远统一不起来。只要我们要建，有一部分专家反对也没有关系。

我们成立了横店圆明新园筹建总指挥部，正式注册登记，成立了浙江横店中国圆明新园有限公司，各项筹备工作有条不紊地陆续展开。

6月初，经浙江省民政厅和文化厅批准，浙江华夏文化发展基金会暨横店圆明新园圆明园专项基金管理委员会正式成立。后来，我们又同中国文物保护基金会合作，共同设立中国圆明园文物保护专项基金；同中国电影基金会合作，共同设立中国电影基金会浙江横店圆明新园专项基金管理委员会。

几天后，东阳市委书记又带着市里相关领导和有关局委办负责人，到横店召开关于建造横店圆明新园问题的第二次现场办公会。

我在会上汇报了前一阶段的工作进展情况，一是到省里，向省委领导作了汇报，他举双手支持。他把这个事告诉了省委宣传部，宣传部部长两次在公开会议上讲话支持。二是在省里注册成立了公司。经批准，正式设立了专项基金管理委员会，并与北京有关基金会合作，成立了相应的机构。三是同国家档案局、中央档案馆签订了全面合作的协议，有关工作正在开展之中。

我们内部做了四件事：一是圆明三园的平面图已经拿出来了，现在正做基本建设图，争取年底前完成；二是3D光盘正在制作，也争取年底拿出来；三是1：50的圆明园特大模型，展馆土建工程已经启动；四是以真材实料，先造一个

1∶1的圆明园实景——“瑶台胜境”，作为练兵。这些工作，一是为了宣传，扩大影响；二是让专家和各界人士来看，提出修改意见。更重要的是，让他们看看横店到底有没有能力来建造圆明新园。我说，现在有许多单位和企业家愿意资助，我都先推掉了，说现在募捐还没正式开始，等正式开始后再接收。

市里各个部门负责人和有关领导发言后，市委书记讲话，他说，上次办公会以后，只不过半年时间，横店就做了那么多事情，应当说进度是比较快的。他要求，市里各部门要把这个项目作为东阳的重大项目来对待，要当作保护环境、改善环境，带动东阳经济的好项目来对待。并提出，要解放思想，做好服务。既要讲原则，又要讲灵活性。对上面要讲原则性，属于我们自己范围内的事，可以灵活一点。

我说，我是很有信心的。我今年72岁，计划活到80岁，用四五年时间把圆明新园建好。有关部门要网开一面，都是为民办事，共产党就是为民办好事的。你们不要怕，要坐牢，我去，我72岁了，坐几年牢，死掉也光荣，还可以休息几年。

五、一石激起千层浪

2006年5月中旬，我应邀去杭州，出席由中央电视台和浙商研究会主办的“首届中国商帮峰会”，被大会组织者选为商帮领袖。他们让我代表中国商帮在大会上宣读《中国商帮杭州宣言》。宣读之后，我披露了横店要建造圆明新园的信息，说要200个亿，商帮，商帮，就是要大家互相帮帮，希望得到海内外商帮的帮助。参加这个大会的，除了内地11个省的商帮代表，还有来自港台地区的大公司老板和来自国外的华商代表，还有联合国秘书长代表和一些国家驻华使馆的官员。我没想到，我在会上简短的几句话，影响一下子就出去了。

没过多久，上海《东方早报》记者就找上门来，要采访我。本来，我不打算接受采访，因为在这之前，这件事只在东阳本地的电视和金华的报纸上有过简单的报道。按我们的计划，要到下一年5月召开新闻发布会以后，才展开大规模的宣传。

但是记者很会缠，说你在杭州的商帮大会上都公开了，东阳、金华的报纸也都登过了，还怕什么？他一定要我谈谈，说好让大家更清楚，来支持你嘛。我缠不过，就把这个事的来龙去脉和我们的计划打算都谈了谈。

很快，上海《东方早报》就登出了题为《横店将筹200亿重建圆明园，欲现146年前辉煌》的报道。文章说，徐文荣的大胆设想，解决了在学界引起广泛争议的是否重建圆明园的问题，“北京遗址仍然记录1860年的屈辱史，让横店重现1860年以前的艺术辉煌”。

5天之后，《国际金融报》发表了一篇题为《浙江横店计划筹资200亿元重建圆明园引发争议》的文章。这篇文章引用了同济大学国家历史文化名城研究中心主任阮仪三教授的话：“在八国联军的大火中，圆明园已经死了，如今残破的圆明园是那段历史的见证人，因此，不管在哪里重建，价值都不大。”“与其如此，不如将这笔资金用于当前迫切需要保护的古代文化遗产……”

从这以后，从平面媒体，到网络，到电视媒体，全都加入到了这场争论中，一时之间，热闹得不得了。

从开始看到阮仪三的说法，我就感到好笑，一个专家、教授，而且还是专门搞历史文化的，怎么连圆明园是被英法联军，还是被八国联军烧掉的都搞不清楚。难道他不知道，八国联军是在英法联军洗劫和烧毁圆明园40年之后，再到圆明园来抢劫的吗？如果说是一般的老百姓，或是什么行政领导搞不清楚、说错了，还可以理解，他一个搞文史的著名教授，连这个历史常识都不知道，还来说什么价值，真是贻笑大方。

更可笑的是，《国际金融报》这篇文章发表以后，我注意到，凡是反对横店建圆明新园的文章，绝大多数都引用了阮教授的话，“在八国联军的大火中，圆明园已经死了”。我就奇怪了，这么多写文章的人，还有刊登这些文章的报刊编辑、编审们，难道也不知道英法联军与八国联军不是一回事？

还有一些人，根据阮仪三教授说的，“现在很多地方都在建设影视城，进而带动当地旅游业发展。而事实是，国内的影视城行业近年正遭受着滑铁卢式的结局”。于是，就断定横店影视城一直在亏损，想通过建圆明园来圈钱。

而且，我还注意到，凡是反对横店建圆明新园的人，几乎都没有到过横店，对横店根本不了解。许多到过横店，做过实地了解或采访的人，他们发现，事实并不是像反对者说的那样。也许原来的反对者到过横店后，看到真实的横店，改变了看法，变成了我们的支持者。

但是，并不是所有的反对者都能到横店来转一转，实地考察一番的。因此，那段时间到横店采访的媒体记者特别多，我是尽可能多地接待他们。有时，一个上午要接待好几拨人。我希望通过采访我的记者，传递正确的信息，纠正误导的信息和一些人理解的偏差。

我再三给来访的记者指出，有时是特意提醒，主持建造横店圆明新园这件事与横店集团无关。发起单位是横店社团经济企业联合会、浙江横店华夏文化发展基金会和浙江横店圆明新园有限公司。

有些人提出，横店社团经济企业联合会是横店集团的出资方和最大的股东，虽然说，投资者与经营者分离，但毕竟还是有关联的。好，为了彻底撇清，后来我干脆就把横店社团经济企业联合会也交出去，我自己再报请政府，注册成立了横店共创共有共富共享工作委员会（简称“横店四共委”）和横店三农促进会。明确横店三农促进会替代横店社团经济企业联合会，作为横店圆明新园的发起单位之一。

可是还是有一些人，说到横店建圆明新园，就把横店集团当作发起人。究其原因，可能一是横店集团名气太大，以至于一说到横店，就自然想到是横店集团；二是可能因为我徐文荣名气太大，虽然，我不担任横店集团任何职务已有很多年，但是，人们在说到徐文荣时，前面还总挂个“横店集团创始人”的头衔。

所以，一提到徐文荣，就自然而然地把我和横店集团联系在一起，既然是徐文荣在干，那一定就是横店集团在干嘛！这是想当然，这是误解，而不是事实。但人们一定要这样去联想，我也没办法。

再一个，我要反复解释，这200亿元是专家说的，我怎么知道这个数，而且这个数并不是全部用来建造房屋道路的，真正用来搞基本建设的只需70个亿，其余，是用来收回部分文物和复制、仿制一些原来圆明园里面的宝贝，供大家观赏的。

可是，这200亿数字一出，人们就形成了一个概念，横店要筹资200亿元造圆明新园。你再解释，似乎也不起太大的作用。

还有，我要给每位来访的记者朋友说，目前，我们只在做大量的前期准备工作，我一项一项地讲给他们听，并且告诉他们，正式启动是要有前提条件的。这前提条件有三条：一是设计和工艺不成熟不建；二是土地政府不批准不建；三是资金筹措不到位不建。我明确告诉他们，如果设计、工艺、土地、资金等任何一个条件不成熟，绝不会贸然开工。

可是，有的记者太“勤快”了，跑到一个地方，看到有一台机器在挖水沟修路，他就写文章说，“横店圆明新园已悄然开工”。写新闻的，总希望自己的文章能引起更多人的关注，这能理解，但是不能主观臆想。可叹的是，有些看到或听到这个信息的人，不做核实，也就跟着说。

资金问题是个敏感问题，也是反对横店的人们常拿来说事的问题。我多次通过媒体，明确宣布四个“不”：一是不向银行贷一分钱；二是不向国家申请补助一分钱；三是不向企业摊派一分钱；四是不向社会群众借一分钱。资金的来源，主要是三条渠道：一是接受社会募捐；二是吸收专项投资；三是股份公司不排除以后上市融资的可能。

虽然，我们还只是处于前期的筹备阶段，离建成横店圆明新园早着呢，可以说八字还没一撇。但是，不少人还是关心建好后的经营，生出不少诸如“募捐来的钱是全国的，怎么能让横店一家赢利赚钱”的疑问来。有些人还担心，全国

2500个主题公园，70%亏损，只10%有赢利，横店圆明新园建起来会不会亏损得像个无底洞？

我对他们说，我们建横店圆明新园的出发点不是赢利。我们初步设想的经营方式是，公益性募捐投入建设的景观，免费开放或少收门票（仅维持管理费用）；全部股份投资建设的景观要收门票，有利润按比例分成；参股和募捐资金共同投入的，采取不同的门票政策，按比例分成，募捐资金所得利润分成，继续用于慈善公益事业。

有人说，横店都是“无中生有”搞起来的。我干脆请新华社记者到横店来，我陪着他们到处看，告诉他们，这里原来是荒山，那里原来是荒坡，横店原来确实是“一无所有”，现在，你看到的横店城市面貌和各个拍摄基地，都是“无中生有”搞起来的。后来，新华社记者写了一篇文章，题目就是《从“一无所有”到“无中生有”》。

还有人说，横店造的都是假的。我说，有人说我徐文荣就是造假大王。我承认，横店影视城的那些拍摄基地，的确是以假乱真。但也有真的，我们明清民居博览城里的120多幢古民居却是原汁原味的明清和民国时期的建筑啊！

但是，我们要造的横店圆明新园，可不是以假乱真，全部都是要真材实料，汉白玉就是汉白玉，大理石就是大理石，都是真货。我说质量还要超过原来的圆明园，因为时间过了100多年了，工艺技术上更先进了，总体质量就应该更好了嘛！

他们说，你造得再好，还不是假的？我说，哪些是真的？西柏坡是真的吗？真的都在水库底下了！现在你看到的全是后来仿造复建的！天安门城楼是真的吗？现在你看到的天安门城楼是1969年全部推倒重建的，而且比原来的天安门还要高1米！只要质量是好的，艺术性是高的，100年以后，它一样也变成文物！

凡是我接待过的记者，他们写的文章，基本上都是比较准确地反映出了真实的情况。但是，我接待过的记者毕竟是少数，大部分写文章的人并没有采访过我，有的甚至没有到过横店，他们凭自己的想象和主观推断，或者东抄西摘，断章取义，所以，写出来的东西难免与事实相差甚远。至于网络上的议论，更是五花八门，多得不得了。人家愿意怎么说，那是人家的言论自由，但信不信，却由你自己来判断。

开始一段时间，我下面办公室的人，每天都把报纸杂志和网络上关于横店圆明新园的争论文章收集起来，送来给我看。后来，看看也实在太多了，而且内容说来说去，还是那些个事，我也没兴趣再看了，而且，我很忙，也没有时间来看这些东西。

专家们告诉我，圆明园牵动着中国人的情感，她的一呼一吸，都会引来剧烈的震动，关于圆明园的争论，可以说是由来已久。

早在新中国成立初期，周恩来总理就曾经指示：“圆明园遗址要保护好，地不要拨出去，以后有条件，可以修复。”从那以后，“废墟派”与“整修派”的争论，几十年来，从来没有停止过。只不过这一次，由于我一个平民百姓介入到里头，使这个争论从专家和学术界层面，扩大到了民间，变成了全民争辩。

专家们觉得这个过程很有意思，浙江古籍出版社提议，将相关材料收集起来，为关心圆明园命运和前途的各界人士提供一份比较完备的资料。于是，由王道成教授和段宇红主任分别担任主编、副主编的50万字的《圆明园重建大争辩》，在浙江古籍出版社出版。其中，第四章就是围绕横店圆明新园的大争辩。

六、你争论你的，我做我该做的

说老实话，我没想到，横店要建造圆明新园的想法一经提出，居然会引起如此声势的轩然大波，会引起那么多人的关注和那么大的争论。过去，横店造1∶1的明清宫苑（故宫）时，虽然，报纸和网络上也出现过“故宫能‘克隆’吗？”“徐文荣真胆大，连天安门都敢造”等等质疑的声音，但也没有引起过这么大的争论。

我想起，有一次我在北京，一个文史专家给我讲了一个故事：说一个老人和一个小孩，牵着一头毛驴在走路。有人看见了，说为什么不让小孩坐毛驴。小孩坐上去了，有人看见了，说怎么可以让小孩坐，为什么不让老人坐呢？结果，小孩下来，老人坐上去。后来，又有人看见了，说怎么让小孩一个人走路呢？于是，小孩也坐上了毛驴。这时，又有人看见，便说，你们怎么这样对待牲口，就不怕它累死啊！于是，老人和小孩只好都下了毛驴，还是两人牵着毛驴走路。如果你光听人家怎么说，那你什么事也做不成。

本来，对任何事情，有不同意见是正常的。事实上，横店做的每一件事，都是在不同意见的争论中走过来的。我不怕别人质疑，外界的批评和质疑，可以督促我们把工作做得更细、更周到。但争论和质疑并不妨碍我做事。我是农民，农民是靠干出来的，不是靠争出来的。你争论你的，我做我该做的。我的决定不会因有人反对和争议而改变，却会因为有人支持而变得更加坚定。

就在外界一片热热闹闹的争论声中，我们的各项筹备工作都在有条不紊地向前推进。我前后在北京召开了5次专家座谈会，就横店圆明新园的筹备和建设问题，向他们请教，得到了专家们方方面面的支持和帮助。

图纸、资料的收集，在国家档案局、中央档案馆等有关部门和国内外专家的帮助下一步步完备。我曾经说过，我们掌握的圆明园资料比北京圆明园管理处还要多。

设计工作，根据对已掌握的大量资料的研究，经过与圆明园专家的多次研讨，确定了圆明新园分三园15大区126组景群。在完成平面图和平面效果图的基础上，基建图纸设计按计划也在顺利进行。

根据已经设计好的图纸，设计制作虚拟现实的3D影片，在完成西洋楼部分后，继续制作其他景区。2007年，我们把已经制作好的部分《虚拟圆明园》3D影片，拿到在北京举行的“纪念圆明园建园300周年国际学术研讨会”上放映，深受专家们的好评。

宫殿式的横店圆明新园展馆土建工程完工后，面积达2000多平方米的1∶50的圆明园特大型模型，已进入到现场制作。在这之前，12组1∶50的圆明园西洋楼石雕模型已经制作完成。

作为正式建造圆明新园之前的演练，吸取圆明园10个景的精华组合而成、以1∶1的比例修建的“瑶台胜境”项目，在华夏文化园内正式开工建设，而且进展顺利。

我们还正式委托浙江省发展规划研究院，对横店圆明新园的项目，进行科学、规范、全面的可行性研究，拿出《浙江横店中国圆明新园建设工程可行性研究报告》后，再组织有关方面专家，来论证和鉴定。

在圆明新园建设总指挥部下面，设置了土建组、石艺组、木艺组和园艺组，分别根据圆明园对石料、木料、园林花木的要求，展开资料收集、市场调研、工艺研讨等细致的专业工作。同时，我们委托浙江农林大学和另一家园林科研单位，对圆明新园所需的特殊花木进行提前培育。

2007年7月，东阳市委蒋书记带领市里有关领导和12位相关的局委办负责人，到横店召开第三次现场办公会。我汇报筹备工作的进展情况以后，市属各部门负责人从分管角度对项目的实施，提出了很好的建议。最后，蒋书记对市属各部门提出三点要求：一是热情支持，积极服务。二是既要解放思想，特事特办，又要依法依规，规范操作。三是进入状态，努力开展工作。

当天，由东阳市12个主管部门、横店镇政府、横店国家影视产业实验区管委会和横店四共委，共同组建的横店圆明新园项目筹建工作协调小组正式成立，并召开了第一次会议，明确了各专业小组和各有关职能部门的分工。这标志着横店圆明新园作为东阳市的重大项目，从东阳市的层面，筹备工作正式展开。

两天后，横店镇党委和政府在横店影剧院召开了“横店圆明新园筹建动员大会”，镇党政机关工作人员、各村（居）干部和各企业干部以及部分私营企业业主参加了大会。

镇党委书记在动员报告中说，横店建圆明新园不仅得到镇委、镇政府的支持，市委、市政府和各级党政部门也极为重视。他说，横店文化经济做大做强，直接关系到横店的发展，如有个村子，总共才200户人家，却开出了40多家饭店。横店发展影视旅游的实践已经证明，社区老百姓是直接受益者。今天，横店已藏富于民，有的村（居）储蓄额已达上千万元，少的也有百万数百万元，经济实力还在不断增强。他号召全镇人民，着眼长远，积极参与，群策群力，为横店圆明新园的建设添砖加瓦，尽心尽力。

一个星期后，浙江省工业经济联合会、省企业联合会、省企业家协会，“三会”会员大会暨企业家活动日，在横店国际会议中心举行。我在大会上介绍了横店圆明新园的来龙去脉和筹备情况。我说，我不相信菩萨，我相信自己，我肯定活到80岁，5年时间，我肯定把横店圆明新园建好，请你们支持我。

这期间，我向全省企业家，发出了《圆炎黄子孙一个梦　给世界人民一个惊喜——建设圆明新园倡议书》。参加大会的副省长、省总工会主席、省有关部门领导，以及鲁冠球、冯根生等著名企业家和全省各地的会员企业代表，热烈响应，纷纷在《倡议书》上签名，表示支持。

舆论和声势造出去了，但是，资金筹集的工作我们一直非常慎重，主要是做好各项准备工作。对于如何吸收社会资本投资横店圆明新园项目，我们初步设计了投资参股的办法，并与中国银行、中国工商银行、中国建设银行和中国农业银行这四大国有银行在东阳的支行，达成了《浙江横店中国圆明新园吸引投资资金使用监管协议（意向书）》。

有好几家国外投资机构找我们谈，其中，有一个小国家设在中国的投资机构甚至想出200亿元资金来投这个项目，但被我们拒绝了。一是时机还不成熟；二是横店必须保持对这个中国文化项目的相对控股地位，因为这不是一个纯粹商业项目，它还承载着横店文化产业建设的内容。

募集社会资金的工作必须更加慎重，募捐的各项准备工作要更加细致，比如，完善法律手续，研究制定一系列的程序和规则，提出具体的操作方法，寻找代理机构和代理人，等等。尽管我们接到许多电话、传真和来信，要求赞助资金，或是愿意献出收藏的宝贝，但我们都以没有正式开始募捐为由，先行婉言谢绝。

我想到，即使要开始募捐，也要从横店开始。网上就有人说，“徐文荣想利用圆明园来圈钱”，是“空手套白狼”；还有人说，“叫我们出钱，他们横店人为什么不拿钱出来?”；等等。所以，我觉得，募捐必须从横店开始，从我们内部单位开始。

横店人热情非常高，从镇党政领导，到机关干部；从横店四共委、横店集团的领导层，到下属企业的员工；从私营企业主、个体工商户，到全镇普通老百姓，从试募捐开始，就纷纷报名捐款，几天时间，捐款数就达 7000 多万元。截止到北京“横店建设圆明新园新闻通报会”召开之前，短短的几个月时间，募捐人数就超过了 3 万多，募捐资金达到 1.24 亿元。

横店圆明新园建设的消息传出以后，海内外华人同样表现出极大的热情。世界杰出华商协会执行主席卢俊卿博士告诉我，这是一项得道多助的项目。在 4 个多月里，他已与上百位全球杰出华商沟通过此事，其中有十几个国家的华商领袖、华商 500 强和实力企业家，都表示愿意参与、支持横店圆明新园的建设。

各项筹备工作，都在按照我们的计划一步一步地在展开。

2008 年 2 月 18 日，“横店建设圆明新园新闻通报会”在北京钓鱼台国宾馆隆重召开。这个新闻通报会的主办单位是中国电影基金会、浙江横店影视产业实验区管委会、横店共创共有共富共享工作委员会。由横店建设圆明新园总指挥部、浙江横店文化产业股份有限公司、浙江横店中国圆明新园有限公司和北京浩华文化艺术有限公司承办。世界杰出华商协会、北京市古建筑设计研究所、浙江古籍出版社、中华圆明园学会基金有限公司、东阳市人民政府等作为支持单位。

全国人大常委会副委员长许嘉璐，中国电影基金会会长李前宽，国家文物局古建筑专家组组长和中国文物学会会长罗哲文，新华社副总编辑夏林，中国新闻

徐文荣（右）在北京钓鱼台大酒店会见法国历史学家、《1860：圆明园大劫难》作者伯纳·布立赛（左）及其夫人。

社社长郭招金，中国记者协会书记处书记李存厚，法国历史学家、《1860：圆明园大劫难》作者伯纳·布立赛等出席通报会。通报会由著名圆明园研究专家王道成教授主持。

新华社、《人民日报》、《光明日报》、中央电视台、中央人民广播电台等国家级媒体和路透社、法国《解放报》、英国《泰晤士报》、《英国每日电讯报》、半岛电视台等200多家国内外媒体参加了通报会。

这是横店圆明新园首次面向国内外媒体，正式公布自己的计划，通报正在进行的筹备工作进展情况。

我在会上，讲述了横店“为什么建”“有没有能力建”“希望和呼声”三个问题，通报了建设横店圆明新园的筹备工作情况，特别重申了横店圆明新园“三不建，四不要”（即技术不成熟不建，资金不到位不建，土地不批准不建；不要国家一分钱补贴，不要银行一分钱贷款，不向企业摊派一分钱，不向老百姓借用一分钱）的原则。

我说，我们老百姓是实心脑袋，不会纸上谈兵，我们用设计图纸、虚拟的影片、模型、部分实景，向世人证明，我们有能力建设，并一定能建好圆明新园。我宣布，筹建工作正式启动，一期工程年内动工，将用5年时间，在2013年将横店圆明新园全面建成，向公众开放。

罗哲文、李前宽、卢俊卿、郭招金、张仲灿等，分别代表各自单位和部门发言，对横店建设圆明新园表示坚决支持。法国历史学家伯纳·布立赛也作了精彩的发言。在所有发言中，最让我感动的是许嘉璐副委员长的讲话，他的讲话最准确地说出了我的心声，对我是一个非常大的鼓舞。

许嘉璐副委员长在讲话中说，我理解徐文荣先生的真正意图，他是要重现圆明园的恢宏与美丽，同时为影视界提供一个更广阔的、新颖的、可以拍无数的电视剧和电影的场景，再供广大人民旅游、休闲、欣赏。他所追求的是再现她的气魄与美，追求的是圆明园的形似与神魂的勾连。这样的出发点不错，其建设效果也有自己的特色。从这个意义出发，我是赞成的。

他还说，横店建设圆明新园，体现出了徐文荣先生作为一个农民企业家创业的执着、爱国的情怀和弘扬中华文化的情怀。他在对我表示钦佩的同时，还在精神上为我喝彩，并寄予厚望。

七、困惑：这是为什么

本来，北京“新闻通报会”后，我们将按照计划逐步展开内外宣传、招商引资、募集资金、工程前期准备等各项工作。但没有想到，北京“新闻通报会”后，在社会上又掀起了新一轮轩然大波。

不同意见的争论本不算什么。但是，非理性的指责、非议，甚至辱骂，那是恶意；以偏概全、捏造事实“告黑状”，那只能说是一种卑鄙。

令我没想到的是，就在北京“新闻通报会”后不到半个月的时间，国土资源部在接到有人举报横店非法用地之后，正式发函浙江省人民政府，要求调查了解横店圆明新园项目用地情况。

不久，国土资源部国家土地督察上海局又派出横店圆明新园项目用地调查组，前往浙江和横店，了解浙江省调查情况和横店土地使用的实际状况。

我在办公室接待了国家土地督察上海局调查组，我明确告诉他们，我多次声明，并在前不久的北京“新闻通报会”上再次重申了“三不建，四不要”的原则，在土地未经依法批准前，绝不动工建设。我说，有人说的和你们看到的，并不是横店圆明新园工程，而是别的工程项目在施工。

实际上，我们一直在等待着上面的审批。在这之前，我们与东阳市国土部门一起，多次与省国土局和国家国土资源部有关人员，进行咨询、商讨，寻求在不违反国家现行土地法规的前提下，进行适当变通的途径。圆明新园虽然总占地面积要5200多亩，但绝大部分是山林和水面，这部分可以不改变它。实际土建工程用地只需1000多亩，而且分5年使用。所以，最后大家提出，可以通过造地、置换指标的办法，分期解决。省市国土部门和国土资源部有关司局领导，做了大量的沟通工作，大家基本上认可了这一办法。

从另一个角度来看，横店圆明新园并不是孤立的一个项目，而是纳入横店国家影视产业实验区的一个重大项目来报批的。这时，正在北京召开的“两会”传来了一个消息：中共中央政治局常委李长春，在参加“两会”浙江代表团审议时，充分肯定了横店国家影视产业实验区是全国文化体制改革的榜样，勉励横店要催生出更多有实力的影视企业。第二年6月，李长春又亲自到横店考察调研，希望横店集团进一步探索影视制作基地化、社会化、专业化、产业化发展的路子，促进影视业生产方式的变革。

可是，国家土地督察上海局《关于对浙江东阳市横店圆明新园用地问题的调查报告》，最后的结论却是，用地申报违反了限制用地项目目录的有关规定。建议浙江省政府，在项目未经依法核准前不批准向该项目供地。

在这种情况下，省里原先准备批的第一期用地，就被改成工业用地了。同时，东阳市有几个为该项目的申报积极做工作的部门也受到了牵连，其负责人还受了处分。更不能理解的是，国家土地督察上海局还明文通报，停止东阳全市一年土地审批权。

对此，我真是非常纳闷，又难以理解，更是感到困惑。

党的十七大提出，要“推动社会主义文化大发展大繁荣”，要“解放和发展文化生产力”，要“弘扬中华文化，建设中华民族共有精神家园”，要“加强中华优秀文化传统教育，运用现代科技手段开发利用民族文化丰厚资源”，要“充分发挥人民在文化建设中的主体作用，调动广大文化工作者的积极性，更加自觉、更加主动地推动文化大发展大繁荣”。浙江省作为中央两个文化体制改革试点省份之一，提出要“建设文化大省”。

可是，国务院又把文化产业列入限制用地目录，不准向文化产业项目供地。一方面，中共中央号召“文化大发展大繁荣”；另一方面，又“不能向文化产业供地”。发展文化产业，总要占用一部分土地，难道文化产业只能建在空中，那不变成了空中楼阁？

怪事还在后头。

早在2006年，当横店建造圆明新园的争论初起时，就有人写文章指出，“我们可以狂热期待着迪士尼登陆中国大陆，却不愿看到一个更加有趣、更加恢宏的中国古典建筑群现身横店”的“这种奇怪心理”。当时，我以为这是写文章的人，拿迪士尼做对比，说说而已，并没有在意。

令我没想到的是，4年后，迪士尼登陆中国大陆竟变成了事实。2010年11月4日中央电视台《第一时间》报道：上海迪士尼乐园日前已经开工，配套及外围工程正在建设中，土地储备也基本完成，乐园大规模建设于近期全面展开。目前，4.12 平方公里的拆迁工作也已经全部完成。

更令我震惊的是，上海迪士尼与横店圆明新园，两个项目有着太多的相似之处，却出现了两种截然不同的结果。

上海迪士尼占地 6000 余亩，横店圆明新园开始规划时是 5200 亩，后来浙江省发展规划研究院做可行性论证时，加上外围道路、停车场和配套设施用地，总占地增加至 6000 亩。所差的是，上海迪士尼用地百分之百是良田，横店要用的大部分是荒山、荒坡和荒水，只有少量的耕地。

上海迪士尼总投资 244 亿元（后增至 400 亿元），横店圆明新园宣布筹资 200 亿元，其中 70 亿元用于土建和装修，其余用来回购或仿制圆明园文物。所不同的是，上海迪士尼的总投资中，上海市政府下属的企业将持股 57%，迪士尼公司持股 43%。横店圆明新园不要国家一分钱补贴，不用银行一分钱贷款，全由民间募捐和招商投资入股解决。

上海迪士尼乐园与横店圆明新园，同属于文化产业项目。前者 2008 年国家有关部门接受了上海的项目申报，第二年核准了这个项目；后者，却在 2008 年，被国家土地督察上海局宣布为“用地申报违反了限制用地项目目录的有关规定”，而“不批准向该项目供地”。

上海迪士尼首期开发建设工程 4—5 年，预计将在 2014 年建成开业，横店圆明新园如果按照计划，建设期为 5 年，将在 2013 年建成开园。前者，从概念走向实质，于 2009 年“低调”启动，2010 年“低调”开工。后者，却于沸沸扬扬的争论声中，在那些“专家”“教授”的“牢记国耻”的爱国主义“高调”中“胎死腹中”。

这究竟是为什么？我真是百思不得其解，越想越是困惑。

是不是因为横店圆明新园是纯粹的中国血统，上海迪士尼是含有洋人血统的“混血儿”？

是不是因为横店圆明新园纯粹是一个民间的项目，上海迪士尼是一个官方项目？

是不是因为横店圆明新园代表了落后的文化，上海迪士尼是代表先进的文化？

是不是因为横店圆明新园是“商业炒作”，想要赚的钱是“沾满铜臭”，上海迪士尼不是“商业炒作”，让洋人赚中国人的钱是那么“崇高伟大”？

我不知道，答案在哪里？

我还想问：那个宣布“在八国联军的大火中，圆明园已经死了”“不管在哪里重建，价值都不大”的“名教授”，重复建一个美国人的迪士尼到上海，价值到底有多大？

那些断言主题公园70%亏损，横店圆明新园注定“昙花一现”“重蹈覆辙”的“专家”们，为什么面对在“主题公园的集中地区”再建一个“比香港迪士尼大6倍”的主题公园时，却集体“失声”了？

那些指责横店圆明新园“简单模仿，经营者想象力贫乏，毫无创新性”，缺乏“历史情感、公共精神和文化关怀”“没有文化内涵和社会责任心”的人，上海迪士尼是否就是“创新”，就是体现了你们所说的“历史情感、公共精神和文化关怀”？

那些无端责问横店圆明新园，“你当地政府的钱是哪里来的？政府的钱就是老百姓的钱，我们老百姓同意了吗”的人，你为什么不拿同样的问题去问问上海迪士尼项目呢？

那些高调唱着“环境保护”的，还有那些担心修了圆明新园，占了土地，横店人没饭吃的“高人”，为什么不去关注一下上海川沙人民的“民生”和那里的“生态平衡”？

面对投资、规模和占地远比横店圆明新园大的上海迪士尼乐园，那些“为国担忧”，而对横店圆明新园“口诛笔伐”的“专家”“教授”们，你们现在在哪里？那些，“为民请命”的消息灵通和敏感的记者朋友，你们在哪里？

谁能告诉我，答案在哪里？

八、最大的伤感和遗憾

可以说，建造横店圆明新园是我这一生最大的文化梦想，也是我这一生最大的文化工程。

我曾多次到过北京圆明园的遗址。说老实话，我每次去圆明园实地考察，看到满目的凄凉，心里都会痛。在祖国富强的今天，我想尽自己最大的努力，重现圆明园曾经的辉煌，让民族牢记耻辱的同时，感受民族的骄傲。我想，一个法国人都有勇气写出一部关于揭露先祖在圆明园犯下罪行历史真相的图书，作为中国人，为什么就不能重现圆明园的经典建筑？

有人说，我搞圆明新园是为了占用土地，怀疑我通过搞这个项目占国家土地的便宜。我利用的是荒山、荒坡、荒滩、荒水，很少占用耕地，而且按照程序办理审批手续，只是将一些闲置资源进行合理开发。

建造横店圆明新园不是我个人的，希望那些为国家土地鸣不平的人，多花些时间去思考怎么样更好地开发利用好国家的土地资源。

我只不过是运用世界闻名的圆明园这个伟大项目，将其与横店的四荒土地资源有机地结合起来，让它发挥巨大的作用，变四荒地为宝地，为子孙后代留下一笔伟大的文化遗产。建一个文化公园，总比建一个排废气、排废水的污染工厂好吧？

横店规划建设圆明新园的那 6000 亩地，绝大部分是四荒地，现在一年毛收入只有 388 万元，扣除各项成本，净收入只有 106 万元。如果建成圆明新园，光门票收入一年就可达到 30 亿元，按 1∶5 带动比率，可带动其他产值 150 亿元，税收可达 10 亿元以上，还可增加 3.6 万人就业。这不是对国家、对老百姓，都有好处吗？

很多人怀疑我建设圆明新园的动机，好像我能得到很多好处。我都 70 多岁了，还能图什么？等到圆明新园建成功时，我也80多岁了，又能享受到什么？而事实上，我们全家为建造横店圆明新园已经捐出了很多钱。

我只是希望，在100年或更久以后，圆明园除了残垣断壁，还能留给人们这么一个伟大的表现。北京圆明园遗址仍然记录着1860年的屈辱史，那么宝贵的建筑艺术毁于瞬间，那么多文物被抢走，还有什么比这更让人惋惜的呢？我建设横店圆明新园，重点在于重现辉煌，回收流失在海外的圆明园文物，能回收的就回收，不能回收的就复制，尽可能重现它往日的辉煌。

有些所谓的专家，说我“不尊重历史，极其牵强、荒谬”“违反文物法”，是“沾满铜臭味的破坏”。我说，北京圆明园遗址是国家文物，横店离北京有几千里路，连碰都碰不到，怎么就破坏它了呢？你是北京圆明园，我是横店圆明新园，根本同你不搭界，完全是两回事；你是文物，我建的不是文物，怎么就违反文物法了呢？

你北京圆明园遗址是国家文物，放在那里不要动，勾起中国人民的回忆，看到帝国主义侵略造成的这个后果，起到你这个文物的作用。老百姓要想知道，过去没有烧掉的圆明园究竟是什么样子？想要知道，就跑横店来看看。再说，我们本来就有计划，回收回来的圆明园文物全部送给北京圆明园保管，横店圆明新园只展出复制品。

我还想，就如仿照北京故宫建造横店“明清宫苑”，专供游览和影视拍摄，有效地减少了对北京故宫的压力和损坏。建设横店圆明新园，也将有效地分流北京圆明园遗址的客流，同时也会减少影视拍摄对遗址带来的损害。这也是我们对北京圆明园遗址的贡献。

还有一些人，怀疑我们没这个技术，造不起来；还说，一模一样的圆明园是建不起来的。即使能够重建整个圆明园，也绝非历史上真实的圆明园，它只不过是清代园林建筑的一个仿制品，一件赝品。

1860年前的圆明园到底美到什么程度，今天活着的人，没有一个人亲眼见到过。我问他们，圆明园一模一样你看到过吗？你生都没有生出来，你也没看到过，我也没看到过，你何谈什么一模一样呢？我从来没有说过，我们要造的圆明新园就是历史上真实的圆明园啊！

东阳和横店素有“百工之乡”的美称，明清时期，东阳就有许多工匠被召进京，参与宫廷建筑装修。直到今天，北京故宫大修，仍然要请东阳的工艺美术大师去做指导。我们有一支非常有实力的古建筑队伍。

可是，在建造横店影视城的10多年实践中，我也深深体会到，懂得古建筑工艺技术的人越来越少了，一些民间工艺面临失传的危险。所以，我想，要趁一些老艺人还在，一些工艺还未失传，一些原材料还能找到，通过建造横店圆明新园这个大工程的实践，造就和培养一批古建筑人才，抢救和恢复一些濒临消失的传统技艺。

我说我们建造的横店圆明新园要比北京圆明园还要好。就有人说，徐文荣吹牛、说大话。

我告诉他们，北京圆明园在清朝咸丰十年（1860年）被英法联军烧毁后，慈禧太后当政时期，又修了一个颐和园，那时名叫清漪园，其建造工艺是与圆明园相当的。而现在，历史在前进，科技在发展，工艺在进步，横店人在建设影视城的过程中，积累了丰富的古建筑建造经验，以现在的工艺水平、科技手段，一定会超过颐和园。超过颐和园，就可能超过圆明园。

我们花了那么大的精力和心血，去搜集、寻找圆明园的图纸、资料，我们收集到的资料，可以说比任何地方都多。我们为建造横店圆明新园，做了大量的准备工作。本来，建造横店圆明新园，是一件利国利民的大好事，却有很多的人说它是不好的。

说实在话，我真没想到，我根据专家们的提议，提出要建造横店圆明新园后，会引起这么多人的关注，会引起这么大的议论，招来这么多的指责甚至辱骂。

有人对我建圆明新园不了解，不理解，不谅解，指责我，痛恨我，谩骂我。我非常不理解，为什么他们不去指责、痛恨、谩骂烧毁圆明园的英法联军呢？这怎么能叫我不伤感呢!

我们不要国家一分钱，自己筹钱，在横店自己的土地上，建造圆明新园，这有什么错？如果我不叫圆明新园，而是叫其他什么园，还会有人这样指责我吗？我，一个农民，希望通过建造横店圆明新园，长一长中国人的志气，扬一扬中国的国威，我错在哪里了呢？我建了那么多景点，都没有人这样指责我，就是因为圆明新园，却招来这么多的责难，这究竟是为什么啊？

上面不批土地，我只好把筹备工作停下来，我们撤销了募捐的代理机构和分支机构，解除了与有关单位的合作协议，撤销了专项基金管理委员会。浙江华夏文化发展基金会召开了横店圆明新园项目捐赠人代表会议，通过决议，将所募集到的款项扣除前期筹备费用后，转赠于横店圆明新园试验性项目——“瑶台胜境”建设项目。

尽管横店圆明新园项目停了，但是，除募集资金以外的其他筹备工作并没有停。我们基本上掌握了圆明园的全部资料；圆明三园 15 大区 126 组景群的设计图纸全部完成；做出了包括全部景点的《虚拟圆明园》影视片；1∶50 的特大型圆明园模型和横店圆明新园展览馆已建成向公众开放。

特别值得一提的是，建在横店华夏文化园内，占地 140 多亩的“瑶台胜境”。这是作为横店圆明新园建设前的演练项目，吸收了圆明园“万方安和”“上下天光”“方壶胜境”“夹镜鸣琴”“蓬岛瑶台”“花港观鱼”等十大景点精华组合而成，按 1∶1 比例，以真材实料和传统工艺营造，经两年多时间精雕细刻，才全面建成并向专家和公众开放。

我的想法是，先把东西做出来，做得好不好，让大家来检验、来评价。这也能让那些认为无法模仿原貌的人来看看，我们能不能造得起圆明新园。结果，“瑶台胜境”得到了专家们的一致好评，认为很了不起。

所以，我们的这些准备工作不会白做。所有这些，都明白地告诉人们：横店不是没有能力建圆明新园。我曾向新闻界说过，在横店土地不批，可以建到外地去，哪个省可以提供土地，我就建到哪个省去。结果，有很多省来电或者来人，与我们商谈，希望建到他们省去。我心里清楚，这已经是世人皆知的项目，既然在浙江土地批不下来，别的省恐怕也不容易。

但我相信，圆明新园不在横店造，也会在别的地方造；在我手上建不成，后一代人一定能建起来，因为圆明园是伟大的！

横店圆明新园是我一生最大的文化梦想，可是，当时它却给我留下了一生最大的遗憾和伤感。

我遗憾的不是失败，而是能做却不能去做！

九、努力奋斗十年，办成十件善事

虽然横店圆明新园被“叫停”，但我并没有闲下来，我觉得有太多太多的事等着我去做，还有不少梦想等着我去实现。

一个人的心态很重要，心态好，就会忘了年龄；一个人的思想更重要，思想好了，人生就更有意义。人的一生总要奋斗，不奋斗，就会被社会抛弃，活着还有什么意义？我们的思想应全心全意为老百姓做好事。如果不为老百姓着想，不为老百姓造福，我们也不会这样拼命去干。老实说，我们干，就是为了让老百姓走向小康、中康、大康。为何拼命创业，这是政治，为人民服务就是政治，特别是共产党员更要明白这一点。

《浙商》杂志记者曾经问过我，百年之后，您希望别人怎么评价你？我说，我不需要评价。人都死掉了，还要评价干什么？没用的。只要他在活着的时候，为人民，为历史，创造过一些东西，就够了。

我痴迷民间收藏和古玩艺术品的市场，从大的方面来说，是对中华五千年文化的热爱；从小的方面来说，是希望通过我的呼吁和操作，繁荣民间收藏和古玩艺术品市场，使它成为横店文化产业的新的经济增长点。

徐文荣在摄影

我曾对中新社的记者说过，人生不同的阶段要做不同的事，是三种不同的人生境界。青少年时是取，像小孩一样，什么都想要；到中年时代还是取，但这时是取之有道；而人到老年，就是舍了，要做好事。我做的是大文化，古玩展示以及后续的拍卖，都是为老百姓做好事，惠及百姓的。

从创办丝厂开始，这45年来，我们为横店老百姓办了大量的好事。横店集团工业投入150亿元以上，四共委和集团投入影视产业44亿元，投入文教卫6.09亿元，投入道路桥梁、南江治理等公共设施10.51亿元，直接回馈社会、反哺横店百姓5.45亿元。仅仅文化产业、公共事业、公益事业的投入，就已达66.05亿元。我们已为横店人民创造和积累了400多亿元的资产。

工业、文化产业、公共事业的大发展，使横店老百姓彻底摆脱了贫穷，并且彻底解决了横店的“三农”问题，同时为社会提供了大量就业岗位，为国家上缴了大量税收。以2000—2009年近10年为例，支付员工工资达89.91亿元，上缴税收达33.31亿元，其中，2009年支付员工工资11.81亿元，上缴税收达6.15亿元。

近10年来，我们一直长年坚持为横店各个村（居）免费放电影、送戏，还组织了电影放映队，为革命老区人民免费放电影；从2004年开始，我们为横店各村（居）非离退休的老年农民发放生活补贴，同时，为所有横店老年协会会员，办理长期免费游览横店各旅游景点的出入证；并且，我们还为特困人员提供补助，为家庭困难的学生提供资金上的帮助。

为了能使做好事有一个比较正规的途径并持续下去，2007年，我出资500

万元，让人到省民政厅去登记注册，成立一个慈善基金会。省里的人说，把徐文荣的名字放进去好，这样影响更大，也有利于吸引社会赞助。我同意了。不过，我说，虽然加上我的名字，叫浙江横店文荣慈善基金会，但是，这个基金会不是我私人的，完全是公益的、公共的，是专门用来做好事的。

虽然从办厂以来，我们为老百姓做了不少好事，但是，随着自己年岁的增长，我越来越感到做的好事还不够。

我多次到过香港，对香港逐步增加了解，我看到以前香港社会稳定，居民的社会福利有保障，就是最一般的低收入家庭，或者是失去劳动能力的居民，就医、小孩上学等社会保障都很好。我就想，横店的老百姓要是也过上这样的生活多好啊！我觉得，通过努力还是能达到的。

我把这个梦想同横店集团的领导层商量，他们同意我的看法，认为只要四共委和集团共同努力去做，这个梦想就一定能够实现。

后来，我把我们的想法和意见同镇里的领导谈了，我对书记说，要通过我们的努力，做成十件好事，帮助政府推进横店经济和社会发展。我们的意见得到了镇党政领导的充分肯定和支持。

所以，在横店镇党政联合召开的有集团和四共委以及各村（居）干部参加的全镇干部大会上，我代表四共委和横店集团，正式提出了这个梦想，就是奋斗十年，做成十件善事，让横店老百姓达到香港居民的生活水平。这十件善事是：

一、横店农民实现全面基本养老保障，终身生活有依靠；

二、横店子女在横店从幼儿园到大学免费就读；

三、横店农民在集团医院、金华文荣医院看病享受补贴；

四、横店农民特困户和特困人员享受生活补贴；

五、横店老年农民和村主要干部享受生活补贴；

六、兴建花园式老年休养院，特困人员入院不收费；

七、资助横店新农村建设，支持旧村改造和新村建设；

八、支持各村开发文化资源，实现村级旅游大发展；

九、发展横店农村幼教事业，支持村（社区）办幼儿园；

十、横店旅游景区和社区公交对横店老人免费开放。

通过努力，做成以上十件善事，让横店老百姓达到香港普通居民的生活水平，实现家家富裕，人人欢颜，环境优美，社会和谐！

我之所以拼命想把横店古玩艺术品集散中心做大，使它成为横店文化产业发展的第三个春天，迎来新一轮的大发展、大繁荣，目的就是希望积累更多的资金，好为老百姓做更多的好事。因为我们拍卖的收入和集散中心的经营收入，都是捐赠给浙江横店文荣慈善基金会，用来做好事的。专家们说，我的收藏品至少价值 200 亿到 300 亿元，我想，这也可以看作是为老百姓做好事的一个基础。

由于我对中国民间收藏文化的创新思维和在收藏领域的影响，我被联合国千年发展目标公益主题活动中国组委会评选为“2010 中国民间收藏十大人物”，并且名列榜首。

当然，为横店老百姓做好事光靠古玩艺术品一个行业是远远不够的。再说，我的收藏品也不可能一下子都拍卖出去。其实，为横店老百姓做好事的最大靠山，还是横店集团。

横店集团已经提出了新的发展规划，即从 2009 年到 2015 年，每年投入资金不少于 40 亿元，到 2015 年实现集团主要产业销售收入达到 380 亿元以上，力争达到 400 亿元。

但是，不管怎么说，我必须要努力去奋斗，只要生命不停止，我的工作也不会停止，因为，我命中注定是要劳碌终年的。况且，我建造横店圆明新园的梦想还没有实现。

第六章

梦圆晚年

人的一生总要奋斗，不奋斗，活着，生存，还有什么意义？

建造横店圆明新园的梦想，我一天也没有放弃。

我相信横店圆明新园一定能建成，好像冥冥之中有个声音老跟我说，你的梦想一定会实现。

一、盼迎横店文化产业第三春

2008年，横店要建设圆明新园及回收圆明园文物的消息向社会公布后，全国许多民间收藏家，主动将文物古玩送到横店要求我收藏。出于对中华五千年文化的热爱，出于对这些看得见摸得着的历史负责的精神，更是出于对那么多理解我、支持我的人的回报，我动用了自己多年积蓄，并且向朋友借了一些钱，在专家的帮助下，开始大量收购文物和古玩艺术品。

其实，我们从20世纪90年代开始，就在浙江省文化厅厅长沈才土和省文物局的支持下，在江、浙、皖和本地，收购大量的明清和民国时期的古民居，它们散落各地、濒临倒塌或已倾塌，虽没列入文保单位，但极有历史价值和艺术价值。如果不去抢救，很快就会消失。我们用了好多年的时间，花了不少资金，将120多幢古民居整体拆迁到横店，再经过必要的修缮，按照一定的规划布局，易地集中保护起来，这就是现在大家看到的横店明清民居博览城。

这种做法得到了文物保护部门的充分肯定。横店明清民居博览城先后被中国文物保护基金会、浙江省文物局和金华市文化局命名为古民居保护实验基地和示范基地。

易地搬迁重建中的古民居

虽然，现在文物界和收藏界的一些专家，说我是“收藏大家”，还有人说我是“大收藏家”。说实话，那个时候，我对文物古玩艺术品的收藏还真没多少概念。一定要说我“大”，我想，可能是因为我收藏的都是像房子这样的“大家伙”。不过，他们说，在全国收藏古民居，像横店这样大的规模，还真没有看到过第二家。这话不假。

其实，最初我收购文物古玩艺术品，除了对中华文化的热爱，为将来有条件建设横店圆明新园做准备，还有一个直接的想法，就是要把横店现有古民居的空间充分利用起来。

虽然，我们在古民居博览城里早就开设有东阳木雕博物馆、中国竹艺博物馆和一批文化名人的艺术馆，但是，古民居博览城里还有大量的空房子，可以利用这些空间，把文物古玩艺术品陈列出来，让古民居大大增加文化内涵，让广大游客更好地欣赏中华文化的精华。

就这样，我走进了古玩艺术品收藏的行列。随着时间的推移，我收藏的范围也越来越广，藏品也越来越丰富，涉及青铜器、陶瓷器、掐丝珐琅、金银器、玉器、奇石、古今字画等门类。我在横店明清民居博览城里开设了35个古玩艺术品陈列馆，其中，已对公众开放的有24个。另外，还在横店明清宫苑开设了4个陈列馆。

为了学习文博知识，我走访了国内许多文物鉴定专家、收藏家和拍卖行家，向他们请教文博古玩知识；参观考察了北京、南京、上海、杭州、台湾、江西景德镇等地的博物馆，向专家和行家学习取经；与一些古玩艺术品收藏家共同探讨，并参加各类文物鉴定活动和拍卖活动，从中学习古玩艺术品的知识，了解古玩艺术品市场的现状和存在的问题。

经过一番学习和了解，我发现，文物古董、古玩艺术品，有着非常广阔的天地，这些东西不但是中华文化的重要组成部分，更是文化产业的一个重要组成部分。

乱世存粮，盛世收藏。随着人们生活水平的提高，人们的文化生活需求也在提高，中国的民间收藏活动越来越广泛。收藏活动已经成为陶冶人们情操，振奋民族精神，丰富人民精神文化生活，促进社会稳定和进步的重要力量，在社会经济和文化发展中，甚至在国际文化、经济交流中越来越起着积极的推动作用。

但是，经过一番考察了解，我也发现，在文博界，在古玩艺术品市场，也的确存在着不少问题。民间收藏队伍虽然很庞大，但长期以来被轻视，甚至被鄙视，民间藏品向社会展示的渠道一直不通畅，致使民间藏品的交易，很多只能在地下进行，偷偷摸摸地搞。

于是，我就想利用横店明清民居博览城这么好的空间环境和古文化氛围，打造一个平台，使它成为吸引国内外收藏家，特别是民间收藏家的一流的古玩艺术品集散中心和拍卖基地。

经过一段时间的筹备，我们在横店明清民居博览城，成立了横店古玩艺术品集散中心，组建了浙江横店拍卖有限公司。

这个消息传出去之后，先后有 20 多位收藏大家到横店来考察。他们看到这里有那么好的展示环境，那么严密的安保措施，其中，就有好几位全国著名的大收藏家，把他们的几十万件藏品，运到横店古玩艺术品集散中心加以展示。

在这个基础上，我们成立了东阳收藏家协会和东阳横店建筑师行业协会，同时，组建了浙江企业家民间文化遗产保护促进会。为了拓宽古玩艺术品市场，促进古玩艺术品的国际交流和有利于流失海外的中华文物的回流，我在香港地区联合有关人士，组建了中华国际艺术品收藏家协会（香港）、华夏国际艺术珍品交流中心(香港)、中华建筑企业家协会(香港）和中华文荣艺术品拍卖有限公司(香港）等机构和公司。

针对文博界和古玩艺术品市场存在的问题，我邀请了中国收藏家协会民族艺术品收藏委员会常务副主任孙欣、中国收藏家协会学术研究部科学检测实验室主任朱震，以及来自香港地区的全国人大代表、全国政协委员、企业界和收藏界人士王敏刚、李秀恒等，在横店召开了古玩艺术品研讨会。

在这次研讨会上，我提出了要推翻压在民间收藏家头上的“三座大山”：一是

保护在横店明清民居博览城里的古民居建筑群

认为只有坟墓里挖出来的才是文物，只有博物馆里的才是真品，民间收藏都是假的，都是赝品；二是一些道德缺失、专业失准的所谓专家，控制话语权，轻易否认民间藏品；三是良心很坏的拍卖公司，只接纳自己小圈子里的人和东西，认为民间收藏没有好东西。我在会上呼吁，全国民间收藏家要联合成一股强大的力量，推翻这“三座大山”的压制。

我的讲话不但引起了与会者的强烈共鸣，而且还在全国收藏界引起了很大的震动，有人告诉我说，在互联网上搜索有 12 万条文章信息在传播我的观点。

中国收藏家协会学术研究部科学检测实验室主任朱震说，专家不承认民间收藏，这个现象是存在的，让人很悲哀。“古玩”这个“玩”字，左边是个“王”，代表权力；右边是个“元”，代表金钱。有权有势，就可以找一群专家颠倒是非。这就是现在古玩行业的一些黑暗。

香港地区的王敏刚先生认为，目前文物保护方面的法律法规还不完善，流传民间的大量古玩艺术品得不到有效保护。政府因此要健全和完善文物保护方面的法律法规，还要发动社会力量，收藏和保护古玩艺术珍品。

与会专家和收藏家一致认为，横店创办古玩艺术品集散中心，为挽救遭毁损

的古玩艺术品，为展示中华优秀传统文化，为繁荣古玩艺术品市场，搭建了一个很好的平台。目前，横店展示的数十万件古玩艺术品，充分说明了民间收藏的巨大潜力。

为了提升横店古玩艺术品集散中心的科学鉴定水平，我们在聘请国家顶级古玩鉴定大师，组成专家队伍的同时，还派出一批对古玩鉴定有一定基础的年轻员工，到北京文物古玩专门鉴定机构进行学习培训，以形成自己的鉴定师队伍。我们还投资1000多万元，购置了国际最先进的检测仪器，可以为每一件文物古玩提供科学的检测和鉴定。在此基础上，我们成立了横店古玩艺术品展示中心、检测鉴定中心、交流中心、拍卖中心和销售中心。

2010年1月17日，中华文荣艺术品拍卖有限公司、浙江横店拍卖有限公司、浙江横店文荣慈善基金会、浙江横店华夏文化发展基金会，联合北京国拍国际拍卖有限公司，在横店国际会议中心大酒店，成功举办了“中国横店首届艺术品拍卖会”。

这次拍卖会，共有330件拍品参拍，涉及古瓷器、玉器、珠宝、名人字画等多个类别。有来自浙江、江西、湖北、北京、台湾，以及美国、德国等地的210多名收藏家和古玩爱好者参加了竞拍，共拍出128件古玩艺术品，成交额达6152万元。北京国拍国际拍卖有限公司的专家说，这次拍卖活动非常成功，横店首场古玩拍卖活动就吸引了这么多人来参加，并且拍出了这个成交额，非常不容易，说明横店的古玩艺术品市场充满了魅力，前景非常好。

拍卖会正式开始前，他们要我讲几句话，我讲了这样一段话：艺术品是当代三大投资领域之一，它代表着人们的生活追求和对艺术的崇敬，也传承着历史文明。这次举办古玩拍卖，标志着横店的古玩艺术品市场正式启动，标志着横店的文化产业迈向了新领域，同时，也标志着一向在大城市举办的艺术品拍卖活动走进了乡村，走进了普通老百姓的生活，这是我国古玩艺术品市场的一大盛事。

2010年底，浙江横店拍卖有限公司和浙江横店文荣慈善基金会，在横店古玩艺术品展示中心和拍卖中心举行了“横店首届民间收藏艺术美术珍品展览拍卖会”。这是横店拍卖公司的首次开槌，也是横店本土藏品的第一场拍卖会。这次拍卖会，共拍出艺术美术珍品76件（套），成交额达2300多万元，买家主要来自本地和毗邻地区。

这是横店拍卖公司的一次练兵，不讲排场、不虚抬、不假拍，价格合理，实打实，而且免收佣金，体现了我的一贯主张，就是打破拍卖公司“小圈子”，实事求是，面向民间，为古玩艺术品的流通作贡献。

其实，就在这次拍卖会之前，我针对收藏界和古玩艺术品市场存在的问题，联络了文化界、收藏界的许多专家学者，经过长时间的酝酿和筹备，联合发起在横店古玩艺术品集散中心举办了“中国民间收藏文化创新论坛”。这是一次高层次、高规格的，也是全国首次民间收藏文化创新论坛。

这次论坛，由中华炎黄文化研究会、中国收藏家协会、中国拍卖行业协会、中国文物保护基金会等17个全国性社团联合主办和协办，由中国企业收藏俱乐部、浙江华夏文化发展基金会、浙江企业家民间文化遗产保护促进会和横店古玩艺术品集散中心承办。全国文化界、收藏界和拍卖行业的500多名专家学者，汇聚横店，共同商讨收藏文化创新和古玩艺术品市场的发展。

论坛吸引了《人民日报》、新华社、《光明日报》、《经济日报》、中央人民广播电台、中央电视台、《中国日报》、中国新闻社、凤凰卫视，以及新华网、人民网、凤凰网、新民网、新浪、腾讯、搜狐、网易等50多家平面、电视和网络媒体的记者。还有《中国收藏》《中国文物报》《收藏》《收藏家》《拍卖收藏专刊》《中国拍卖》、收藏网、中国文物网、中国收藏网等30多家收藏拍卖专业报刊和媒体记者到会采访。

全国人大常委会原副委员长、中华炎黄文化研究会会长许嘉璐先生，对这个论坛非常重视，对论坛的筹备多次作出指示，并准备亲自到横店出席论坛。虽然，后来他因故未能成行，但他还是亲笔题写了论坛的名称，并撰写了论坛的书

2010 年 11 月 17 日，中国民间收藏文化创新论坛在横店古玩艺术品集散中心举行。

面开幕词。

许嘉璐先生在开幕词中，动情地回顾了他 2006 年第一次到横店考察，以及 2008 年初在钓鱼台国宾馆出席横店圆明新园新闻通报会的情形。他说，尽管横店筹建圆明新园暂时搁置了下来，但徐文荣先生却没有闲下来，他又全身心地投入到了保护中华文化遗产、推动民间收藏文化创新发展的事业，而且创意新、规模大，又搞得红红火火、轰轰烈烈。今天各位专家学者和众多业界精英，怀着促进中国民间收藏文化创新发展的共同目标，来到横店共商大计，就是这一产业必将兴旺发达的最好诠释和证明。

我在论坛上作了题为《关于发展民间收藏事业的十点意见》的长篇发言，引起了与会者的强烈反响。现将我的十点意见扼要转述如下。

一、要求国家文物管理部门进一步开放政策

文物和古玩艺术品对外交流的政策应该进一步开放。在观念上、心态上，要借鉴大唐，向唐朝学习。我们应该有这样的自信，不管东西放在中国还是外国，那都是中国文化的传播。从古到今，各种文物、古玩艺术品，都在通过包括合法的和非法的种种途径，内外流通，既有流出去的，也有流进来的。为什么不能把政策放开，允许并促进它们在全世界流通呢？文化无界，因为文化是互相影响、互相交流和互相流通的。

政府应该承认和重视民间收藏的价值，对有关的法律、法规、政策进行必要的修订，鼓励民间收藏，做好对民间收藏的服务工作。事实上，民间收藏为国家抢救了很多国宝。放在博物馆的毕竟是少数，绝大多数的藏品都是在民间得到保护，传承有序。这些东西，数量上比官办博物馆的藏品多几千倍、几万倍，也有许多是官办博物馆里所没有的稀世珍宝。“藏宝于民”，也就是藏富于民，也是真正永久保护历史文化的重要途径，是利在当代、功在千秋的大好事。

二、古玩艺术品鉴定专家必须破除保守思想，支持民间收藏

目前在古玩艺术品的鉴定问题上，专家之间的意见不一致，观念上存在着很大的分歧，特别是国家文物机构的某些所谓体制内的鉴定专家，对民间藏品采取一概否定的态度，认为只有国家博物馆里的藏品才是真东西，只有从皇宫里出来的，或者从坟墓里挖出来的才叫文物。这是极大的错误，这种保守思想必须破除。

什么叫文物？我认为，凡是年份够久的（例如100年以上），品质优的，艺术美的，都应该承认是文物。不管是皇宫出来的还是民间使用的，不管是原创的还是后代仿造的，凡属五千年创造的古代艺术品，都应属于文化遗留。难道汉代仿商周的、宋代仿唐代的、清代仿明代的，就都是赝品，要统统排斥吗？难道民间制造或使用的，再好的东西也一文不值吗？如果这样，那么浙江的河姆渡文化、良渚文化，都是民间的东西，是不是都没有研究价值了？就不用保护了？

还有，某些所谓鉴定专家以“正统”自居，戴上官帽就觉得老子天下第一，派性严重，对那些支持民间收藏、受到民间收藏家信任和拥护的专家进行排挤、打击。对此我感到非常气愤！我认为，为了让文物鉴定专家队伍保持纯洁和健康，应该把这种伪专家清除出去。因为他们闹分裂，闹派性，颠倒是非，混淆黑白，是历史的罪人！

过去说："秀才不出门，能知天下事。"有的专家认为，自己不出门，能知天下事。我要问：你以为自己是天才吗？你的天有多大？你那个博物馆里的藏品，比得上浩如大海的民间收藏吗？你敢说自己什么都见过，什么都知道吗？天才也不可能无所不知！认为自己是"天才"的，往往是个骗子！

我还是相信"实践出真知"这句话。所以，希望鉴定专家们走出院门、馆门，到民间去，学习、认识民间珍贵的文物，在实践中历练，不要用僵化的思想，在不了解、不交流的情况下，全盘否定民间的东西。一个好的鉴定专家，有良心、坚持正义的鉴定专家，就应该解放思想，重新学习，尊重客观事实，让民间的好东西得到应有的认同。

三、文物鉴定应当由鉴定专家、收藏专家、高仿专家、仪器检测"四结合"来作出判断认定

文物鉴定界出现一种非常荒谬的怪事，即在对文物古玩的鉴定中，即使几位专家都肯定，但只要有一个专家说"不对"，这件东西就被否定了，也就是所谓的"一票否决制"。即使是一件国宝级的文物，被无理否定了也不用负责，那个"枪毙"者也不会被追究责任。这种做法，使大量"好东西"无辜地遭到否定，遭到抛弃或毁坏，造成严重的后果。

因此，我强烈呼吁，古玩艺术品的鉴定要制定出科学合理的法律规范，例如《民间藏品鉴定法》这样的东西。《鉴定法》应该把涉及民间藏品鉴定的有关事项，比如民间鉴定的监管部门、民间鉴定的机构设置、鉴定专家的资质认定、鉴定活动中有关各方的权利和责任、鉴定争议的仲裁等等，用法律形式规范下来。

同时，对于古玩艺术品真伪的鉴定，应该重视仪器检测的作用。仪器没有"敌人"，也不会搞派性，仪器"铁面无私"，不会说谎骗人。我主张专家的眼力和仪器的检测相结合。仪器和专家是不矛盾的，相反，能互相配合，相辅相成，两者要结合起来做。

我提倡拍卖会上的拍品应该有仪器检测报告。如果对某件古玩艺术品的鉴定出现争议，应当由鉴定专家、收藏专家、高仿专家、仪器检测“四结合”来作出判断认定，必要时由前面提到的国家权威鉴定机构来裁决。这样，对艺术品的鉴别、鉴定会更加科学，更加符合实际，更加切实可信。

四、拍卖公司应该打破“小圈子”，真正为艺术品流通作贡献

拍卖行业是艺术品流通的主要渠道和主要市场之一。但目前这个艺术品拍卖市场却是畸形的，每家拍卖公司都有一帮人，只卖自己小圈子的东西。圈里的东西，假的也说成真的；圈外的东西，真的也说成假的。这种“潜规则”是绝对错误的，导致一小部分人获得暴利，但整个民间收藏的环境却被破坏了。特别是有的所谓老牌的、著名的拍卖公司，利用自己多年建立的知名度，一方面排斥圈外的藏品，将别人的藏品一概否定，一方面自己又在那里造假拍卖，骗取买家的钱财。这种做法必须受到谴责，应该被唾弃！虽然拍卖法规定，拍卖公司不保证拍品的真假，由买家自行负责，但你开公司、做生意，总要讲点诚信，总不该昧着良心赚钱呀！所以，我建议拍卖行业要端正行风，诚信经营，破除小圈子，树立新风尚，构建良好的拍卖环境，使拍卖行业健康地发展。

拍卖行业应该帮助民间收藏家积极参与到市场，共同推动艺术品交流的繁荣。只要拍卖行业与民间收藏很好地“联姻”，相辅相成，两方面的事业就都能得到极大的发展，出现“双赢”的局面，共同为传承和弘扬中华文化作出贡献。

五、民间收藏家应该做到心平气和，理性参与流通市场

民间收藏家大多是出于对五千年历史文化的热爱而进入收藏行列的。他们之中，有的一生省吃俭用，把牙缝里省出的钱用于收藏；有的为了收藏卖掉房子、车子；有的慷慨地把心爱的藏品无偿捐献给国家，捐献给慈善事业。民间收藏家为保存和传承中华文化作出了巨大的贡献。

但不可否认，也有许多人是抱着“发财梦”来参与其中的。在改革开放的今天，这样想也合情合理，无可厚非。不过，古玩艺术品的交流，应该遵循市场规律。首先要让藏品流通起来，让市场活跃起来。你手里的东西再好，再值钱，卖不出去就变不成钱，更不要说发什么大财了！所以，不要梦想一夜暴富，不要认为某件艺术品在拍卖会上拍出几百万甚至几亿元的“天价”，你的东西就也能卖这么多钱。我们民间收藏家心要平，气要和，手中的东西也不能漫天要价，必须提倡合理的价格销售，让这些宝贝走进更广阔的社会阶层。

六、建议学校和企事业单位积极建立古玩艺术品展馆

古玩艺术品是历代劳动人民智慧和汗水的结晶，是看得见、摸得着的历史。但是，国家办的博物馆没几个，而且基本上只办在大城市，一般的官办博物馆藏品也不丰富，有些好东西还放在仓库里不许老百姓看。所以广大群众，特别是青少年学生，很难直接看到体现五千年中华文化的艺术珍品，很难看到书上写的文物实际是什么样子。

因此，我建议我们的教育机构，特别是大专院校，应该提倡开设文物古玩展馆，让广大学生通过直接观察、鉴赏众多的文物古董，接触历史，了解五千年中华文化。企事业单位，凡是有条件的，都可以创办艺术品展馆，普及历史文化遗产知识。你这个学校、你这个企业、你这个三星四星五星级宾馆，摆上一些古董、艺术品，文化品位立刻明显提高了，同时又有利于提高广大群众的文化素质，何乐而不为呢？

这些展馆的展品从哪里来呢？可以以合理的价格从民间收藏家那里选购，也可以租借各类艺术品设馆展示。我们应该让大量的民间藏宝走出黑暗，大放异彩，丰富群众的物质文化和精神文化，这是一件有利于建设和谐社会的一举多得的大好事。希望相关的鼓励政策尽快出台。

七、司法部门应严厉打击市场的造假和欺诈行为

古玩市场鱼龙混杂，有些以次充好，有些恶意造假，目的都是赚取暴利，一

些不道德的拍卖公司也参与其中，不讲诚信。结果令许多人对艺术品市场望而生畏，敬而远之，总觉得这个市场“水太深”，唯恐上当受骗，不敢涉足其中。这种状况客观上造成了艺术品流通只是少数人的“游戏”，制约了艺术品市场的发展兴旺。

我呼吁所有古玩行业内的人士，要自律，不要参与造假；同时呼吁有关执法部门和文物管理部门，要下大力气打击非法造假行为，打击以假乱真等欺诈行为，保护藏家和买家的合法权益。只有这样，才能保证艺术品市场的健康发展。

八、宣传部门要大力宣传五千年的文化，支持文化遗产保护事业

党和国家提出大力发展文化产业，我们要从构建和谐社会的高度来认识这个问题的重大现实意义和历史意义。报纸、广播、电视、网络等媒体都有责任为发展文化产业、弘扬民族文化而摇旗呐喊。宣传党和国家的有关政策和精神，宣传中华文化的传承，宣传物质文化和非物质文化遗产的保护事业。希望媒体更多地报道民间搞收藏，民间办展馆，报道支持民间收藏的鉴定专家，报道古玩艺术品收藏、拍卖、捐献、交流过程中的种种活动情况和动人事迹；通过宣传，弘扬正气，纠正歪风，促进收藏、拍卖行业的健康发展；让广大企业家、中产阶级和普通群众更好地认识文物收藏的意义，提高他们对收藏的兴趣，参与到民间收藏的队伍中来。

九、建议银行加大对民间收藏家的资金支持

都说民间收藏家既很富又很穷。说他们“富”，是因为他们手里有许多珍贵的藏品，有的甚至价值连城；说他们“穷”，是因为他们当中不少人资金困难，口袋里没钱。资金问题严重制约了艺术品收藏与流通的发展。所以，我认为应该打通艺术品收藏的金融通道，建立评估机制，好的艺术品可以抵押贷款。对此，呼吁国家有关部门和银行出台相应的政策。

十、财税部门要实行优惠政策

民间收藏文化艺术品事业的发展，实际上是一项很大的扶贫工程。全国有

博物馆级收藏品：玉屏风《封神榜》（全长 70 米，高 2.2 米）。

7500 万收藏家，按每人 100 件藏品计算，就有 75 亿件，每件 500 元，就拥有 37500 亿元。通过流通，死货变活钱，难道不是一项很大的扶贫工程吗？

艺术品市场是既不产生污染、不消耗能源，又能繁荣经济、繁荣文化的文化产业，应该得到大力支持。要求财税部门在艺术品的流通上给予税收优惠，促进文物古玩市场快速、健康发展。

我在从事艺术品收藏的实践过程中，与许多收藏家、专家进行过思想沟通，进行过讨论甚至争论，从中受到很多启发，自己又反复思考，才得出以上的十点意见。

我的十点意见在论坛上发表后，引起了与会者的强烈共鸣，我的发言演讲，几十次被现场的掌声所打断。事后，许多人对我说，你说出了大家想说的话。我说，我是抛砖引玉，希望听到各位专家的高见。

参加论坛的专家学者，经过两天时间的交流和研讨，取得了共识。与会者一致通过了《横店共识·倡议书》。这是一份代表了与会收藏界、拍卖界、文博界领导、专家和广大民间收藏人士共同智慧的文件，这是本次论坛取得的一个重要成果。

这次论坛，还举行了《横店收藏大全》首发式，这是一本具有高质量、值得收藏拥有的好书，是了解横店藏宝的一个窗口。

2010年12月10日，《人民日报》以大半版的篇幅，报道了“中国民间收藏文化创新论坛”和横店首场拍卖会的情况，并详细评述了中国艺术品市场的喜与忧。文章转述了我的十点意见，并说横店共识，基本说出了民间收藏家对自身命运的解读，他们呼吁政府以及社会各界支持、扶持民间收藏，改变重“国”轻“民”的现状，使民间收藏不再被边缘化。

这篇以《民间收藏：敢问路在何方》为题的文章，还引用了我的一段话，来驳斥那些将收藏当作少数人的事，以及民间收藏是与国家争文物争宝藏的奇谈怪论。

我的这段话是这样说的，收藏必须有钱有闲有背景的人才能做，这是狭隘的看法。其实，收藏不起1000年的珍品，可以收藏100年的普通文物；收藏不起古代文物，可以收藏当代物件；“收藏”不起康熙大帝，但可以“收藏”自己的爷爷奶奶。作为一种文化爱好，一种艺术趣味，收藏任何东西，都是对文化素质的哺育，都是一种对生活和历史的情感。

横店涉足文物古玩艺术品收藏与拍卖市场的时间虽然不长，但是，经过我的不懈努力和精心操作，已经渐成气候。许多专家到横店来一看，都非常吃惊。他们说我是大收藏家，我说，不敢当，我只是个“操作家”。

著名鉴定专家朱震说，我试图用很多精美的语言去描绘横店的收藏，找不到那么多。横店的收藏，最后我总结了两个字：神话。

国家文物鉴定委员会委员、中国历史博物馆顾问、在“文化大革命”时期以抢救国宝闻名的85岁文物鉴定专家孙学海，三次到横店。他说，横店建起了全国规模最大、藏品量最丰富的古玩艺术品市场。全国其他地方没有的，横店有；世界上其他地方没有的，横店有。横店展品非常丰富，历史跨度很大，从玉石、青铜器、陶瓷，到现代工艺品，什么都有。横店多渠道搜集，使这些好东西不流向国外，对文物保护具有积极意义。

湖南博物馆原馆长、湖南收藏协会会长、鉴定中心主任熊传薪说，横店收藏古玩虽然时间不长，但让人大吃一惊，很快就成了气候，很多藏品都没见过。横店创建古玩艺术品集散中心，把几十个古玩艺术馆放在明清民居博览城里，使中国古民居建筑文化和反映中国历史发展进程的历代工艺实物放在一起，这是对中国古文化的一种汇集和综合。

专家们认为，横店成为全国最大的古玩艺术品集散中心，现有条件提供了支撑和可能。（1）目前横店古玩艺术品集散中心收藏有几十万件古玩艺术品，超过全国绝大多数博物馆和收藏家，且门类齐全，许多珍品、孤品世所罕见。（2）横店目前已有来自粤、苏、赣等大古玩商常年入驻，大量国内外古玩界人士经常来横店交流合作。（3）横店已成立了展示中心、交流中心、拍卖公司、科学检测中心等众多机构，同时在香港成立了三个专门操作机构，可为古玩艺术品高水平运作提供组织保证。（4）2010 年，在横店已成功举办了两场古玩艺术品拍卖会，引起了社会关注，今后将继续举行一系列高水平、高规格拍卖。（5）横店目前已经拥有一套国际先进的艺术品科学检测仪器，一大批国内外知名古玩鉴定专家将常驻横店开展鉴定服务。（6）横店现有的文化优势，横店展现的中国上下五千年历史建筑和影视文化与古玩艺术品可以相得益彰。

我认为专家们的分析是很有见地的。

如果说，大力发展旅游业，使横店成为 5A 级国家旅游区，每年接待游客超过 600 万人次，这是横店发展文化产业的第一个春天。那么，大力发展影视文化，使横店成为国家级的影视产业实验区，成为世界最大的影视拍摄基地，每天都有几十个剧组在拍戏，这是横店发展文化的第二个春天。

我相信，横店在继续做大做强影视文化旅游产业的同时，大力发展收藏文化，通过古玩艺术品的收藏和拍卖，充分释放古玩艺术品巨大的市场潜力，使横店成为全国最大的古玩艺术品集散中心、展示中心、检测鉴定中心、交流中心、拍卖中心和销售中心，必将成为横店文化产业发展的第三个春天。

二、终于盼来了好时机

2008年，横店圆明新园项目被搁置以后，我把很大的精力投入古玩艺术品的收购上。两年后，我又提出，奋斗10年，做成10件事，让横店老百姓达到香港居民的生活水平，并一件一件地努力去落实。

但是，建造横店圆明新园的梦想，我一天也没有放弃。我说过，这是我一生最大的文化梦想；横店圆明新园不建起来，我死不瞑目。其实，我花大力气到处收购文物古董宝贝和古玩艺术品，目的也是为了建设横店圆明新园。因为，这是横店圆明新园的重要内容。我想，圆明新园不能光是一片空房子，里面必须要有体现那个时代的东西呈现出来。

而且，我相信横店圆明新园一定能建成，好像冥冥之中有个声音老给我说，你的梦想一定会实现。我知道，我这个人，就是一个想到了就要去做，要做，就一定要做成功的人。

我的自信，来自为横店老百姓办好事的初心。因为横店圆明新园能为横店老百姓带来非常大的好处，可以为横店人民乃至子孙后代留下一笔巨大的物质财富和精神财富。我想，这样的为民大好事，老天爷也一定会支持的。

2011年下半年，中共中央召开十七届六中全会。这次全会通过了《中共中央关于深化文化体制改革推动社会主义文化大发展大繁荣若干重大问题的决定》。全会结束后，我立即组织四共委领导和骨干，进行了认真的集体学习讨论。大家对中央文件中“深化文化体制改革”“弘扬中华文化”“增强国家文化软实力”“推动社会主义文化大发展大繁荣”“建设社会主义文化强国”等新提法，感到很兴奋。

我意识到，新一波文化建设的高潮就要到来，被搁置了 3 年多的横店圆明新园项目有了重启的希望。

特别是 2012 年党的十八大召开，习近平同志就任中共中央总书记后，提出了中华民族伟大复兴的中国梦，发出了要发扬民族文化，传承传统文化，建设文化强国，建设美丽乡村的号召。我觉得，习近平总书记说出了我们的心里话。多年来，我们建设横店圆明新园的想法，完全符合习近平总书记提出的要求。

我更深切地感受到，一个新的时代已经到来，建设横店圆明新园终于盼到了好天时，我的建设圆明新园的梦想可以实现了。

浙江省委、省政府在贯彻党中央决策中，提出了“建设文化强省”的目标。其实，我们省里历届的党政领导对我们建设横店圆明新园，一直以来都是非常支

徐文荣与横店圆明新园总设计师张先春研究设计方案

持的。在省委大力推进文化强省建设的决定文件里，明确提出了要支持横店影视文化产业进一步提升发展的要求。

我几次到省里，省里领导当面对我说，希望横店有一个新的大发展，以带动全省文化大发展大繁荣。因为横店不但是5A级国家旅游区，还是国家级影视产业实验区，横店是全省文化产业的标杆和龙头。横店的提升发展，对全省的文化产业发展会起到一个引领作用。

我向省领导汇报了横店进一步推进文化产业大发展的设想，并向省领导提出，大发展必须要有大项目来推动，而圆明新园就是最理想的大项目，也是最成熟的大项目；我还提出，要把圆明新园建设纳入到横店影视文化产业实验区总体规划来建设。省领导非常赞同我的意见，表示省里将全力支持横店的建设和发展。

后来，中共浙江省委办公厅和浙江省政府办公厅专门联合下发了《关于设立浙江省横店影视文化产业实验区，提升影视文化产业发展水平的意见》，同意设立浙江省横店影视文化产业实验区，面积为365平方公里，包括横店、湖溪、马宅区域以及南马镇、南市街道、城东街道部分村域。文件提出了一系列支持横店影视文化产业实验区的政策措施。

根据省里的文件，我向东阳市委、市政府汇报了我们的项目计划。按照我们的要求，市里组建了项目筹备协调小组，抽调市发改局局长担任组长。由东阳市委、市政府联合打报告给省委、省政府请求支持。

我亲自到杭州，分别向省委和省政府主要领导汇报了项目情况。我向省领导表态，横店一定要为浙江建设文化大省、文化强省，作出大的贡献。

省委和省政府领导非常高兴，并要求省里各有关部门全力支持横店。后来，多位省领导和省有关部门领导，多次专程来横店调研考察、现场办公。省领导提出，支持横店提升发展影视文化产业，要按“政策叠加”和“特殊扶持”相结合的原则，给予横店重点倾斜，要“不破法规破常规”。

我趁热打铁向省长提出，要求省里抽调几个部门成立协调小组，派一个得力的副省长来当协调小组组长，帮助横店协调解决项目建设中遇到的困难和问题。省长本来就很支持这个项目，很快就抽调了一个副省长组织了协调小组。副省长多次带领协调小组成员到横店现场办公，帮助解决建设中的问题，推进了建设速度。后来，省里把协调小组组长调整为省委常委、省委宣传部部长。省委宣传部部长是一位女同志，精明能干，对我们也是非常支持，她多次到横店，现场听取汇报，帮助我们协调解决有关问题，极大地推进了横店圆明新园的建设进度。

有以习近平同志为核心的党中央正确的指引，有省委、省政府和市委、市政府的强有力支持，我建设横店圆明新园的信心更强了，劲头也更足了。

三、改变思路，稳妥推进

早在2011年下半年，我就抽出时间，带着有关同志，跋山涉水，到处踏勘，为横店圆明新园重新选择建设场地。我几乎走遍了整个横店和湖溪、郭宅、南上湖等与横店相邻的周边地区。最后，在横店镇与南马镇接壤的官桥片，我发现几座高山之间，夹着一片低丘缓坡，以及荒山、荒滩、荒水连着的一片又相对隔开的地方，这里有山有水，地形地貌，非常适合建设圆明新园，同时，这里有一个村庄已经拆迁，还有未建工业用地数十亩空着。我多次去实地勘察后，觉着这里是建设圆明新园非常理想的区块，于是，我把它深深记在心中，并安排人对整个地形进行了测绘。

2012年春节一过，我就带着总设计师张先春和相关人员，实地考察新选的横店圆明新园建设区域。我对张先春说，因为地方改变了，平面规划布局都要改变，很多设计内容也要跟着改变。

鉴于2008年的教训，为了项目能顺利推进，避免媒体过分关注和过度解读，也为避免审批环节产生问题，我对负责项目申报的同志说，我们暂时不叫圆明新园，就叫横店万花园，四个景区就叫春、夏、秋、冬四个园，并且分期分批申报项目。我让总设计师张先春把图纸都改成横店万花园，对应的园也改成春、夏、秋、冬四个园，并要求所有景都要以花的名字命名。

横店万花园一期项目很快获得了批准。以后我们申报的项目，都被列为浙江省重大产业项目。

按照我的谋划，我认为，必须紧紧抓住有利时机，整个工程必须在5年内完成。这是因为，我分析掌握了当时两个方面的重要因素：一是党中央会支持。习近平总书记上任后，马上提出要实现中华民族伟大复兴的中国梦。提出要有文化自信，要建设美丽乡村，要建设文化强国。我们建设横店圆明新园，就是以实际行动响应习近平总书记和党中央的号召。有了上面的支持，我们信心满满，底气十足。二是我分析观察到，当时因为调控房地产市场，全国基本建设市场低迷，钢材、水泥、木材等建筑材料价格处于低位，许多建筑施工单位找不到活干，人工费也相对较低。时机有利，如果抓紧建设，可以省下不少建设成本。所以，我当即决定，必须要一鼓作气，在5年内建成开业。不出所料，按照后来的市场变化状况，如果推迟5年建成，建设成本至少要增加1倍。所以，我强调必须争分夺秒，各项工作齐头并进，全面展开。

首先，成立了横店圆明新园建设总指挥部，由我亲自担任总指挥，由当时的四共委党委书记、副主席刘忠孝担任副总指挥。其次，组织圆明新园设计团队，特聘张先春为总设计师，由他组织一个团队，在原有的基础上，立即开始紧张的设计工作。三是组织筹集资金的工作团队，由张田芳和金顺峰二位四共委副主席负责。四是组织一支基本建设施工队伍。委托横店集团建设公司承担全部建设施工任务。五是组织一批基本建设操作能手，组建基本建设现场指挥部，并抽调一批专业技术骨干，组成各专业管理部门。再就是根据整个工程进度，组织花木团队、布景陈设团队和高科技演艺开发表演团队等等。

项目立项被批准列为省重点项目以后，我们又努力争取列入省重大产业项目，这对解决土地指标很有好处。有了指标，就可以开始征用土地。由横店镇政

2012 年 6 月 29 日，东阳市“上海滩”、“横店通用机场”、“万花园”项目启动仪式现场。

府出面为主，成立了征用土地领导小组，建设总指挥部密切加以配合。这项工作由副总指挥刘忠孝负责。我提出 6200 亩土地征用，7 天解决，指挥部其他同志提出 10 天，我说不可以，越快越好。

镇党政领导非常重视，镇政府出面，召开了村级干部和涉及土地征用的 7 个村的村民代表会议。他们邀请我参加。我到会作了动员讲话。我说，横店不搞文化产业富不起来，大家也看到了横店影视城的发展对老百姓带来的好处。镇南片处于边缘，现在破破烂烂，只有通过大型文化项目带动才能富起来，圆明新园就是这样的一个好项目。我要求村民们破除小农经济思想，支持项目建设，用一周时间完成征用手续。

这次会议以后，相关的村民们纷纷表态支持。但是，按照动迁工作规定，需要全村超过三分之二的村民代表签字才有效。但有不少村民代表在外地工作，指挥部相关人员不分白天黑夜，一个一个打电话沟通落实，并承诺报销往返路费。几十个村民代表分别从新疆、郑州等地乘飞机或自己开车赶回横店。最后，240

名村民代表，全部签字同意。结果 7 天时间全部解决，按时完成了征地工作中最重要，也是最困难、最复杂环节的工作。这种速度是史无前例的。留下来的一些很小的事情，比如青苗费的补偿等，后来都处理到位，老百姓没有一个告状的。

2012 年 6 月 29 日，横店万花园一期（即横店圆明新园·春苑）与横店老上海滩影视基地、横店通用机场，作为横店影视文化产业提升工程，也是作为省重点项目和重大产业项目，在横店举行隆重的集中开工启动仪式。省委书记发来贺信，副省长宣布项目开工。其实，我们的万花园一期工程，早在举办开工仪式前一个月，就已经破土动工了。

四、建设横店圆明新园，要有创新思维

我们选定的横店圆明新园用地范围是一个长条形，分了 4 大块，根据其地形地貌，横店圆明新园的平面布置与历史上北京圆明园“品”字形布局完全不可能一样。

我对总设计师张先春说，我们要造的横店圆明新园，不是一成不变的北京圆明园的翻版。那样既没有必要，也不可能。北京圆明园是为皇帝和皇家服务的，我们横店圆明新园是为老百姓和国内外游客服务的。我们既要尊重历史，又要超越历史；我们要汲取其精华，该有的都要有；我们更要创新，要结合时代特点，加进去一些传统文化与现代高科技相融合的项目。

我们规划建设 9 个园区，分别是新圆明园（春苑）、新长春园（夏苑）、新绮春园（秋苑）、新畅春园（冬苑），还有动物乐园、冰雪乐园、文化综合馆，再加上皇家娱乐园、军民融合基地，这样共 9 个。当然，这个建设用地不是连在一起的一整块，而是大部分利用四周荒地，分隔成一个园一个园建的，很多自然山体和水面就在园内。

我同张先春讨论设计方案。我跟他说，该建的全部要建，不该建、重复的都不要建。哪些不要建呢？比如，太监、宫女、勤杂人员等住的地方就不要去建，

这些建出来毫无意义。但是，你要增加公共卫生间，而且公共卫生间的建设标准必须是五星级的。

后来他告诉我，清朝建设圆明园的三代建筑设计师“样式雷”的图纸能找的都找到了，经过筛选只能建回去84%的建筑物。他说，皇宫卫士、宫女、太监、勤杂人员的宿舍不建了，同时减少了几个皇子读书的书院。我说，能建回去84%，基本上的景点都有了，可以了。我同意了他的设计方案。

同时，我提出圆明新园建设必须要有创新思维，走创新之路，以适应现代和长远发展的需要。我提出了一些具体要求：

（1）在新圆明园（春苑）景区的福海，增加大型高科技演出场地及相应的游客观赏区域建筑项目。

（2）在福海东边方向，利用山体地形，建设一个大瀑布项目，同福海水面相得益彰，与周围景致融合在一起。

（3）在新长春园（夏苑）增加水上演出项目及观众看台的建筑项目。

（4）在新长春园(夏苑）增建八国联军所在国家的八座洋建筑，其意义远大。北京圆明园被英法联军焚烧抢劫一次后，隔了40年，八国联军又来抢劫一次。所以我要选择把八国重要建筑物建起来，让他们来看看，你们把我们好园子、好东西毁掉，我们把你们著名建筑物建起来，说明你们是侵略的，中国人民是爱好和平的。

（5）新绮春园（秋苑）要增加建一个珍藏馆，证明我们的文物是抢不光的，现存民间的文物比抢走的多得多。

（6）要新建一座康熙皇帝的御园，叫新畅春园（冬苑）。虽然，原来的圆明园不包括畅春园，但原来的畅春园也是被英法联军一把火烧掉的。我们恢复部分回去，有相当大的意义。

（7）在尊重历史的基础上要突出时代要求。畅春园是康熙皇帝御园，康熙、雍正在清朝皇帝中算是廉政和勤政的。所以，在新畅春园（冬苑），我决定放两个教育基地，一个是反腐倡廉教育基地，一个是爱国主义教育基地。建好后，领导干部们来看了，都觉得很好，很有教育意义。

（8）历史上十二生肖喷泉后面的海晏堂是一个实心的蓄水楼，因为那时还没有电，是通过人力把水提升到楼顶的蓄水池，再通过管道供各个喷泉用。现在，科技发达了，完全没必要按原样搞。所以，设计要创新，可以把大体量的蓄水池海晏堂设计成可以容纳 3000 多人的欧式大剧院，外观保持原来的样子，从外到内都按欧式元素来设计。以后在这里可以举行各种会议和活动，也可以满足各种文艺演出的需要。

（9）在新长春园（夏苑）增建 14 条东西方国家的风情小街，以适应和满足旅游业发展的需要。

（10）清朝皇帝喜欢打猎，横店没有猎场，况且现在国家要保护野生动物，禁止打猎。所以我决定，要建一个特大型的，汇集世界各大洲野生动物标本，称得上世界一流的野生动物标本馆，以替代打猎场所，成为野生动物保护的科普和教育基地。

（11）皇帝在冬季非常喜欢玩雪玩冰，横店没有这个条件，我们就建一个室内冰雪馆，规模要达到中国第一，供游客游玩。

（12）清政府当时军事力量很落后，只有刀枪拳脚功夫，被帝国主义洋枪洋炮打败了。现在中国强大了，要建一个规模很大的军民融合项目基地，显示我们强大的国力。

（13）过去圆明园室外都没有公共卫生间的，现在圆明新园是一个旅游景区，要根据旅游景区的要求，建设 100 多个五星级标准卫生间，但是，公厕的外观必须要与周围的古建筑风格相协调、相配套。过去圆明园里面的道路都很窄，我们的圆明新园道路必须满足现代旅游的需要，同时各个园区都必须配备相应的停车场。

这样，从整个圆明新园建筑面积来计算，就超过了原来北京圆明园 1 倍以上。当然，整个建设水平和美丽程度，比原来圆明园不知要超过多少倍。

总设计师张先春的设计团队，对总指挥部提出的方方面面要求，配合非常密切。由于设计团队走在前面，为5年建成整个圆明新园作出了很大贡献。

五、“水炸油条”建设圆明新园

建设总指挥部要求东阳市委、市政府在横店召开一次研讨会，讨论怎样来支持横店圆明新园建设。会上，先由我作了汇报。市委书记作了指示，提出在建设横店圆明新园过程中，要求市里各有关部门，不破法规破常规，全力支持横店。

在这次研讨会中，市里表态很好。但是这钱从哪儿来呢？我又提出不向银行借一分钱，不向集团借一分钱，不向老百姓借一分钱，不吸收股份一分钱。这一系列的“不”，引起了我们内部一番争论，大家很担心。有的劝我暂缓建设，待资金稍有好转再来建，或者先建一个园，利用收回资金滚动再建下一个园。

我的态度非常坚决。我说，不一气呵成，就不能成为真正的圆明新园，就没有影响力，对游客也没有吸引力；如果打持久战，只会增加成本，而且工期容易拖延，劳民伤财。

没有钱怎么办？我要建圆明新园的决心很大，豪气很足，明知山有虎，偏向虎山行。我说了一句安慰的话：“车到山前必有路，船到桥头自然直。”

为了鼓励干部员工士气，我提出用“水炸油条”办法去解决。我说，当年我们创办横店丝厂就是没有资金，硬着头皮上。以前搞的文化产业项目，从来没有等资金备齐了才上马，都是这么“水炸油条”过来的。当然，水是炸不出油条的。这只是一个比喻，就是说我们要有坚韧不拔的决心和勇气。只要有信心和勇气，就会有办法。

建设圆明新园开始时，我们真的没有钱，但又想一定要把它建起来，怎么办？只得开始变法了。东阳市研讨会开完后，市委书记催我抓紧开工。我说正在筹措资金，开工就得先炸山，炸山需要买炸药。炸药需要1万吨，筹2000万元才能买到 1 万吨炸药。现在钱没筹好，只得等一等，如果一定要马上组织开工，我要求市里先借我 2000 万元来买炸药。

市委书记不同意借款。我说资金未组织好，何况政府只给我 100 亩土地指标，怎么动工，只好推迟建设。书记又不同意。我说这么大的项目，市里应该要支持，我是找你借的，又不是向你讨要的。如果真不肯借，我就拍屁股走人，我到义乌去建。既然东阳市 2000 万元启动资金都不肯借，我只得调头建到义乌去。

在此之前，我的确曾经考虑选点到义乌。义乌他们为了争取到这个大项目，积极陪我去踏勘建设的地方，提出的条件很优惠，平整好 6000 亩土地，用水很方便，建设指标全部解决好，全部送给我们使用，还赠送 3 亿元启动资金，财政再无息借款 10 亿元。这个条件实在太好了。不过，后来我又感到有些不妥，所以一直没有动。我想，我是横店人，也是东阳人。这个项目已立为省重点项目，建设地址是东阳横店。如果建到义乌去，会对不住东阳人民，特别是对不住横店人民。这个项目建成功，对现在的横店，对横店后代能带来多少财富！我想通了，横店圆明新园项目绝对不能建到外地去。为了东阳和横店利益，不管多大困难，也要建在横店。书记听我这么说，转变态度了，同意帮助沟通，从市里借 2000 万元，但讲明是要还的。我说是借的，本来就要还的。书记说，他什么时候调走，什么时候就得还。我说你明天调走，我明天就还给你，绝不失信。当然，后来我们把这个钱都还清了。炸药买到手了，马上开工炸山。但又碰到一个难题。山炸掉后要填基础，市里只给我 100 亩指标，两三天就填光了，再填出去就是违法用地。我要求市里领导帮助解决 500 亩土地指标，市里调了 500 亩指标给我，加快了建设圆明新园的速度。

当时在研讨会上，我承诺过，不向银行贷款，不向集团借款，不向老百姓借款，不向社会募捐，不搞股份制。可是市里一个领导自作主张，答应了几个单位来参股，其中有一个单位说来园内造酒店。我说这是圆明园，园内是不允许开酒店的，你的做法我坚决反对。我对他说，你再不要操心了，圆明新园我决不搞股份制。他说外部参股拿钱来建，你可以省不少心思。我说不对的，圆明园是历史上的伟大园林，不是说你想建就建得了的，必须要优质，而且除了建回老的圆明园，我还要创新建设一些其他的东西进去，增加圆明园的新鲜血液，你如果东拉西扯什么都往里面建，这还是圆明园吗？企业行为，政府最好不要来干预！从此以后，他不再来干预了。

所以，这次建圆明新园，我们是非常守规则的，同时，也敢于坚持自己的观点、自己的原则。

对于建设施工费用，我们四共委向横店集团建设公司提出，参加建设的施工人员，保证不拖欠一分钱工资。至于建设公司管理费及下属企业一些材料费，作为对圆明新园建设的支持，暂欠不付。他们也同意了。建设材料费由四共委承付，建设公司放心了，开工建设情绪很高，速度也很快。

由于圆明新园建设总指挥部工作安排得当，指挥部下属各专管部门配合周到，促进了建设任务顺利进行。

六、园林绿化创新

园林绿化也要创新。原来的圆明园在北京，由于地理气候关系，园内绿化品种单一。现在圆明新园建在横店，这里是南方地区，气候温和，雨水充足，适宜种植很多花草树木。

绿化团队本来是聘请省里来设计的，他们采取老办法，按常规思路来设计，而不是根据我们景点内涵来设计。我把他们的方案否定了。

我同绿化团队领导多次探讨，绿化品种增加到了4000多种。种植方法也要创新，我提出要一园一景一品地种，乔木下面种灌木或花草，把土覆盖掉，园内一年四季都要有花开，一到春季和十月小阳春，要求基本达到百花齐放。

我对绿化设计方案进行了多次修改。起初设计树木间距，他们确定要6米。

我说，等树长高长大，起码要五六年、十几年，这期间景色就不漂亮。所以我提出来，要以 3 米的间距来设计种植，要一次成林，而且中间必须要线拉起来种，笔直地种好，种什么品种也要定下来，什么树下面种什么草，哪些树下面种花，全部都要定到位。

这样做了不少工作，起初从金华请来一位绿化能手当绿化团队的正部长。但他没有按照我的要求执行到位，我把他正部长免了，让他当副部长。比如，“鸿慈永祜”的绿化连续改了三次。第一次采用老办法，一点品位也没有。第二次，我说这里是皇家祠堂，大门前面应该种上梅花，要种白梅，不能种红梅，表示对祖宗的追思尊重；园子里面要种柏树，松柏长青。绿化人员这样去改了，但大门前的梅花夹种在其他树的中间，显不出来。我发火了，要求第三次再改，现在改得漂亮了，大门前面都是白梅，里面全是柏树，白梅和柏树下面，都种开白色的草花，很是庄严肃穆。

七、要创新也要控制成本

横店圆明新园是一个汲取皇家园林精华，融入现代文化元素和高科技体验项目，并且面向全世界的超级乐园，所以必须利用最先进的高科技手段与传统文化融合来表现，而策划和设计出各种令人耳目一新、感到震撼的演出，是走创新之路的一个重要方面。在殿宇房屋形成轮廓的时候，我便开始组织高科技项目和演出队伍的物色，特别是福海的《梦幻圆明》激光水秀表演。我说，要么不搞，搞就搞好，要做成世界顶级。后来为配套《梦幻圆明》水秀表演，我们在福海东面的山峦里建造了 3000 平方米的 LED 圆形“月幕”。晚上是月亮，白天可以变太阳。不管是晴天雨天还是下雪天，晚上都能看到月亮从东边升起。也不管是什么天气，白天太阳从东边升起。太阳和月亮，代表我们的四共模式，阳光永远照耀在横店的大地上，为横店人民带来幸福。

福海长达40分钟的高科技激光水秀表演项目《梦幻圆明》，达到了世界领先水平，创下了多项世界第一。在引进高科技项目时，我对控制投资成本是紧抓不放的。开始搞高科技项目时，由中科院同志引荐，我们到韩国考察全息影像技术，选一个全息影像高科技项目，演出时间30分钟/次，报价4000万元。我认为太高，请中科院同志压价。经过谈判压到3400万元，我认为还是太高。经过多次谈判，压到2400万元。回国后，我同专家们商量，问这个项目能不能做。专家们认为价格还是太高。那时国内已经开始制作虚拟现实项目，成本低且好看。我告诉中科院同志把项目取消，理由一是价格太高，二是维修很困难。中科院同志开始不同意，后来才同意协议解除。另外，由中科院同志牵线，在动物标本馆楼上，利用200多平方米地方，设计一个高科技项目。第一次谈判，需投资3000万元，我认为绝对太高，要求减下来。后来又谈了很多次，说只能降到最低限度1600万元，签下了协议。但是，后来我发现项目的内容全部改掉了，不是原先说的那样。我就把协议推翻了，尽管他们很不高兴，但我得坚持我的底线。在建设过程中，还要根据实际情况，不断地改进演出场所。新圆明园(春苑)中“山高水长”景区，演出场所本来只是骑马射箭的地方，原先里面的表演区还有几个不大的蒙古包。两年之后，蒙古包灰头土脸了，还在里面开了小店，根本不协调，只得组织一个室外演出项目，但下雨天、大热天都没法演出。所以，我决定把小蒙古包都拆掉，搭建一座直径60米的全国最大的蒙古包，旁边再造4个小的蒙古包。这样，里面能够进行大型的演出，满足引进一个很大的非遗+高科技演出项目的要求。

今后，我们还要不断地引进更多更美的演艺项目，以满足观众要求。我要求演艺项目要达到百花齐放，精彩喝彩，欢笑满屋。

在建设过程中，我是该投的钱再多也舍得，不该投的钱绝不投。记得有一次我出差回来，看到在家领导已批复下面一个立项报告，即新圆明园（春苑）月幕下做两棵假榕树，其目的是为了遮住月幕的钢架基座。我认为，没有必要造假榕树，而且钢架下面都是石头山，挖洞很困难，且投资很大。榕树假叶两年必须换一次，劳民伤财，这是严重浪费。我决定不投这笔钱，节省了一大笔投资。

八、天下计与团队精神

经过各个团队的共同努力，横店圆明新园5年时间全面完成建设任务，没有发生过一起严重事故，真是奇迹！从2012年5月动工到2017年全面建成，短短5年时间，真如做梦一样，最后成功了。这是又一次“水炸油条”，其中的千辛万苦也不多说了。有人问我，你用了什么计策谋略，靠的什么来“水炸油条”，变不可能为可能的呢？我说，一靠天下计，二靠团队精神。我说的天下计，就是“用天下人，聚天下财，谋天下利”。横店圆明新园，从最初的策划、筹备，到论证、立项；从收集资料，到完成整个设计；从土建施工、园林绿化，到内外装修、布景陈设；从引进高科技项目，到具体实施、完美呈现；为什么在各个阶段，都能得到各个方面的大力支持和帮助呢？就是因为我们运用了“用天下人，聚天下财，谋天下利”的理念和方法，所以，能得到包括各级党政领导，文物和古建筑专家，各方面专业人才和高科技专家，以及海外人士和许许多多认识和不认识的人士的支持和帮助。

比如解决资金紧缺困难，除了我们的资金团队用“聚天下财”的理念和方法，千方百计筹集资金外，我们还采取让建设公司垫资、缓付的办法，缓解资金困难；同时，盘活存量资产，拍卖四共委的办公楼和区域小广场，并报经东阳市有关部门批准规划为商住用地，拍得了较高价位，解决了建设资金的急需。此外，我们采取建成一个园，开放一个园，这样来滚动发展。

在资金极端困难时，有一天夜里，我睡不着，半夜三更起来，写了一段像诗不是诗的文字，想以此来鼓舞自己和鼓舞大家的信心：“园分春夏秋冬，明月倒映水中。园内万花争艳，新招层出不穷。美似世界独占，为民造福，为政府交

横店圆明新园 · 春苑全景

税，为浙江争光，为国家争荣。待到开业时，地球人都来！”

一方面鼓励大家要有信心，一方面我是天天发动亲朋好友，不惜动用家庭、亲戚、朋友等一切私人资源，筹得了一大笔资金，解了建设资金的燃眉之急。

我们还采用“用天下人，聚天下财，谋天下利”的办法，与外部单位开展项目合作。这样，项目引进来了，资金带来了，人才也进来了。我给他们场所，收入大家分成，何乐而不为呢？比如，在新长春园（夏苑）的《火烧圆明园》实景电影演出，就是我们与山水盛典文化产业有限公司合作，所有场景布设，演出团队组织全部由山水盛典文化产业有限公司投资，演出场地由我们投资，共同打造的国内首创大型实景电影演出。宏大震撼的场景和亦真亦幻的演艺，受到了观众的高度赞扬。

再来说说第二条，我靠的是我们的团队精神。这也是让我感到最欣慰的，就是我们的团队精神特别强。我们的总指挥部加上现场指挥部的专业人员，高峰期总共才 39 个人，人数不多，但战斗力特别强。无论是我们总指挥部的决策团队，还是设计、资金、施工、绿化、布景等各个专业团队，大家对建设圆明新园高度认同，目标一致，团结一心，千方百计，解决难题，克服困难；他们不分白天黑夜，放弃节假日休息天，有的甚至不顾个人的身体病痛，丢下家庭重要的事情，一心扑在工作上。正是因为有了这种宝贵的团队精神，才使我们取得了成功。因此，我要对所有团队的成员，表示感谢！

同时，我还要感谢在横店圆明新园及所有配套项目建设中，来自国内外、省内外、各个方面的合作、支持单位和个人。正是因为有了他们的真诚合作、无私帮助和大力支持，才使横店圆明新园好梦成真。

九、大事不放手，果断处置营销大事

除了对横店圆明新园建设的大事不放手之外，对运营当中的大事，我同样也是紧抓不放，一抓到底。

事情起因是，新圆明园（春苑）建设已经进入结尾，将要进入试营业阶段，当时，我们缺少宣传和营销骨干。我通过朋友介绍，引进了外部单位一个班子，负责宣传和营销工作。但运作一段时间后，我们发现，他们为了个人得到更多利益，开始控制了圆明新园所有的宣传和营销权，并私刻公章一枚，还私自决定，没有通过这枚公章，任何人都不能操作。他们把我们四共委宣传部写的宣传文章和四共委的网络宣传资料一概排斥在外，停止宣传。许多新闻媒体就提出，我们是宣传横店圆明新园的，不是宣传你这个单位的。造成了一段时间宣传的混乱局面。另外，我们还发现，他们原先订的很多合作协议都是骗局，危害不浅。经查明，11 个协议中 10 个协议都是骗的，如果执行下去，圆明新园会遭到极大损失。为此。我快刀斩乱麻，果断解除了他们的职务，让他们离开横店，重新掌握了圆明新园宣传营销自主权。

十、小事不放过

横店圆明新园一期开工建设后，两年时间内，横店圆明新园的“四苑三馆”全面开工建设，上千个施工队同时在施工，整个工地一片热火朝天的景象。那段时间，我除了出差在外，或在办公室看文件，接待客人，处理日常事务外，几乎每天我都要到圆明新园工地上去看看，发现问题，及时解决。

2012 年 5 月 23 日，新圆明园（春苑）一期工程开工，炸山填基，运输量很大，当时又连续不断下雨，道路深浅不平，运输经常堵车，严重影响工程进度。

我明确告诉工地总指挥张荣明，在第二期工程未开工之前，必须先做好水泥道路底层基础。这样，堵车问题解决了，效率提高了，进度也加快了。

比如先是电源线路挖出来，埋进去做好了，第二次又来挖了，说是监控线，在挖当中，把电源线路挖断了。很多线都是一条一条各自挖各自的，返工很频繁。后来我召开会议，第二个园建设时，绝对不允许这样建，必须要靠墙角和路边统一放线，线全部穿进管里，这样可以保险，又在建设过程中不会错乱。

吕忠民开山组的一位挖机手向我反映，按照设计，叫他挖 2 米深 2 米宽的一条路，他挖了一半挖不下去了，发现很深的烂糊泥，越挖越深不见底。挖机手向我提出，能否不挖，将基础提高 2 米。说张大帅（总设计师张先春）不同意。我听后，觉得有道理。我立即向张大帅提出，能不能不挖，基础标高提高 2 米。张大帅开始不同意，我说这个问题必须得考虑。他答应明天回话。第二天我又找他，他回答说可以提高 5 米。标高提高以后，整个工地可以节约多少土石方量，既节约开山成本，又节约开山时间，还增加了土地利用率。

有一次，指挥部张荣明向我提出，张大帅规划的景区房屋定位可否移一下，意思是按照设计方案，山开掉的地方再挖下去通河道，土填上去的地方再挖下去造房子，这样很不合理，费工费时。但张大帅不同意改。我找到了张大帅商议，因地制宜作了适当修改，这样就节约了很大一块成本。

张荣明又一次找我商量，福海大坝张大帅的设计方案改了，按原来设计方案，要再退出去 40 米，整个大坝 1000 米长，形成了一条长龙，投资大，安全风险更大。张荣明提出不能那么设计，张大帅不同意。我又找张大帅商议，调整了设计方案，现在建起来的大坝非常牢固，又不影响福海面积。

2013 年下半年，有一次去检查圆明新园（春苑）工程进度时，我发现离试营业只剩 10 天时间了，但还有 50 多个厕所的设备都还未开始安装。我心急如焚，找到工程质检部部长问话，亲自督促，立即集中组织 100 多人，连攻 10 天 10 晚，才完成任务，保证了按期试营业。

我下工地，还要抽查建筑及装饰进度和质量。发现新圆明园（春苑）油漆彩绘没有做好地面防污，油漆粉渣满地都是，落在地上清洗困难，又发现只有一个油漆班组在操作。我通知现场指挥部领导到现场处理。因离试营业时间很近了，我提出必须增加7个油漆小组，加班加点工作，并责令原来油漆小组处理好地面的粉渣问题。在我的督促下，都如期完成了任务。

我到新长春园（夏苑）抽查工程进度和质量时，发现大批西洋楼建筑的装饰进度很慢，经了解，原因是石工进度赶不上，影响到了装饰工程。我进一步了解，按原来的设计，内外装饰都采用石材，这怎么来得及？我当场就决定，内装修可以根据不同的室内要求，选用木材、大理石、瓷砖或者墙纸。结果，时间抢回来了，而且现场效果和质量很好，很美观。从此之后，我每天都跟着，检查进度和质量，发现问题，立即解决。

圆明新园室内的布景陈设是一门学问，经过委托设计，布置陈设非常复杂。我组织了文物收藏布景的队伍，告诉布景团队必须自己创新。特别重视景区主要建筑物室内的摆设，全部按照清朝皇家规格布景，布展了几十万件文物古董艺术品，我也跟在后面不断提出布景意见。我多年收藏的文物古玩艺术品，这个时候派上了大用场。经过共同努力，日夜操劳，如愿完成了布景陈设任务，而且布置得非常好看。专家们说布展陈设很到位。当然也有调整的，原来每个亭子，放了掐丝珐琅桌子凳子，但不协调，后来改成放石桌石凳，效果就比原来的好。

整个圆明新园建设完成了，开始全面试营业。我听到游客反映，说西洋楼建得很美，中国传统的古建筑建得不够美而且有些乱。我也有同感。我多次到现场，找到了原因，是因为部分古建筑瓦片颜色过于灰白，房屋墙角上面砖砌得不平整，有的地方有些杂乱无章；还有很多较矮的房屋，内外都是白色粉刷，就像过去农村农民的房子，不像皇宫建筑。所以，我提出要全面改造，经过一番修改后，皇家气派形成了，显得完美了。所以，我觉得有时听一听群众的反映很重要。

十一、圆明梦圆

自 2015 年新圆明园（春苑）景区试营业以后，特别是 2017 年横店圆明新园全面建成开放以来，横店圆明新园的影响越来越大。联合国世界旅游组织副秘书长在一次世界旅游会议上提出："游美丽中国，首选横店圆明新园。"来自国内外的游客越来越多，到横店来采访的国内外新闻媒体也越来越多。

那些年，我接受过美国哥伦比亚广播公司、美国探索频道、美国华尔街日报、美联社、路透社、法国电视台、英国广播公司、丹麦 TV2 电视台、新加坡《海峡时报》等几十家国际知名媒体的采访。至于国内媒体，除了多次接受新华社、《人民日报》、中央电视台、《光明日报》、《经济日报》等中央媒体采访外，其他国内媒体和新闻单位更是不计其数。

我多次对国内外媒体说，横店集团在 40 多年的发展历程中，一直以"共创共有共富共享"为宗旨，积极回报社会，多为老百姓办好事。在创造工业奇迹后，孜孜不倦地探索文化产业发展道路，在没有名山名水，没有名人古迹，缺乏资源优势的情况下，凭着坚韧的"拼命三郎精神"，成功地建成了全球规模最大的影视拍摄基地，使横店成为国家级的影视文化产业实验区，硬是把横店这一片"文化沙漠"，建成了"文化绿洲"，并打造成为"文化高地"。可以说，我们是"水炸油条"，从"一无所有"到应有尽有，从"无中生有"到无奇不有。走出了一条"文化富民""文化惠民""文化乐民"的发展路子。而所有这一切，都是在中国共产党领导下改革开放的大背景下取得的。没有改革开放，就没有今天横店的文化产业。

特别是党的十八大以后，习近平总书记提出了中华民族伟大复兴的中国梦，发出了弘扬中华优秀传统文化，建设文化强国的号召。这使我在建设横店圆明新园中有了非常强大的动力。

我也多次对媒体的朋友们说，圆明园曾经是世界上最大最美的园林，被誉为

横店圆明新园・夏苑・远瀛观大水法

横店圆明新园・夏苑・海晏堂（十二生肖）

“万园之园”，她被帝国主义列强抢劫焚毁，成了中国人民心中永远的痛。如今，圆明园在人们的心中，已然不只是一座园林。北京圆明园遗址所承载的内涵是任何东西都无法替代的，具有极其特殊的历史文化价值，它既是中华文明无比辉煌的象征，又是中华民族近代屈辱的纪念遗址，更是值得全人类深刻检讨和反思的文化遗存。目前，横店圆明新园已被列为首批“全国中小学生研学实践教育基地”“浙江省爱国主义教育基地”。

正因为圆明园具有巨大文化价值和国际知名度、美誉度，所以建设横店圆明新园是我多年的愿望，也是我这一辈子最大的文化梦想，我想，这也是我们农民爱国的具体体现。建设横店圆明新园，最大限度地复原她的美丽，可以进一步激发和增强人们对中华优秀传统文化的热爱；在展示我们民族辉煌的同时，可以化仇恨的历史为和平的愿景。同时，横店圆明新园还有很强的警示作用，它证明着腐败亡国的道理，所以，它也是一个很好的廉政教育场所。此外，横店圆明新园还可以取得相当的经济效益，收到爱国、富民、美化家园的三重效益。

虽然，我建设横店圆明新园的梦想，遭受过挫折，受到过打击，遇到过很多困难；我个人也因此受到一些人的非议、责难，甚至谩骂、人身攻击。我也为此伤心过，发出了伤感暮年的感慨。但是，这个梦想，我一刻也没有放弃过。

千百年来，农民最爱生养他的这片土地。农民的心总是和国家的前途命运紧密联系在一起。我作为一个农民，建设横店圆明新园，就是想要让全世界的人都看到，现在我们国家的强大，看到中国农民的爱国。侵略者绝不能再行欺侮了。同时，横店圆明新园要和北京圆明园遗址形成鲜明的对比，让人们在美和欢乐的陶冶中，对历史有更全面的审视和认识，对中华民族伟大复兴中国梦的美好图景充满信心。

在习近平新时代中国特色社会主义思想指引下，在中国改革开放的新时代，在省市各级党政领导和各部门的关心支持下，通过我们自身的努力，我们各个团队的合力奋斗，伟大的圆明新园终于在我手里建成了。我 20 多年的建园梦想，终于在我 85 岁的耄耋之年变为了现实。我感到非常欣慰。

值得一提的是，我们运用“用天下人，聚天下财，谋天下利”的理念和方法，不但圆明新园建成功了，我们还在圆明新园周边引进了三个上百亿的大项目：一是星级酒店宾馆项目；二是“少年中国城”（含军民融合项目）；三是集全国文物古玩艺术品收藏、拍卖、交流为一体的大平台。以上项目，都在动工建设中。这些项目的建成，将进一步推动横店圆明新园向更高层次发展。

圆明梦圆，对我个人来说，是我这一辈子非常幸运的事。有习近平新时代中国特色社会主义思想的指引，有以习近平同志为核心的党中央的坚强领导，我感到，更是我们国家和民族的大幸。

十二、乡村振兴新梦想

其实，我这一辈子最大的愿望，就是帮助老百姓致富，为国家创造更多的税收，带动更多的人过上好日子。过去办工厂、组建横店集团、建横店影视城，以及建横店圆明新园，都是为了一个目的，就是要实现我心里的这个最大愿望。

这也是我的初心。40 多年前，我办第一个工厂时，就提出“多办企业多赚钱，多为老百姓办好事”。近半个世纪来，不管风云如何变幻，不管我做什么，我的初心始终不忘，也从没改变。所以，有新闻界的朋友写文章说，徐文荣这一辈子，只做一件事，就是如何帮助老百姓富起来，过上好日子。我同意他们的说法。

9 年前，我提出奋斗 10 年做成 10 件事，帮助政府推进横店的社会发展，让横店老百姓达到香港居民的生活水平。现在时间过去 9 年了，那么，横店老百姓的生活状况到底达到了怎样的水平呢？

2018 年，由中央 17 个部委组成的专家组，与中国民生指数研究院，共同组织了“横店幸福指数体系研究”课题组。他们在横店各单位、各企业、各行政村、小区发放了“横店幸福指数主观指标调查问卷”，覆盖了横店的方方面面，包括政府机关、事业单位、企业等各种组织的不同职级人士，横店不同区域、不同收入层次的居民和农民。他们还深入工厂、农村、小区、机关、学校、家庭，对各个阶层、各种职业（包括在横店的横漂人员、务工和经商人员）、各个年龄段的人，进行入户访谈。在此基础上，对横店老百姓的生活状况进行了深入、系统、科学的分析研究。

课题组的研究结论认为：

第一，横店已经从小康阶段迈向高收入阶段，为实现社会主义现代化建设探路，并将走完社会主义阶段。

早在1993年横店城镇居民人均年收入4700元，农民人均年收入3200多元，已实现了小康。2017年，调查问卷收集的相对保守的数据显示，横店城镇居民人均年可支配收入为6.52万元，农民人均年可支配收入为4.97万元。如果按入户调查统计，人均年收入最低在10万元以上。根据浙江省《全面实施乡村振兴战略高水平推进农业农村现代化行动计划（2018—2022年）》，到2022年浙江省农村人均可支配收入增至3.5万元。横店早已大大超标，并提前5年完成了任务。2017年横店居民人均住房面积69.41平方米，远远超过了小康标准的35平方米，并且还超过了英国、丹麦等发达国家水平。横店居民每100人汽车拥有量达29.9辆，超过了全国第一的苏州市。

第二，横店居民普遍感到非常幸福。

从居民个人的总体幸福感评分来看，城镇居民感到幸福和非常幸福的达到98.19%，农村居民感到幸福和非常幸福的达到94.06%。

从总体满意度来看，横店居民的总体满意度达到93.55%，超过2017年浙江省公众生活的总体满意度3个百分点。

从幸福指数看，横店居民的幸福指数超过了全球幸福指数最高的不丹和北欧5个国家，更大大超过了中国香港。在全国1000家改革试点乡镇中，横店居民的幸福感名列前茅，大大超过了江苏华西村和河南南街村等富裕乡镇。

同时，调查研究结果表明：横店居民幸福指数的方差很小，居民的幸福感受并不存在两极分化。而且，比较本地与外来居民的幸福指数均值，发现差别很小，这表明横店的发展惠及了全体居民。

我以前多次说过，横店人民致富和永远幸福的真正靠山，是以全心全意为人民服务为宗旨的中国共产党的领导。在各级党政领导下，横店集团不忘初心，牢记使命，努力践行，当好带头人。现在看来，最让我高兴，也是最让我感到欣慰的是，我离开横店集团的领导岗位后，下一代的横店集团领导团队，他们干得非常出色。横店人民致富和永远幸福的产业基础越来越稳固，越来越强大。

今天横店集团已经发展成为拥有 6 家上市公司，以电气电子、医药健康、影视文化、新型综合服务业为主的特大型民营企业集团。2019 年，集团营业收入 850 亿元，实现出口贸易额 102 亿元，上缴税收 46.7 亿元，接待游客近 2000 万人次。这些指标和 10 年前相比差不多翻了两番。2019 年，他们还提出了“千亿级集团，百亿级产业”的新目标。

特别让我感到欣慰的是，横店集团的领导团队，他们的价值理念和发展理念，完全同我的初心一脉相承。不久前，集团董事长、总裁徐永安，接受浙江省商业经济研究所《长三角商业创新样本》的董事长专访，从他的答问中，我可以清楚地看到这一点。

徐永安说：“横店集团在 40 多年的发展历程中，始终以产业带动、产业集聚和地方百姓的共同富裕来考虑企业的发展，而不单单以企业自身赢利的最大化来衡量企业的价值。我们认为，让企业更具生命力的做法是，脚踏实地、长远发展，尤其是如果企业创利慢的重要因素是让利百姓、让老百姓有更多的获得，让社会有更多的收益，让地方经济更有后劲，让贡献更能持续，于企业而言，就非常值得。而且，我们确实一以贯之，坚持这么做。”

徐永安还说：“在 40 多年的发展历程中，我们始终以坚定的意志去战胜困难，突破自我，不断攀上高峰。我们心中始终有一种强大的动力支撑着。这个动力，正是源于横店集团创始人‘多办企业多赚钱，多为老百姓办好事’的朴素理念和‘共创共有共富共享’的核心价值观，也源于集团‘扎根横店，拥抱世界，力做最具社会责任心企业’的使命与愿景。”

我倡导的横店精神和横店的核心价值理念，正在下一代人身上得到了弘扬和进一步的发展光大。我这样说，是不是就表示我放心了，就什么事也不用干了？不是的。我的横店圆明新园之梦圆了，又产生了新的梦想。

我始终最牵挂的还是“三农”。我认为，进入新时代，“三农”工作要解决的问题，已经从温饱小康，转向了富裕和现代化的问题，目标就是“农业永远稳定，农民永远富裕，农村永远美丽”。这就是“新三农”的任务。我的使命就是要继续奋斗，要永远地为老百姓利益奋斗！

横店圆明新园周边的村子，因为是后划入到横店区域的，地理位置相对偏远，乡村基础条件和配套设施也相对较差。随着到横店圆明新园的游客不断增加，吃住是个大问题。我想，除了积极建设一批宾馆酒店外，重点还要通过旧村改造，抓民宿建设。通过这个办法，助推政府的乡村振兴计划，建设美丽乡村。加强民宿建设，不但能解决游客吃住问题，促进全域旅游发展，而且能够带动周边农民致富。

我认为新农村建设必须要向前看，要建设成一个美丽的新农村，才能符合时代发展需要，而且新农村建设也要向前看，以后的老人长命百岁，下一代不断地生孩子，人口越来越多，将来人多了，现在的旧房只有二层三层高，再增加子孙后代，住都没地方住。所以，我提出，响应党中央提出的“乡村振兴战略”“建设美丽新农村”的号召，新农村建设要解放思想，要从实际出发，不能保守老套。

我向市委、市政府领导提出，在横店圆明新园周边 10 个村，再加上附近的 8 个村进行试点改造。我提出了新的改造方案，在不突破原有旧村面积范围内，向空中发展。所以必须打破镇政府原来规定的旧村改造不能超过三层半、道路不能超过 6 米宽的框框。我们的设想是，原有老房子全部拆掉（除了重要古建筑房

改造后的横店美丽乡村·特色民宿客栈

子搬迁重建之外），一律规划建设6层半或7层半的高楼，风格各异，新村新街。房屋进深13.5米，房子之间设立通道，街面道路宽12米。街道两边一楼开店，二楼至四楼或五楼开设民宿，五楼六楼半作为自己住房使用，还要建造地下室，可以停车、放农具等，同时还要设置电梯。

村委会造一幢综合楼，里边设立村干部办公室、会议室、村民大会会议厅，另设老年活动室、青少年活动室、图书馆等。综合楼室外造一个小花园，造一个小的体育场。有条件的村，集体可以造一个幼儿园，或小学读书班，小商品市场，或小菜市场，或村级民宿房等。通过旧村改新村，可以带动农民致富，依托横店集团和四共委发展大文化产业。要求各村都要抓住第三产业大发展的机遇，向着我们提出的“全域旅游+全民旅游”的方向发展。我们提出的建设美丽新农村的方案，各村老百姓一致欢呼，非常高兴。

市委、市政府领导都同意我们先试行。市委、市政府领导立即组织有关部门讨论，一致同意，并请省城乡规划设计院进行规划设计。

18个村的改造方案，第一批7个村的总体方案已经搞好。第二批11个村的方案也已开始启动。这个总体改造方案已经得到市委、市政府和镇委、镇政府的认可和支持，并且市长已经召集有关部门开过会议，一致同意我们提出的改造方案。我提出18个村的总设计费由我徐文荣私人出钱赞助。第一批设计费，我已经支付。

接下去要开一个设计图纸评审会，我们四共委请求市委、市政府同意，由镇政府和四共委联合出面，请镇属有关部门对设计图纸进行评议审核。批准同意后，第一批就开始全面拆房建设，向新中国成立70周年献礼。我必须跟踪这件事，为实现这个新梦想去努力奋斗。我说过，我这一辈子，注定是要劳碌终年的。

除了我们四共委在为新梦想努力奋斗外，横店集团同样也在为实现一个个新梦想而不懈地努力奋斗着。

为了圆东阳人民和横店人民的高铁梦，集团董事长、总裁徐永安，从项目的酝酿提出，到前期研究，到规划审批，再到可研评审通过，项目申报获得批准，亲力亲为，每个过程都倾注了巨大的心血汗水，多方奔走，努力争取，历时1年多，可以说历尽千辛万苦，冲破千难万阻，终于如愿以偿，获得国家核准批复，并且成为全国首个混合所有制改革试点和国家PPP示范项目。2017年3月9日，经过东阳横店的杭温高铁正式开工建设，东阳和横店百姓翘首以盼几十年的铁路梦，不久就将成为现实，并且一步跨入高铁时代。

20多年来，横店集团追逐航空梦的脚步从来没有停歇过。从1995年涉足航空事业开始，到2000年成立横店集团航空产业有限公司，2002年收购浙江东华通用航空有限公司。2012年6月，横店通用机场项目正式启动，2017年12月，横店通用机场获得国家民航局颁发的通用机场使用许可证。2018年3月，横店通用机场迎来了首航仪式。作为浙江省重点建设项目，横店通用机场是目前国内规模较大、设施设备较为齐全的通用机场。

横店的目标定位是国际影视文化名城、世界旅游休闲之都。横店集团凭借全球规模最大的影视实景拍摄基地，要把横店通用机场打造成为中国影视旅游的空中门户。

目前，横店集团正在持续努力，积极推动，通过改扩建，将横店通用机场升级为公务机机场和民用运输机场，最终建设成为浙中地区的重要支线机场乃至干线机场和以影视文化旅游为特色的城市国际机场。横店“航空 + 影视 + 旅游”的新航空梦正在一步步变为现实。

为了更好地发挥横店影视文化产业集聚区在全国甚至全球的标杆功能，引领中国影视文化产业持续健康发展，在浙江横店影视职业学院的基础上，横店集团正在围绕影视教育布局国际化发展，积极筹办具有独立法人资格的中外合作本科影视高校——横店电影学院。目标是，办成国际领先，有影响力的影视艺术高等院校和影视高端人才培养和创业基地。目前，横店电影学院已列入国家教育部“十三五”时期高等学校设置规划，各项筹建工作正在稳步推进。过不多久，一

2019 年 7 月，国家电影局在横店调研影视文化产业。

2019 年 1 月 5 日，阿里巴巴创始人及全球浙商总会会长马云、秘书长郑宇民和徐文荣在横店圆明新园·夏苑·远瀛观大水法。

2019 年 11 月 13 日，徐文荣（左三）在第五届世界浙商大会上获得全球浙商金奖。

座首期投资 50 亿元，占地 1500 亩，崭新的中外合作办学的高等影视艺术高校就会屹立在横店的大地上。

习近平总书记说过，幸福是奋斗出来的。横店 40 多年来发生的沧桑巨变，充分证明了这一点。我深深地感到，我们能生活在改革开放年代是非常幸运的。这是一个允许、并且鼓励人们有梦想，而且只要不断地努力奋斗，就会梦想成真的好时代。

我相信，在习近平新时代中国特色社会主义思想指引下，在各级党政领导的支持下，有配合政府、服务“三农”的四共委和“努力做最具社会责任心的企业”——横店集团的引领作用，横店的“新三农”梦想一定会实现。横店人民会越来越幸福，横店会越来越美丽。

后　记

徐文荣是中国企业史上具有标志性意义的人物。

——2015 年 9 月《福布斯》中文网

后　记

《徐文荣口述：风雨人生》2011年6月在上海中西书局出版以后，引起了长期以来一直跟踪研究、宣传报道横店集团和徐文荣的理论界和新闻界的关注。同时，还引起了不少党政机关的重视和关注，湖南省某政府部门一次性就向出版社订购了1500册图书。不少单位和个人，给横店集团和横店四共委来电来信讨要这本书。这本书不但为国内的企业界人士所喜欢，更受青年创业者的喜爱，同时也受到不少国外公司高管和职业经理人的青睐，他们认为，这本书接地气，讲实话，有内容，有哲理，很励志，很耐看。到访过横店或横店集团、横店四共委的人，都希望能得到这本书，更有不少人希望能再版这本书。

这本书出版后的9年中，世界发生了很大的变化，我们国家更是取得了巨大的进步，中国人民从来没有像今天这样自信，中华民族正在迈向伟大的复兴。

在这9年中，年过八旬的徐文荣，他把自己看作"80后"，他的脚步一天也没有停下来。2015年9月，《福布斯》中文网刊文称："徐文荣是中国企业史上具有标志性意义的人物。""与他同时代的企业家，只有他还在企业经营一线。"因此，他被媒体称为"中国最年长的企业家"。的确，作为我国改革开放第一代乡镇企业家，今年85岁的徐文荣，恐怕是唯一还在上班的第一代企业家。

对徐文荣和横店来说，这9年中，最大的一件事，莫过于建成了横店圆明新园。这是一件在国内外都有大影响的事，更是对徐文荣有着特殊意义的事。

9年前，徐文荣在做“风雨人生”口述的时候，横店圆明新园被“叫停”，他的圆明新园梦不得不搁浅，这成了徐文荣最为伤感和遗憾的事情，所以，在上一版书中，他把第五章定义为“伤感暮年”。

当年，横店圆明新园被上面“叫停”，似乎成为死局。可谁又能想到绝处逢生，3年后，徐文荣重启圆明新园梦，仅用了5年时间，便将横店圆明新园建造成功。这个奇迹实在太过戏剧性，甚至有些魔幻了。徐文荣说，建造横店圆明新园是他一生最大的文化梦想。那么，也可以说，横店圆明新园的成功建造，是徐文荣一生中最为精彩的华章。因此，本版增写了“梦圆晚年”一章，作为这本口述实录的压轴。

本次修订增补再版，改由人民出版社出版。作为中宣部影视产业改革试点单位的横店集团，其创始人的口述自传由中宣部所属人民出版社出版，是非常恰当的。非常巧合的是，本书责任编辑侯俊智先生，正是27年前人民出版社负责出版横店研究系列图书的编辑。和侯俊智先生27年后的再度合作，不由得使人感慨世间的因缘巧合。

八十年风雨人生，徐文荣的人生经历，是一个时代的缩影。通过这本书，让历史永远记住这位锐意改革、不断进取的智慧老人吧。

口述整理者　孙是炎

2020年10月